| 光明社科文库 |

《大公报》广告中的
民族动员研究（1937—1945）

高 娟◎著

光明日报出版社

图书在版编目（CIP）数据

《大公报》广告中的民族动员研究：1937－1945 ／ 高娟著 . －－北京：光明日报出版社，2021.9

ISBN 978－7－5194－6242－0

Ⅰ.①大… Ⅱ.①高… Ⅲ.①《大公报》—广告—史料—研究—1937－1945②抗日战争—史料—研究—中国 Ⅳ.①F713.8－092②K265.06

中国版本图书馆 CIP 数据核字（2021）第 160747 号

《大公报》广告中的民族动员研究：1937—1945

《DAGONGBAO》GUANGGAO ZHONG DE MINZU DONGYUAN YANJIU：1937—1945

著　者：高　娟	
责任编辑：庄　宁	责任校对：张彩霞
封面设计：中联华义	责任印制：曹　净

出版发行：光明日报出版社

地　　址：北京市西城区永安路 106 号，100050

电　　话：010－63169890（咨询），010－63131930（邮购）

传　　真：010－63131930

网　　址：http://book.gmw.cn

E － mail：gmrbcbs@ gmw.cn

法律顾问：北京市兰台律师事务所龚柳方律师

印　　刷：三河市华东印刷有限公司

装　　订：三河市华东印刷有限公司

本书如有破损、缺页、装订错误，请与本社联系调换，电话：010－63131930

开　　本：170mm×240mm			
字　　数：241 千字		印　　张：16	
版　　次：2022 年 1 月第 1 版		印　　次：2022 年 1 月第 1 次印刷	
书　　号：ISBN 978－7－5194－6242－0			
定　　价：95.00 元			

序

　　自 1980 年代中期以来，中国的抗日战争研究热度不减，每年有大量新史料和研究成果面世。研究领域从政治、军事、外交、经济向社会、文化、日常生活等方面拓展，抗日战争成为名副其实的"显学"。尽管如此，抗日战争研究中还有许多许多值得进一步挖掘的课题，研究的深度和广度都有待遇提升。高娟著《〈大公报〉广告中的民族动员研究（1937—1945）》，是抗日战争研究新的成果，该书以广告作为探究抗战时期民族动员的切入点，从一个新的角度揭示抗日战争的全民性、正义性，令人耳目一新，我愿意向大家推荐这本书。

　　本书以发行量大、影响面广的《大公报》广告为研究对象，通过对广告类别、内容、特点等方面的分析，发掘报纸广告在强化民族认同、传播抗战精神、启迪民众智慧等方面的作用。抗日战争决不仅仅是中日两国军事实力的较量，也是政治、经济、文化和民族意志的大比拼，是前所未有的"总体战"。1938年毛泽东在《论持久战》中指出："武器是战争的重要的因素，但不是决定的因素，决定的因素是人不是物。力量对比不但是军力和经济力的对比，而且是人力和人心的对比"[①]。著名军事理论家蒋方震认为中日之间的战争"不是军队打仗而是国民拼命；不是一定短时间内的彼此冲突，而是长时间永久的彼此竞走"[②]。他们都意识到中国作为大而弱的国家，与实现了近代化的日本作战，必

[①]　毛泽东选集：第二卷 [M]. 北京：人民出版社，1991：469.

[②]　吴相湘. 第二次中日战争史 [M]. 台北：台北综合月刊社，1973：287.

须动员一切力量参与抗战、支持抗战。只有使日军陷于人民战争的汪洋大海，中国才能取得最后的胜利。抗战时期，中国实行了广泛的民众动员，中华民族的凝聚力、向心力空前增强。目前学界在抗战时期的民族动员方面有不少新成果，但是，对报纸广告蕴含的民族动员等问题，还缺乏系统、深入的研究，本书无疑弥补了这一缺憾，是有重要学术价值的研究著作。

本书在研究视角和方法上也有独到之处。作者将全面抗战爆发后，不同时期、不同版本《大公报》所刊登的广告，进行分类、作具体的量化分析，在人们司空见惯、看似平淡无奇的广告中发现有学术价值的问题，提出了很多有创新意义的观点。这种研究视角和分析方法，不仅对抗日战争史的探讨颇具启示，也对中国近现代史研究有借鉴作用。历史研究要有问题意识，如何在庞杂的史料中，发现有价值的选题，考验着研究者的学术视野、史学功底和微观探究等方面的能力，《〈大公报〉广告中的民族动员研究（1937—1945）》表明，作者有在平凡中发现伟大，在一般中洞悉非凡的独特眼光和解决问题能力。

历史著作的书写有时难免枯燥、艰涩，容易造成受众面窄、可读性差等缺陷。高娟的《大公报广告中的民族动员研究（1937—1945）》，则力避这些不足。该书没有晦涩文字，没有故作高深的说教，语言严谨又不失生动，观点鲜明又不生硬武断，令人不忍释卷。该书不仅使用历史学的研究方法，还采用了政治学、社会学、广告学、统计学等学科方法，这些学科方法运用自如、娓娓道来，引人入胜。这种历史书写，有助于历史研究成果的转化和普及，有助于正确的历史观普惠大众，有助于全民中国近现代史的学习。

当然，白玉微瑕，本书应对广义广告与狭义广告的分析更加具体、客观。本书是作者在博士论文基础上修改完善而成，希望作者再接再厉，在学术研究道路上取得新成绩。是为序。

史桂芳

2021 年 10 月 23 日

前　言

广告是人类社会发展的伴生物，其内容包罗万象。它不仅以其特有的传播信息功能渗透于社会生活中，更以其强大的文化张力参与大众生活方式、价值观念、政治心理转型的建构，留下了社会时代变迁的痕迹。以往学者研究广告大多停留在大众消费活动、消费者心理变化及其对社会经济发展影响层面，而忽略了它对大众政治心理转型的研究，尤其是在特殊历史时期。抗战时期，广告的政治经济双重属性凸显，因此，梳理战时广告的发展脉络、审视广告在战时大众政治心理变化过程中所起的作用尤为必要。

众所周知，《大公报》是清末英敛之在天津创办的一份具有全国影响力的报纸，蕴藏着丰富的历史"宝藏"，被誉为"一部百科全书式的中国现代史"。抗战爆发后，它把"明耻教战"定为办报宗旨，承载了极为丰富的战时信息，可视为一份充满战斗力的报纸，其中广告栏目中的部分广告变身"战争广告"，无论是在政府公告、商贸广告，还是在书刊广告、娱乐休闲广告及征募启事中，不管是广告标题还是广告语、广告编排设计都留下了战争的烙印，广告主和广告商在其中融入抗战内容，运用抗战话语，插入抗战表征符号，使广告在突出商业属性的同时，成为传播民族主义、启迪民智、强化国民意识的重要载体，显示出它的政治功能。

《大公报》的政府公告俨如政府战时动员政策的"微缩版"，经济公告、国防军事公告与社会保障公告有机地结合在一起，它体现出全面抗战爆发后，国民政府在逐渐调整内外政策的同时，积极接纳、动员社会力量参战、援战，努力探索治理国家的模式。抗战视野中的《大公报》商务广告对时代有独特的回应，它不仅介绍商品的特性、用途和功能，传递着经济信息，激发受众的消费欲望，而且在广告中融入了抗战语言、图像符号，引导着消费者的生活态度和社会行为，即将民族国家主义、战时消费模式纳入日常消费中。战争的复杂形势要求国民对抗战要有清晰的认知，《大公报》书刊广告推介一系列与战争有直接关系的书籍，在读者和编者之间搭起沟通的桥梁，指导读者在了解书刊信息的基础上去思考和判断、形成正确的价值观，但也没有刻意回避广告的盈利目的。抗战语境下的休闲娱乐广告紧密浓缩、构造战时的休闲空间，广告中潜移默化地使用各类抗战话语，赋予休闲娱乐生活战时特性，展现出战时休闲生活的独特形态和存在。战时征募工作开展顺利，创造了抗战史上的奇迹，从国家与社会关系的视角审视征募启事，它既是国家与社会良性互动的结果，也是国民意识觉醒的表现方式之一。

　　《大公报》广告既是我们研究战时社会发展的历史文本和文化文本，也是战时国家、社会、个体互动的一个注脚，反映了抗战时期民众国家民族观念、国民责任意识、社会文化价值观念的发展变迁，而后者在研究上更具有新视角的含义。

目　录
CONTENTS

绪　论

一、研究的缘起与意义

广告是人类信息交流的产物，有的历史学家认为广告传播可以追溯到公元前 1.5 万—1 万年间的洞穴壁画。旧石器时代晚期，人类为了谋求生存而进行的原始简单的物品信息交流被视为最早的广告。我国最初的文字广告出现在先秦时期，多为政治、军事训诫勉励、告诫公告。随着生产力的发展，商品交换的需要，经济广告成为广告的主体，口头、实物、标记、唱卖、悬帜、悬物广告形式较为常见，宋朝出现了最早的广告画，而印刷术的发明和逐步推广促进了明清时代广告形式的多样化。报刊广告风行是近代广告最显著的标志，1827 年，广州出现的英文报刊《广州行情周报》是近代中国第一份真正具有广告性质的报纸，随后实业家们创办的《申报》《大公报》《新闻报》《上海犹太纪事报》《立报》都把广告视为重要的栏目，广告逐渐走入大众视线。直到今天，我们每天都主动或被动地接收着许多广告，它几乎成为生活中不可或缺的一部分，无时无刻不在影响我们的生活。那么，抗战时期广告是如何影响人们生活的？它有哪些具体的特点？风格有什么变化？是否与战争直接或间接地联系在一起？战时广告究竟对近代中国历史发展变迁起到过什么作用？它蕴含了哪些政治信息？这些问题诱发了我对它研究的兴趣。

《申报》《大公报》都是近代影响力较大的报纸，但是，从学界对其广告研究的程度不尽相同，从刊发、出版的论文著作的量上讲，对《申报》的关注更多一些，如王儒年《欲望的想象——1920—1930 年代〈申报〉广告的文化史研究》（上海人民出版社，2007 年版）、庞菊爱《跨文化广告与市民文化的变迁：1910—1930 年〈申报〉跨文化广告研究》（上海交通大学出版社，2011 年版）、林升栋编写的《20 世纪上半叶：品牌在中国——〈申报〉广告史料（1908—1949）研究》（厦门大学出版社，2011 年版）、潘薇薇《从〈申报〉广告看中国近代小说运动》（东方出版中心，2015 年版）、张艳《媒介呈现、生产与文化透析：民国〈申报〉征婚广告镜像》（商务印书馆，2017 年版）等诸多著作；而对《大公报》的关注相对较少，目前关于《大公报》广告著作只有两本：孙会著《〈大公报〉广告与近代社会（1902—1936）》（中国传媒大学出版社，2011 年版）、汪全军著《〈大公报〉（1902—1916）与中国广告近代化》（中国社会科学出版社，2014 年版），相关论文数量并不多，不再赘述。与《大公报》相比之下，《申报》广告更丰富、更具有现代广告特征，但是主要围绕上海的政治、经济、文化来编排，区域特色明显，对北方乃至全国不能兼顾，学术界对报刊广告的研究如果过多地集中在某一种报纸上，恐有一叶障目之嫌，南北报纸研究交相呼应，呈现出百花齐放的局面，这是广告研究所追求的目标之一。

　　长期以来学界对抗战的研究集中在军事、战略、政党、外交等宏大视角之上，从微观的视角研究抗战，把具体的研究对象聚焦在历史学的显微镜之下，通过将其放大、分析、解构，完成见微知著、以小见大的认知过程，弥补了宏观研究容易忽略细节的缺陷。同时，将微观研究对象放置于广阔宏大的历史背景中，充分考虑各种综合因素对它的制约与影响，赋予微观以宏观的内涵，使之宏观化，如此一来，微宏观研究方法互为补充，相得益彰。

　　仅《大公报》的研究而言，学界更偏向于对社评、副刊、专刊的讨论，即便是注意到广告的研究价值，也是很自然地把重心投向广告与社会发展变迁、时尚风俗变化、消费意识形态改变、消费文化形塑、休闲娱乐等问题。而对于《大公报》广告与政治关系的研究成果相对较少，其主要原因在于广告与报社的盈利直接挂钩，导致人们往往强化了广告的经济价值，忽视其社会教化、政治引导功能。再者，网络信息化的今天，铺天盖地的广告干扰了人们对信息的辨别力，被动地接收广告虚化了广告的实际效用，对广告的偏见也影响学者对其研究的欲望。

　　《大公报》是迄今中国发行时间最长、影响力大、抗战立场坚定，也是研究中国近现代史的重要史料。广告是《大公报》中非常重要的栏目，尤其是抗战时期的广告，由于受时局的影响，附加了政治符码的含义。研究这一阶段《大公报》广告，既有重大的历史意义，也有不可估量的现实意义。

　　《大公报》是光绪二十八年（1902）由英敛之在天津创办，自创办之日起，就"传播信息，主导舆论，臧否时事，月旦人物，像百科全书一样记录了世纪的风云，记录了中国政治、经济、文化的发展，也积极维护着国家和民族的利益，呼唤和期待着中华民族的振兴"①。它不仅反映了中国近现代史上政治、经济、军事、文化、外交、教育、社会等方方面面的情况，而且对世界局势的风云变幻也极为关注，是媒介信息不发达时期，人们了解国内外大事的重要窗口，堪称"一部百科全书式的中国现代史"，成为后世研究中国近现代史的重要史料。

　　《大公报》以"不党、不卖、不私、不盲"的"四不主义"的政治立场著称，以"忘己之为大，无私之为公"为办报宗旨，以文人论政，不受约束的办报风格，以极大的包容性，为各阶级、各党派、各社会团体发表不同的意见提供了便利的平台，赢得了读者、作者的信任，社会的好评，同时也提高了报纸的可信度，为后世研究历史发展变迁提供了相对可靠的史料。

　　抗日战争时期的《大公报》颠沛流离，几经辗转，曾设"一报六社"，甚至因时局的影响有过短暂的停刊，但总体看来，抗战期间的《大公报》发行基本没有间断，在时间上有很强的延续性，记录了抗战时期中国社会的方方面面、点点滴滴，是研究抗战的重要资料。

　　在战争中，交战双方不仅是军事上的战斗、经济上的较量，更是精神上的竞争。"精神因素是战争中最重要的问题之一，它贯穿于整个战争领域。"② 抗日战争之所以取得全面的胜利，正是全民抗战的结果。面临亡国灭种的危难关头，中华儿女舍生忘死，万众一心，众志成城地抵抗外来侵略者，显示了中华

---

① 方汉奇.《大公报》百年史（1902 - 06 - 17—2000 - 06 - 17）［M］. 北京：中国人民大学出版社，2003：2.

② 克劳塞维茨. 战争论（上）［M］. 西安：陕西人民出版社，2001：163.

民族强大的向心力、民族意识的空前高涨，政治学家本尼迪克·安德森充分肯定印刷品在民族意识形成中起着不可替代的作用。的确如此，"九一八"事变之后，《大公报》的各大栏目随之关注国家形势的发展，广告栏目也相应地随之变化，大到政府公告小到肥皂、铅笔广告，都留下了呼吁民众参战的痕迹。此时的广告以极大的信息容量、通俗易懂、受众面广、多元化传播的特点备受广告主青睐，它及时向民众发送"邀请卡"，积极呼吁更多民众投身到抗战的洪流中来，同时，民众也借助广告平台，发出了同日本侵略者血战到底的怒吼。因此，抗战时期《大公报》的广告之所以重要，不仅仅是因为它是报社经费的重要来源，更重要的在于它经济政治的双重属性。

在媒体多元化的今天，如何充分发挥广告在民族文化建设方面的作用，从正面积极引导民众生活，减小带给社会的负面影响，是值得反思的问题，因此，深化对广告的研究具有现实意义。研究战时《大公报》广告中的全民抗战意识，充分利用丰富的广告史料，分析广告在强化民族观念、凝聚民族抗战共识、唤起民族使命感、增强国民责任意识中所起的重要作用，宏观把握抗战时期民众积极抗战的多面相，既有助于理解在特殊时期个人与社会、个人与国家及个体之间的关系，也有助于理解全民抗战才是抗日战争最终取得胜利的根本原因的重要历史命题。

二、学术史回顾

20 世纪以来国内外学者对广告都有较为深刻的研究，国外的广告研究始于对"广告学"的研究，侧重于对广告营销理论的探讨，国内的广告研究依附着对"新闻学"的研究，继而寻找隐藏在背后的社会发展规律。

（一）国内外报纸广告早期研究概述

学者对广告的研究始于广告学科化，而广告学科化是20世纪以来，英、美等经济发达国家大学中开设广告学课程的结果。尤其是第一次世界大战之后，拉斯韦尔的《世界大战中的宣传技巧》激起学者对广告研究的兴趣，先后出现了代约翰·肯尼迪的"广告是印在纸上的推销术"理论、霍普金斯提出的"预先占用权"理论、罗瑟·瑞夫斯提出的"USP 理论"、威廉·伯恩巴克 ROI 理论、艾·里斯和杰克·特劳特的"定位理论"、IMC 的整合营销传播等理论,它们共同把广告研究推向了新的发展阶段。

西方学者把报纸广告当作史料研究始于 20 世纪,以(美)贺萧著,韩敏中、盛宁译:《危险的愉悦——20 世纪上海的娼妓问题与现代性》(江苏人民出版社,2003 年版),著作中零星提及广告,仅把广告作为一种为选头牌妓女拉选票的宣传方式而已。如第六章《职业生涯》中写道:"1920 年上海资格最老的报纸《申报》刊登了妓女界选举的广告。"① (日)早川忠典著,胡澎译:《广告、传单、杂志是如何为战争服务的?》 (三联出版社,2015 年版),作者收集了 200 多幅图片,包括当时的照片、杂志封面、报纸广告以及宣传招贴画、漫画等,详细地讲解了媒体在日本发动侵略战争期间如何美化战争、宣传皇国观念、歌颂"靖国英雄"、动员国民一切服从战争,展现了日本国民扭曲的人性、荒诞可笑的援战方式、对靖国神社的痴迷、对参军的狂热,充分说明日本发动了一场疯狂、荒唐的总体战。全书充满了作者对日本政府疯狂发动侵略的讽刺,表明作者厌恶战争、反对战争的立场。此著作图文并茂,可读性较强,会给读者带来更多的思考,为研究战争提供了一个新的视角。或许是中日文化差异的原因,仔细阅读之后,觉得书中每一章节内部结构比较松散,但每则史料研读的细致性值得我们学习。

而国内对报纸广告研究最早的是 1919 年 12 月,时任北京大学新闻学研究会会长的徐宝璜出版了《新闻学》,其中第十章《新闻纸之广告》对报纸的广告、发行,做了初步论述。对中国早期广告学研究做出过贡献的还有著名新闻学者,报学史专家戈公振。在《中国报学史》一书中,戈公振利用丰富的广告资料及统计数据,对中国报刊广告发展的历史和当时的发展状况做了系统的论述,并详细列表,对中国当时的广告状况做了深入的剖析,深层次地论述了广告的政治思想意义和文化价值。1925 年《清华大学学报(自然科学版)》第 2

---

① (美)贺萧著,韩敏中、盛宁译《危险的愉悦——20 世纪上海的娼妓问题与现代性》
　　[M].南京:江苏人民出版社,2003:169.

期的《五种报纸的广告分析》就如何对广告进行合理分类、如何研究广告及广告所占报纸版面问题进行了宏观探讨。

20世纪50年代，由于夸大阶级斗争思潮的影响，学者把报纸也划分为无产阶级报纸和资产阶级报纸，认为前者是为人民群众服务的，而后者迎合资产阶级，夸大其词对读者不负责任，如尹舟《谈报纸的广告》（《新闻战线》，1958年第2期），还有为了提倡节约反对刊登广告的文章，如《陕西戏剧》（1959年第8期作者未知）认为媒体商家应该响应中央节约的号召大可不必刊登广告。对广告理解片面的文章也大量存在，如迈克尔·高尔德、黄雨石《多读广告 你就可以增长许多见识》（《世界文学》，1960年第6期）文意要表达的仅是广告使生活方便快捷，译者随后解读为反映了腐朽的资本主义生活。改革开放之后，学界对广告的评价回归了客观，如王明辉《报纸登商品广告好》（《新闻战线》，1979年第6期）认为商品广告促进商品知识的传播，加快了商品流通，同时也是加快国家资金积累，但还是对广告的"资本主义性质"心有余悸。

20世纪80年代末90年代初，由于广告在人们生活中日益重要，加上研究技术的不断提高、研究视野的开阔、研究时间空间的拓展、新研究方法的运用，史学界、传播学界不约而同把《大公报》《申报》变为研究的亮点，研究重心逐渐由"就广告论广告"转向研究广告与社会生活的关系。

（二）《大公报》广告研究评述

21世纪以来，报纸广告的研究得到了较为全面的发展，新的科研成果层出不穷，研究领域不断地拓展，新观点、新方法迭现，跨学科的交叉研究方法的运用等显示出广告研究蓬勃发展的生命力，根据研究侧重点的不同，可以分为以下几个方面。

1. 广告学视域下的广告研究

汪前军《论中国广告学研究的角度和维度》（《广告大观（理论版）》，2012年第6期）把《大公报》广告作为研究广告学的典型案例，选取1902—1916年《大公报》广告为研究对象，认为主体意识和研究维度是广告学研究者在研究之前应该认识清楚的两个问题。主体意识即广告学研究的主体是广告，而非其他，这决定了广告学研究的角度。广告学研究应该根据广告的自身规律决定其研究维度，而不是全部照搬新闻学的研究维度，从理论高度为研究广告学提供了基本方法。

　　关于广告经营策略研究，学者普遍认为广告的运营对《大公报》的生存发展起到至关重要的作用，如学位论文：严晋《新记〈大公报〉经营管理方略研究》提出《大公报》的营销策略包括现代企业制度建立、媒介营销策略得当、公共关系处理融洽，其中广告策略的正确与否直接影响企业的运营，强调了广告栏目对平面媒体发展的重要性；期刊论文：罗国干《新记〈大公报〉的经营管理——媒介经营管理研究之三》（《广西大学学报（哲学社会科学版）》，2006年第5期）在总结自1926年9月新记《大公报》创刊以来的经营管理经验时，认为广告的正常运营为报纸的出版发行提供了经济上的保障；熊英《〈大公报〉汉口版广告的经营特点》（《湖北社会科学》，2011年第3期）分析了自1937年9月18日《大公报》汉口版创立到1938年10月17日停刊这一阶段广告的刊价、内容、经营特点，说明了《大公报》在硝烟中艰难地生存下来与报人善于广告经营管理是分不开的。文中只用片言只语点到了从《大公报》广告看到报界的社会责任，遗憾的是，对此问题没有进行更加深入的探讨。

　　既然广告运营对《大公报》的发展有着举足轻重的作用，有的学者认为广告经营、制作应有相应的指导思想、独到特色，如期刊论文：孙会、贺军妙《〈大公报〉中的系列广告特色》（《历史教学》，2008年第4期）对《大公报》广告设计及创意进行论述，旨在为对广告如何引起消费者兴趣、传播本土文化等方面提供可资借鉴；张雷、杨晓佼《〈大公报〉（桂林版）的广告经营特色》（《新闻与写作》，2011年第4期）也是从广告的组织机构、经营方式、经营策略方面论证了广告经营与报纸发展有着不可分割的关系；学位论文：赵欣《从广告视角看新记〈大公报〉的办报思想——兼论其对现代报纸广告的启示》贯穿了《大公报》在大陆发展的整个时期，从早期的广告活动到新记时期的广告经营，并与同时期的《申报》进行了比较，得出《大公报》文人论政不受约束的"四不"办报立场同样也是广告经营思想，这种直接把办报的政治立场嫁接、迁移在广告经营思想之上的叙述方式值得商榷。

广告文案设计、编排手法是制作广告的根本，关于这方面的研究也不乏存在，如曾宪明《〈申报〉〈大公报〉1925—1935 十年间广告手法评析》（《郑州大学学报》（哲学社会科学版），1994 年）列举了文学手法、汉语与修辞手法在广告中的运用，但是把《申报》《大公报》看作为资产阶级而办的报纸有失客观；贾海洋、卫俊、岳谦厚《〈大公报〉广告及其特征——以 1926—1937 年为例》（《山西大学学报（哲学社会科学版）》，2011 年第 6 期）根据《大公报》广告的规模、类型、编排手法的变化，概括了《大公报》广告的发展变化，属于综述类文章。

集中选取特定类型的广告进行研究的文章也很多，如选取公益广告为研究对象的，学位论文：朱陶《〈大公报〉的公益活动研究（1926—1936）》对公益活动相关的广告、新闻、言论叙述分析探究《大公报》是如何通过版面语言的使用来开展公益活动的，实际上，此论题在时空上有很大的拓展空间。

重点研究电影、戏剧广告的：张一玮《作为文本的女影星：〈北洋画报〉和〈大公报〉中的黄柳霜》（《当代电影》，2010 年第 6 期）以 20 世纪二三十年代美国著名华人电影明星黄柳霜代言的《北洋画报》和《大公报》影视广告为中心，把黄柳霜化身为商业符号、东西方文化交流的符号，说明广告代言人不仅在引领社会时尚中起着带头作用，而且在东西方文化交流中至关重要；熊学莉《陪都时期的电影宣传研究》围绕陪都时期电影广告的类别、表现形式、诉求重点、促销策略及苏联电影内容，本质上仍是围绕广告的内容来进行阐述的，明显缺乏理论深度；郝天石、马岩、杨涛《中国大戏院成立初期的演出活动》（《戏剧文学》，2013 年第 6 期）文章简单列举了《大公报》关于戏剧演出的广告。

以捐款广告为研究中心的：赵川《媒体与救灾——以 1931 年江淮水灾救济为中心》通过对《大公报》《申报》《民国日报》《东方杂志》等为代表的近代媒体参与救灾的情况研究，并以 1931 年江淮水灾救济为例，探讨媒体与灾荒救济之间的互动关系，指出媒体在灾荒救济中的宣传动员作用；杨黎《〈大公报〉战时募捐活动研究——汉口版为中心》以《大公报》的募捐广告、报道、评论为主要内容分析了募捐活动的背景、策略、影响，但在分析策略时以"救护伤兵"为案例,代表性不是很强;隋芳《从赈灾实录看民国〈大公报〉的媒介作用》(《吉林省教育学院学报》,2010 年第 9 期)从《大公报》发起的水火灾、蝗灾的赈灾募捐广告论述了媒体的人文关怀和社会责任。

对图书广告展开研究的:王一鸣《抗战时期出版业掠影——以 1937—1945 年〈大公报〉刊载之图书广告为管蠡》(《出版科学》,2017 年第 4 期)梳理了 1937—1945 年《大公报》刊登的 3095 条图书广告,用历史叙述和数据呈现的方式,揭示此时期出版业发展变化的规律特征,为研究《大公报》的书籍广告提供了翔实的史料。

关注金融广告的论文:黄玉涛、杨柳依依《王郅隆时期〈大公报〉金融广告发展原因探析》(《湖南工业大学学报(社会科学版)》,2017 年第 3 期)、《论新记〈大公报〉的金融广告特色》(《传媒观察》,2012 年第 5 期)主要论述了保险、金融广告的起源、文化融合的作用。

以医药广告为研究议题的:刘冬丽《从〈大公报〉(1930—1937)医药广告看民国社会健康议题设置》(《东南传播》,2017 年第 7 期)运用广告的议程设置理论,采用广告学、社会学交叉学科的研究方法分析了 1930—1937 年间广告并不是孤立地存在,它和特定的社会环境有关,是和娼妓业与性病泛滥、保健进补与对健康的渴望、肺结核与对"久咳成痨"的恐惧、民国禁烟运动与种烟泛滥紧密联系在一起的,而作者选取的时间段恰逢局部抗战开始时期,难民的流动应该也是引起医药广告有所变化的因素之一。

对征婚广告的研究:赵婧《近代中国征婚广告探析——以〈大公报〉为例(1900—1937)》对征婚广告的内容、特点、效果进行了分析。

以上这些文章大部分主要梳理了所选取个案广告的发展脉络,基本上属于简单介绍性的文章,因此,在理论上还有很大的提升空间。

2. 社会学视域下的广告研究

随着社会学的研究方法在史学研究上的广泛运用,关于广告与社会近代化的研究,近十年来,学界出现了大量的成果。

研究广告与社会整体发展变迁关系的著作有:孙会《〈大公报〉广告与近代社会(1902—1936)》(中国传媒大学出版社,2011 年版),它在介绍 1902—

1936 年广告经营、广告类别及数量所占板块的基础之上，梳理了近代报纸广告发展的脉络，深刻地分析了广告对近代民众的消费观、社会经济模式、社会精神变化、信息传播方式、性别观等方面的正负面影响，探讨对今天社会转型的借鉴意义。可以说是第一本系统全面研究《大公报》广告的著作，或许研究角度的差异，本人仔细拜读之后，不解之处有二：其一，著者之所以选取研究时间段为 1902—1936 年是因为"1936 年之后中国进入了非正常的战争时期"①，战争时期不知作者如何界定。其二，本著作在论述新记《大公报》时期的广告特色时，把爱国广告作为特色之一，但是在论述其影响时忽略了；汪全军《〈大公报〉（1902—1916）与中国广告近代化》（中国社会科学出版社，2014 年版），该书运用现代化范式，围绕近代中国《大公报》（1902—1916）广告业的发展，对广告概念的外延、广告版式的变化、广告主的价值观念的前后差异性、广告营销模式从单一到多元、广告文体创作的变化、广告产业的扩大化等方面进行了详尽的叙述，勾勒出了广告近代化轨迹，对学者研究广告与中国社会近代化提供了新思路，但是文中对广告在近代化过程中的负面影响谈得比较少，《大公报》广告研究仅有的两本著作，总体上都按照现代化范式，论证广告对近代中国社会现代化进程的影响。

研究广告对社会发展变迁的影响期刊论文有：孙会、宋维山《近代报纸广告的社会价值——以〈申报〉〈大公报〉为例》（《河北学刊》，2008 年第 4 期）从广告对信息传递、资本主义经济发展、精神领域的进化等方面的影响论述了广告的社会价值，文中论及广告对民族企业的促进作用，但是在谈到广告对人们精神领域近代化的时候忽略了广告对民族意识觉醒的价值；孙会《〈大公报〉广告视野中的近代商务印书馆》（《河北学刊》，2011 年第 2 期）从《大公报》广告与社会发展变迁的关系出发，选取当时在社会上影响较大的广告主——从商务印书馆为中心，论述了商务印书馆在传播出版书籍广告时注重广告设计，突出品牌意识，运用系列广告、形象广告、赠品广告等多种形式不断向社会推

---

① 孙会.《大公报》广告与近代社会（1902—1936）[M]. 北京：中国传媒大学出版社，2011：7.

出各类书籍，打造了出版业的龙头形象，对营造近代中国的文化消费氛围，促进东西方文化交流起到了积极的作用，直接影响到近代中国社会文化的发展变迁，文中更侧重于广告对文化产业的影响，对其他相关产业的影响论述较少；孙会《透析清末〈大公报〉中的另类社会广告》(《河北师范大学学报（哲学社会科学版)》，2008 年第 4 期）从学者关注度较低但包含信息丰富的另类社会广告入手，把眼光放在了对基层大众的生活上，对报纸上出现的反映民间纠纷、冲突，呼吁社会公平、申冤鸣怨、或颂扬功德、赞誉功名的各类信息加以分析统计，从广告的视角透视了清末以来随着东西方文化的逐渐融合，民众的自我觉醒，民意的自我表达，民权的提升，使社会学的研究方法凸显出来；孙会《传播中的折射——从晚清〈大公报〉广告透视天津社会生活》(《石家庄铁道学院学报（社会科学版)》，2007 年第 2 期）从广告内容透视了社会生活的丰富多彩、风气的文明开化、生活观念的进步，对广告进行了全方位的认知与解读，为研究提供了新视角。孙会、张润泽《〈大公报〉中的医药广告与近代社会》(《廊坊师范学院学报（社会科学版)》，2008 年第 3 期）分析了 1902—1949 年间《大公报》医药广告兴起的原因、表现形式，论证了医药广告的蓬勃发展有利于社会风气的改进，加快了文明开化的进程，为当今社会转型提供了有力的借鉴；孙会《〈大公报〉中的另类社会广告与近代中国社会》(《河北经贸大学学报（综合版)》，2008 年第 2 期）在前期研究的基础上，把广告的研究在时空上进行了延伸，以 1840—1949 年为时间坐标，近代社会为研究平面，作者认为广告是社会发展的一面镜子，是社会立体化、多元化的缩影；孙会《解读近代〈大公报〉中的娱乐广告》把娱乐广告作为一种文化现象，解读了娱乐广告在近代信息传播中对社会变迁的积极影响；孙会、张文洲《〈大公报〉的教育广告与近代中国社会》(《社科纵横》，2008 年第 4 期）选取从 1902 年到抗战前夕的时间段，重点分析了招生类广告的特点，从中反映了社会对教育的需求，广告对教育事业的推动作用；孙会，全文瑶《近代外商广告中的本土化战略——以〈申报〉〈大公报〉为例》(《江苏商论》，2008 年第 7 期）指出近代国门打开之后，外国商品不断涌入市场，面对自给自足的经济与资本主义经济的冲突，东西文化的碰撞，如何使外来商品为一般民众接受，广告本土化战略不失为行之有效的办法，广告商把传统的价值观、消费观、风俗习惯等都融入了外商广告中，对推动中西文化交流、社会发展起到了积极的作用；孙会《〈大公报〉的征婚广告与近代社会变迁》（《社会科学论坛》，2008 年第 8 期）节选了《大公报》（1902—1936）的 72 则征婚广告，分析了其内容、广告出现的原因，体现了广告"开启民智、移风易俗"的作用；汪前军、唐婵《近代日本作为"中间人"对中国广告近代化的影响初探》（《广告大观（理论版）》，2015 年第 1 期）以 1902 年至 1916 年《大公报》广告发展的历程为案例，从广告创意和广告设计两个方面阐述了日本广告从创意到版面设计对中国广告及广告业发展的影响，探讨近代日本作为"中间人"对中国广告近代化的影响；雷承锋、卫俊、岳谦厚《〈大公报〉广告（1926—1937）与天津社会生活变迁》（《新闻学与传播学》，2013 年第 5 期）不仅把广告看作一种经济现象而且视作一种文化现象，在此基础上分析了广告带给社会的利弊：一方面在传播西方物质文明与文化知识、培养人们价值观念与社会风尚、激发人们爱国主义和民族认同感等方面发挥了积极作用；另一方面，广告中所宣扬的追求享乐主义等思想亦破坏了人们传统的价值观念，助长了社会不良风气，对整个社会产生了消极影响，从正反两个方面强调它的社会功能。

研究广告与社会文化关系的期刊论文：孙会《英敛之时期〈大公报〉的征文活动》（《新闻爱好者》，2008 年第 6 期）指出征文是传播媒体与受众沟通、互动的一种形式，是媒体公共舆论空间推进社会文明进步的外在表现，也是近代社会民众追求平等、自由、民权意识的综合体现；孙会《〈大公报〉广告语境中的传统文化解读（1902—1936）》（《河北经贸大学学报（综合版）》，2010 年第 4 期），通过阅读大量的广告资料，对报纸广告语境中的传统文化内涵进行了详细的解读，分析了《大公报》把传统文化糅合在广告中是其繁荣发展的主要原因；蒋建国《晚清消费文化中的西方元素——晚清时期报刊广告与西餐消费的变迁》（《学术月刊》，2013 年第 12 期）以 19 世纪 90 年代《大公报》刊登的西餐馆广告为其中的考察对象，对西餐的消费地理、消费空间、消费形式、消费服务等方面的介绍和推广，指出报刊上出现的大量"番菜"广告不仅是对西餐的推销，也是西餐文化的知识传播过程；宋泉、宋菁《时局 文化 市场——从

〈大公报〉（桂林版）出版广告看战时桂林的出版文化生态》（《出版科学》，2017 年第 2 期）从广告内容变化、广告主的出版理念、广告费用及出版物价格的变化提供了出版学研究的新视角，或许是作者视角的问题，对于广告在抗战时期启发民智、传播抗战文化的功能浅尝辄止；夏晓虹《晚清报刊广告的文学史意义》（《南京师范大学文学院学报》，2008 年第 4 期）把《大公报》等报刊广告作为研究文学史发展脉络、考证文本资料的重要线索，它有助于呈现文学相关脉络，考证作品本来面目，确认作者真实身份，搜集作者散佚篇什，确定杂志刊行时间，为研究晚清文学提供了简单的目录索引指导。

研究广告与教育发展、女性身份认同的论文有：学位论文：于瑞琪《英敛之时期〈大公报〉的女学话语》以《大公报》中刊登的有关女学的评论、消息、广告为研究对象，通过对其内容、数量、排版的归纳总结，从纵横两个方向论证了《大公报》对近代女权的提升、社会风气的开化、国家的文明进展起到的积极促进作用；期刊论文：孙会《近代报纸广告语境中的女性身份认同与建构——以〈大公报〉广告为例》（《广告大观（理论版）》，2009 年第 6 期）选择抗战之前《大公报》广告中与女性有关的广告，从广告中折射出随着近代社会的发展，女性的职业定位、家庭角色、受教育程度都发生着不同程度的变化，反映出近代女性追求个性解放，男女平等，人权提升的艰辛过程。

由此可见，21 世纪"广告与社会文化关系"的研究成为学界研究广告的热点，主要观点集中在：第一，认为广告是一种独特的社会文化，五彩斑斓的广告正是大众社会生活显性或隐性的反映；第二，依据广告文字和图片形成的话语，指出认为其对性别认同、日常生活变化、社会角色转变有着极大的影响；第三，意识到广告对信息传播、社会经济的发展、社会风尚的改变、社会近代化进程所起的积极作用。

3. 政治学视域下的广告研究

《大公报》创刊于清末年间，社会变革之际，民族觉醒之时，对民族国家前途、命运的担忧，对振兴民族的期待无时无刻不体现在报纸上，而从报纸广告上同样能解读出其中之意，如学位论文：吴新攀《国货广告中的民族图景——以 1930 年代〈申报〉〈大公报〉为中心》，文章将国货广告和民族结合起来，从"民族"的角度分析国货广告，从国货广告的视角解读"民族"，深刻地论述了国货及国货广告对 20 世纪 30 年代民族主义发展的影响，是一篇理论程度较高的佳作；薛毅、蒋朝常《民国时期以爱国为主题的商标广告略论》(《中国矿业大学学报（社会科学版)》，2008 年第 4 期) 从近代报刊、书籍、杂志之中的爱国商标透视商标广告背后商家的爱国主义情怀，指出爱国商标广告与爱国思想互动双赢共同演绎了民国商标广告学上奇特的一页，推动了国内爱国运动和进步力量的发展，促进了爱国思想的传播。

　　显而易见，学界对"广告与政治"的研究成果稍逊色于"广告与社会文化"的研究，直到近些年来才把研究注意力偏向了广告与政治的研究，但是基本上聚焦于《申报》，概括起来有几种观点：第一，对近代中国报纸直接通过广告发表意见、表达立场或陈述政论，广告发挥政治效力作用的认可。代表性的期刊论文如刘丽娟《简论近代中国报纸广告的政治功效——以〈申报〉广告为例》(《福建论坛》，2007 年第 10 期)。第二，以"国货""国庆"广告为研究视角，把广告视为政治符号，肯定此类广告在唤起民众的爱国主义情怀和民族认同感中的作用。代表性的期刊论文如朱英、许峰《商业与政治：民国时期辛亥革命的纪念——以〈申报〉双十节商业广告为例》(《社会科学战线》，2011年第 4 期)、许峰、田花《政治符号、"双十"纪念与商品推销——以〈申报〉国庆日商业广告为中心》(《贵州社会科学》，2011 年第 9 期)。第三，认同广告对民族主义的传播有促进作用。如代表性的学位论文：吴新攀《国货广告中的民族图景——以 1930 年代的〈大公报〉〈申报〉为例》、向娟《民族主义语境下的国货运动与〈申报〉广告（1912—1926)》、薛毅、蒋朝常《民国时期以爱国为主题的商标广告略论》(《中国矿业大学学报（社会科学版)》，2008 年第 4 期)。

　　综上所述，学界对广告的研究呈现由浅入深、由简单到复杂、由表象到本质、由主观到客观、由片面到全面的渐进过程。总体看来存在着一些不足，第一，从横向上看，对报纸研究内容经历了由单一到多元，由整体到局部，由粗略到细节的过程，以某类广告如电影、戏剧、捐款、书刊广告入手进行研究的较多，以广告整体为研究对象的比较薄弱。第二，从纵向上看，学界对局部抗

战时期的广告研究较多，对全面抗战时期的广告研究略显单薄，而对其与国家
的关系论及更少。第三，学界在研究国家民族发展时，注意力一般投向了政治、
经济、文化、军事、外交等宏观视角，类似广告这样的微观视角研究宏大的问
题的研究方法值得推广。第四，从研究范式来看，学界对报纸广告的研究沿着
革命史范式——现代化范式向前行进。

三、相关界定

本文主要涉及了三个主要概念：广告、民族、民族意识。广告说明本文的
研究对象范围，后两个概念指明本文的研究视角。

（一）广告

广告源于拉丁文 Adventure，本义为"大喊大叫、吸引人注意"之意。到中
古英语时代，逐渐演变为 Advertise，意思是"某人注意到某事"，以后又演变成
"引起（或通知）某人注意到某事"，随后又延伸为"让众人知道某事"。15 到
16 世纪，印刷术在欧洲得以广泛运用，随之，出现了现代意义上的广告。17 世
纪末期，随着英国商业活动大规模的开展，英国的《每周新闻》上出现了广告
栏目，题头为"Advertisement"，"广告"一词又渐渐融入传播商业信息的含义，
也正是在这一时期，"广告"一词得到了广泛的使用，开始在欧美各国流行起
来，并衍生为一系列的广告活动，因此，"广告"的表述，也由表示静止的物的
名词 Advertise 转化成现代意义的广告总称 Advertising。19 世纪末 20 世纪初，特
别是"一战"前后，美国广告业蓬勃发展，成为广告大国。

1894 年被誉为美国现代广告之父的阿尔伯特·拉斯克尔（Albert Lasker）提
出：广告是"由因果关系驱使的印刷形式的推销手段"。[①] 美国广告学学者包顿
（Neih Borden）表述道："广告是把想要购买财货或劳务的人，或者为了对企业、
商标等采取善意的行为，或使其保持好感，向特定的大众告知，或予以影响为

---

① 舒咏平. 广告传播学［M］. 武汉：武汉大学出版社，2006：2.

目的，将信息用视觉或语言向他们所做的活动。"①

日本大约在明治五年到明治十年（1872—1877）就出现了"广告"一词，有些学者认为我国"广告"一词的采用可能来自日本。② 广告一词，在我国本土报纸中，最早出现在1906年的《政府官报章程》中。20世纪80年代，学者闵建蜀在《市场管理》中提出："广告就是一种要支付费用的非个人的传播行为，它通过不同媒介，由商业或非商业组织或个人推行。"③ 2000年，我国出版的权威性辞书——《辞海》，给广告下的定义是："通过媒体向公众介绍商品、劳务和企业信息等的一种宣传方式。一般指商业广告。从广义来说，凡是向公众传播社会人事动态、文化娱乐、宣传观念的都属于广告范畴。"④我国广告学者陈培爱指出："广告是把由广告主付出某种代价的信息，采用艺术手法，通过某种不同的媒介向大众传播，达到改变或强化人们观念和行为的目的。"⑤

一般来说，广告有广义与狭义之分，广义的广告，包括经济广告与非经济广告。经济广告又称商业广告，它所登载的是有关促进商品或劳务销售的经济信息，尽管内容多样，表现手法不一，但都是为经济利益服务的。非经济广告，是指除了经济广告以外的各种广告，如各社会团体的公告、启事、声明、寻人广告、征婚启事等。

本文研究的广告是指广义的广告，主要包括政府公告、文艺广告、商贸广告、书刊广告、休闲娱乐广告及征募启事。

（二）研究时段说明

本文研究范围为1937年7月7日抗日战争全面爆发至1945年8月15日日本宣布无条件投降为止。

---

① 樊志育. 广告学原理 ［M］. 上海：上海人民出版社，1994：1.
② 余明阳，陈先红. 广告学 ［M］. 合肥：安徽人民出版社，1997：3.
③ 闵建蜀. 市场管理 ［M］. 北京：现代出版社，1986：193.
④ 辞海编辑委员会. 辞海 ［M］. 上海：上海辞书出版社，2000：1020.
⑤ 陈培爱. 广告原理与方法 ［M］. 厦门：厦门大学出版社，2007：4.

（三）全民抗战意识

学界对全民抗战意识并没有做出过专门界定，全民抗战意识是由全民抗战和意识这两个词合成的，为了抵抗日本侵略，国民政府号召有钱出钱有力出力，各尽其责，在政府动员、社会力量感召下，民众有意识或无意识，潜意识里形成的抵抗意识就是全民抗战意识。

1. 意识

意识属心理学范畴概念，它是人特有的生理现象，是人脑在大脑活动皮层功能活动的基础上，对客观物质世界的反映，是感觉、思维等各种心理过程的总和。有的研究认为，意识是一种高级的心理活动，它是一个人对内部和外部刺激的知觉，[①] 浙江大学唐孝威教授认为，意识是复杂的心智过程，"意识是个体的清醒和警觉，有意识的活动在心理内容上指可以用语言报告出来的内容"。[②] 综合各种关于意识的观点，我们认同马克思主义经典著作中关于意识的定义，即意识与物质是辩证统一的，物质决定意识，意识是能动的，它又反作用于物质。

2. 全民抗战意识

全民抗战意识就是面临外族入侵，中国人不再是一盘散沙，而是各阶层、各团体、各职业、各民族都能够认知自己的责任，贡献自己的一份力量，加入御侮救国的洪流中，齐心协力、众志成城打败侵略者，维护国家主权和利益。

四、理论与方法

研究广告史最基本的方法是史学的研究方法，具体来讲，在历史唯物主义、辩证法的指导之下，充分运用文献法、归纳法、演绎法、分析比较法去研读史料。

鉴于广告史与广告学研究对象最为相近，而广告学学科发展较早，研究方

---

① 桂世权. 理学 [M]. 成都：西南交通大学出版社，2015：48.
② 唐孝威. 意识笔记 [M]. 杭州：浙江大学出版社，2017：11.

法较广告史更成熟，借鉴广告学的研究方法成为研究广告史的首选，对广告内容进行分析的定性研究方法、数量研究的统计分析方法、广告效果研究的定量分析方法都可以运用到对广告史的研究之中。广告学的经典"5W"理论、整合营销传播理论、定位理论、品牌形象论等可供广告史的研究选择。

史学与社会学的关系也很密切，借鉴社会学的研究方法已成为广大史学研究者的共识。社会学的结构理论、功能理论、分层理论、互动理论、角色理论在史学研究中时常被自觉地使用，针对广告所蕴含的民族意识研究要求研究者对广告文本史料研读的基础上，运用民族国家、市民社会、公共空间、总体战等理论来架构整篇论文，也是把社会学的一些理论糅合在其中。

《大公报》的广告种类繁多，数量巨大，涉及内容及行业非常广泛，因此在分析这些广告时，采用图表的方式对数据进行处理显示，依据数据分析战时局势对广告的影响，更能显示广告的实证性，从而得出可信的结论，看清历史真相，同时使用统计方法研究广告，把纷纭复杂的广告简单化、直观化，更有利于把握历史发展的规律。

在前人研究的基础之上，把政治学的理性研究方法援引入对广告的研究之中，采用逻辑分析和民族国家理论对广告——政治符码进行归纳、演绎，对国家主义、民族意识、国民意识等抽象概念深度剖析，通过理性思辨得出最终结论，同时本文也运用了把史学的研究方法与政治学结合在一起的研究方法，在搜集、考证、甄别史料的过程中分析各种政治现象之间的关系，总结历史经验为今天提供借鉴。对国家政体、权力分配等政治学的制度研究方法在文中也有体现。

除此之外，经济学、传播学等多学科理论都会交叉运用在论文中。

五、研究框架

《大公报》广告中所呈现的全民抗战意识研究（1937—1945）共分七个部分。

绪论包括六部分内容，明确了问题意识的缘起，阐释了选题的意义，梳理了国内外相关研究，界定了关键词概念，并对研究中的难易之处进行了说明。

第一章在整理分类政府广告的基础上，从主体经济公告、社会保障公告、国防军事公告中分析它们在政府抗战动员中发挥的作用。

第二章从战时民族主义高涨的视角审视商贸广告中的民族意识，并强调战时国家民族主义觉醒的重要性。

第三章聚焦书刊广告启迪民智的作用，通过对书刊广告进行分类整理，从对敌、对盟友、对国内民众宣传的角度深入剖析战时书刊广告的启蒙作用。

第四章把握休闲娱乐广告的战时特征，挖掘特殊时期大众休闲娱乐文化中的战时气息。

第五章按照国家—社会—个体战时互动的研究思路体系，还原征募启事中全民众志成城抵御外侮的多面相，展现国家意识在抗战中的成长。

小结整体分析、总结、评价研究的全部内容，围绕《大公报》广告的政治功能升华全文思想。

六、创新点及难点

本文以历史唯物主义为指导，在学界对《大公报》广告研究的基础上，用政治学研究视角与社会学研究视角互为补充的方法，把研究的时间范围延续到1937—1945年，研究内容扩展到对广告的整体研究，力图做到既把握整体又能兼顾细节，点、线、面相互结合，全方位呈现研究结果。

（一）创新点

从纵向上看，学界前期研究的时间段大多集中在清末民初或局部抗战时期，大多数期刊论文的研究范围也限定在1937年之前，而本文研究范围选取全面抗战时期（1937—1945）是对前期研究时间上的延伸；横向上看，或许由于这段时间《大公报》版本较多，广告内容分散，即便是对1937—1945年《大公报》广告的研究，大部分学者选择了广告作为个案研究的对象、或者是对特色广告进行研究，选定各种版本的《大公报》中的各种广告，充分运用一手资料，从微观视角出发研究宏观的政治问题，勾勒从社会学到政治学的广告研究路径。系统全面地分析、解读广告是对学界前期成果在空间上的拓展。

（二）难点

1937—1945 年《大公报》的广告种类多样、数量繁多，其中诉诸的情感多有交叉之处，如何能避免重复使用材料是本文要注意的难点之一。意识是个非常复杂的问题，如何在堆砌大量广告内容的基础之上，进行理论的提升，最后聚焦到全民抗战意识研究之上，是本文研究的难点之二。各类广告包含的政治含义彼此交织在一起，难以保证广告类别的绝对性，是本文研究的难点之三。理论运用的生涩是研究难点之四。广告属于微观史料，通过它就解读宏大的"全民抗战意识"，是否有片面之嫌，这是难点之五。

第一章

《大公报》与《大公报》广告

　　自 1902 年,《大公报》创刊以来,广告便成为重要的栏目。随着社会进步、报社的发展变化,广告也呈现出不断改进的趋向。纵观数量庞大的广告不仅以易于发布、受众面广、经济效益高等特点备受报人的重视,还以其包罗万象、引领时尚、可读性强的优点吸引了大量的读者,可视为中国近代社会发展演变的微缩。

第一节　《大公报》的历史沿革

　　《大公报》是近代中国历史上最有影响的报纸之一。《大公报》创刊于甲午惨败、维新变法失败之时,中国人猛然觉醒之际,1902 年,英敛之创刊后,《大公报》以"开风气,牖民智;挹彼欧西学术,启我同胞聪明。"[①] 为宗旨,"阐开发公理也,激发公论也,开通民智也,维持国力也",[②] 不畏强权,针砭时弊,树立了《大公报》"敢言、爱国、严肃"的风格。袁世凯称帝后,英敛之备感时局混乱,办报的兴趣索然,1916 年将其卖给安福系财阀王郅隆,此时的《大公报》基本上是安福系的机关报,1924 年安福系垮台,1925 年 11 月 27 日《大公报》宣布停刊。1926 年,吴鼎昌、胡政之、张季鸾以新记公司的名义复

---

① 大公报(天津)[N]. 1902 – 06 – 23 (1).

② 大公报(天津)[N]. 1905 – 11 – 22 (1).

刊，时人称新记《大公报》，它延续了初创时期直言的风格，明确提出"四不方针"，确立了它的政治立场。抗战爆发之后，《大公报》先后转战上海、汉口、桂林、重庆、香港，以明耻教战为办报的宗旨，积极投身于抗日救亡宣传活动中。抗战胜利后，《大公报》上海版于 1945 年 11 月 1 日复刊，天津版于 12 月 1 日复刊，香港版于 1948 年 3 月 15 日复刊，重庆版继续出版。《大公报》一度支持过国民党的内战政策，1948 年后因立场有所改变受到国民党当局审查，重庆版一度被强行接收。中华人民共和国成立后，《大公报》重庆版、上海版先后停刊。天津版改名《进步日报》，旋又恢复原名，迁至北京出版，主要报道财政经济和国际问题，1966 年 9 月 10 日停刊。香港版出版至今。

一、《大公报》的创刊

《大公报》由英敛之于 1902 年 6 月 17 日（清光绪二十八年五月十二日）在天津创刊。20 世纪初，中国正经历着社会改良和改革的赛跑，1895 年甲午中日战争的惨败和 1899 年维新变法的失败，促使知识分子们加快学习西方文明的步伐。尽管百日维新被顽固守旧势力镇压，但开民心、启民智的维新思潮不可阻挡地蔓延开来。

1902—1916 年可视为《大公报》的开创阶段，亦可称之为英敛之时期。此时的《大公报》以书版代报版，栏目单调，以宣传"维新"思想为主导。1902 年 6 月 17 日创刊号上，英敛之发表了署名的《大公报序》一文。宣告办报宗旨。他说："岁辛丑（1901 年），同人拟创大公报于津门，至壬寅（1902 年）夏五而经营始成，推都门英华氏董其事。"报之宗旨，"在开风气，牖民智；挹彼欧西学术，启我同胞聪明。"① 告知读者，办报宗旨是为介绍西方学术思想，沟通了解，以启迪同胞聪明智慧。创刊第二天的《大公报出版前言》，开始露出锋芒，表示："本报但循泰东西报馆公例，知无不言。以大公之心，发折中之论；献可替否，扬正抑邪，非以挟私挟嫌为事；知我罪我，在所不计。"② 第三

---

① 大公报（天津）［N］. 1902 – 06 – 17（1）.

② 大公报（天津）［N］. 1902 – 06 – 18（1）.

天，即以来稿代"论说"，发表了《论中国人人有救亡之责》。被后世称为开篇三板斧，这些初步奠定了《大公报》文人论政的办报基调。

《大公报》诞生于国破民奴之时，镇压义和团运动，应付八国联军的侵华，《辛丑条约》签订，"满清政府的信用至此扫地无存"①。中国变法势在必行，此时的《大公报》顺应形势发展，接受了维新思想，坚决主张保皇，要求慈禧归政，拥戴光绪帝。1902 年 6 月 21 日和 23 日，《大公报》论说栏目中连刊《论归政之利》②，拥护改良坚持立宪，文中认为"归政则中外利满汉利民教利新旧利宫闱利草野利君子利小人亦无不利"，归政之后，光绪皇帝定能"立宪法，振国权，以救我国民四百兆生灵之众，以奠我国家亿万年有道之长"③。如此一来，仿效西方的议会制度，"泰西之盛强无他道焉公而已矣国有议院公人权也"④，便可缓解中国面临被瓜分的危机。

对资产阶级革命派所宣传的种族革命理论，英敛之公开表示反对，种族革命是自取灭亡，"比者以并彼二三失意、激愤、狭隘者流、号召党徒，张皇词说，事种族主义，而不知徒取纷扰，自促灭亡也"⑤。1906 年 6 月 5 日，《大公报》进一步阐明，革命必定招致外国列强的干涉，反而加快了中国沦为殖民地的危险，"革命排满之目的，乃夺之于黄种人之手，而纳入于白种人囊橐之中"⑥，表现出民族资产阶级求稳怕乱的性格特点。《大公报》有政治上鲜明的特点，坚决反对专制主义，但也不看好共和制度。它认为中国若采用共和政体，犹如风马牛不相及，"试以美、法南烟囱易以我中国之人，不旋踵而国基必坏矣"⑦，唯有立宪才是当务之急。要实行立宪，一是立即召开国会，二是颁布宪法。这也是清末新政以来，资产阶级立宪派所追求的政治权利。经济上，认为

---

① 李剑农. 中国近百年政治史 [M]. 重庆：商务印书馆，2007：212.

② 大公报（天津）[N]. 1902 - 06 - 21（1）.

③ 本日庆贺万寿之感情 [N]. 大公报（天津），1903 - 8 - 18（1）.

④ 李董亮. 大公报序 [N]. 大公报（天津），1902 - 06 - 20（1）.

⑤ 大公报（天津）[N]. 1902 - 06 - 19（1）.

⑥ 论革命军必不能达其目的于二十世纪之支那 [N]. 大公报（天津），1906 - 06 - 05（1）.

⑦ 说公 [N]. 大公报（天津），1903 - 10 - 08（1）.

帝国主义之所以肆无忌惮地凌侮中国的主要原因在于民族经济的落后，要想摆脱被奴役的地位，保护利权，必须先发展资本主义经济。它提出举办六件事情，许专利、立公司、严保护、译新书、设专官、重赛会①，认为"是工实为商之本，工不振则商必无功"，主张积极发展实业。在发展商业上，该报建议组织商会，"民与民群则国立，士与士群则国强，商与商群则国富"②，希望中国的民族资本家联合起来，壮大商业队伍，致力发展商业，与帝国主义斗争。

19世纪末20世纪初，正是世界资本主义向帝国主义过渡时期，帝国主义对被侵略国家的掠夺方式由原来的商品输出变为资本输出，中国的铁路、矿山等经济命脉被帝国主义把控，民族经济发展环境恶劣，举步维艰，民族矛盾异常尖锐，收回利权斗争此起彼伏。1904年11月9日起，《大公报》连续5天转载了《详志粤汉铁路废约本末》③，揭露了美、比帝国主义全然不顾中国利益的阴暗交易，动员中国人为争夺自己的合法利益敢于向帝国主义挑战的信心；1908年8月13日、14日两天发表《论官办铁路之恶果忠告邮部警醒国民》④，尖锐地指出官洋勾结修建铁路，无疑是出卖了国家与国民的利益，坚决反对帝国主义国家染指中国修路之事，与《新民丛报》《东方杂志》《外交月报》《真光月报》对粤汉铁路的报道形成呼应之势，引起舆论界的广泛关注。在舆论上支持矿权斗争也是《大公报》保护利权斗争的一种形式。1904年12月23日，《大公报》发表《论商部赞成绅商开矿》，再次重申矿产之权不能拱手让与外国人之手。还以1908年，山西收回英商掠夺矿权成功为例，敦促清政府给予各地修铁路以政策上的支持，经济上的赞助。

几千年来三纲五常封建思想束缚着中国人，家庭观念、忠君思想非常严重，国民、民族的观念淡漠，《大公报》屡屡撰文，痛陈民众一盘散沙、不关心国家的现象，以启蒙思想，开化社会风气为己任。创刊第3天，《大公报》头版就发表了林砥中的文章《天下兴亡匹夫有责》，文中痛心地指出，"兴亡匹夫有责尽

---

① 来稿代论［N］. 大公报（天津），1902—10-03（1）.
② 设商部宜先立高会说［N］. 大公报（天津），1902—11-16（1）.
③ 详志粤汉铁路废约本末［N］. 大公报（天津），1904-11-9—11-13（2）.
④ 论官办铁路之恶果忠告邮部警醒国民［N］. 大公报（天津），1908-08-13（2）.

人而明此理吾中国其庶几乎"，① 四万万中国人大部分面对列强的瓜分，熟视无睹，无动于衷，为救亡奔走呼号、摇旗呐喊的仅是少数的知识分子，清末新政若想顺利推行下去，当局者需要吸纳更多的民众参与进来，民强国才能富。在呼吁国民关注国家命运的同时，《大公报》提倡办新学、译书、介绍科学知识、讲究卫生等。积极传播西方文化，反对愚昧、封闭、落后的旧文化、旧思想。在《大公报》看来，教育乃强国之基，"夫教育者，所以提振国民精神，感发国民之志气，使得人人成为国民之资格，能担当国家之责任也"②，继而多次转载《日本学校总数表》说明日本对学校教育的重视程度，为此，《大公报》极力主张在中国废除科举、兴办新式学堂并要求推行强迫教育，认为，"人民程度之高下，国家随以盛衰……非广立小学以造就国民，万无富厚之希望"，而在提倡新式教育中，重视女学思想是《大公报》的一个特色，它强调"讲究强国的法子，先由女子教育入手"③，还特别注意对各地女学、女校办学情况的及时报道，此外，尊重女性及女性的学识也是《大公报》难能可贵之处，时人安徽才女吕碧城就被英敛之聘任为该报编辑，《大公报》上经常会见到她发表的文章。

开创时期的《大公报》具有明显的维新特色，在政治上主张改良立宪，召开议会，经济上积极探索发展民族经济之路，思想上传播西方先进的文化。它勇于挑战封建顽固势力的权威，坚决反对帝国主义干涉中国政治经济的发展，揭露封建官商洋勾结出卖民族利益的面目，奠定了《大公报》早期"敢言"的风格。

早期的《大公报》反对暴力革命，1911 年 10 月，武昌起义爆发后，《大公报》的文章中屡次用"革匪、匪目、匪党"作为革命党人的蔑称，直到 1911 年 11 月 17 日，才在该报上见到"革命"字样，但仍力主君主立宪。但是历史发展轨迹史终究不会因个人意志而转移，中国已经告别帝制转入民主共和体制当中。辛亥革命后，袁世凯的复辟行为更是遭到《大公报》及英敛之强烈抨击，但是民国初期的政局动荡让英敛之办报兴趣索然，并于 1916 年 9 月将《大公报》卖

---

① 林砥中. 论中国人人有救亡之责［N］. 大公报（天津），1902－06－19（1）.

② 论中国教育当定宗旨［N］. 大公报（天津），1902—11－07（1）.

③ 国民之母［N］. 大公报（天津），1908－9－22（1）.

给安福系财阀王郅隆，《大公报》也随之进入王郅隆时期。

二、《大公报》由兴盛到中落

1916 年 10 月，王郅隆买下《大公报》，结束了英敛之时期。到 1925 年，该报暂时停刊，9 年间根据主持报刊者的变化，《大公报》可以分为两个阶段，1916 年 10 月到 1920 年 8 月 20 日，王郅隆为老板，胡政之为总编辑，划为《大公报》王郅隆前期。1920 年 8 月 20 日到 1925 年 11 月，王郅隆儿子为老板，雷行、翁湛之任总编辑，为王郅隆后期。前一阶段，由于王郅隆与安福系有着千丝万缕的联系，《大公报》落入军阀财团之手。后期，随着安福系的失势，它与其基本脱离关系，总体来看 1916 年到 1925 年《大公报》处在发展的迷惘期，甚至一度被卷入军阀势力斗争的旋涡，险些沦为军阀附庸报。

王郅隆时期的《大公报》政治倾向明显。王郅隆是靠政界起家的富商，与皖西军阀安福系骨干王揖唐、徐树铮关系密切，他本人被称为安福系的"财神爷"，掌握在王郅隆手里的《大公报》也成为安福系的喉舌，为段祺瑞政府鼓吹，段氏的行踪成为《大公报》的必报内容，如《段内阁可望维持》① 吹捧因政局混乱萌生退意的段祺瑞"以极峰倚重之殷，国民信赖之重，决不能容其引退刻"，《诚意政治》② 声称，"光明磊落与人以赤心相见则总统总理固有同德故虽政潮澎湃极波谲云幻之致，而雨过天晴终不足掀起政界之大波澜盖诚能格物诚意所在诡谲为消，此不可谓非国家大幸"。全然不顾及军阀割据带给中国的灾难，更让人啼笑皆非的是，皖西主要人物徐树铮的母亲去世后，该报居然在头版头条连发数日"设奠领贴"③ 的消息，由此看来，称之为喉舌名副其实。

在五四新文化运动的影响下，天津的出版事业蓬勃发展，宣传反帝爱国运动的期刊大量涌现。如《觉悟》《新生命》《益世报》《平民》《新民益报》等，具有新思想的知识分子也为报业队伍注入新鲜的血液，新生的报刊观点犀利，

---

①　段内阁可望维持 [N]. 大公报（天津），1906 – 10 – 01（2）.

②　冷观. 诚意政治 [N]. 大公报（天津），1906 – 11 – 09（2）.

③　方汉奇.《大公报》百年史（1902 – 06 – 17—2000 – 06 – 17）[M]. 北京：中国人民大学出版社，2004：120.

反对帝国主义的立场坚定,此时的《大公报》报道时事的态度温和,批判力度欠缺,它也持反对帝国主义的侵略观点,但是与新报刊同类问题观点相比之下显得立场不坚定,态度温和,对五四时期的学生运动报道也不算积极。20 年代初期,传教士创办的《益世报》在天津要比《大公报》更受欢迎,日销量 5000 份①的《益世报》因支持学生运动,赢得学生的青睐,远赴法国勤工俭学的周恩来 1921 年到 1922 年在《益世报》上共刊文 56 篇②,介绍欧洲各国的政治动态和海外留学生的生活、学习状况,相比之下,同时期的《大公报》的读者市场就逊色了许多。

报人胡政之的加入。王郅隆时期《大公报》的首任总编辑是胡政之,他早年留学日本,接触了西方社会思潮,回国后,1912 年担任《大共和日报》的日文翻译,积累了丰富的办报经验。1916 年,经人荐举担任《大公报》的总编辑。巴黎和会上,胡政之亲自赴会采访,是巴黎和会中唯一的中国记者,有关报道大量刊登在"巴黎特约通讯"及"巴黎专电"上,引起国内很大的关注,在知识青年中间的反响强烈,胡政之本人声名鹊起,他所创办的国际问题报道开阔了《大公报》的视野,吸引了读者的视线,还增加了新文化栏目,加快了《大公报》的现代化。1920 年,"直皖战争"爆发后,安福系失势,王郅隆被通缉,胡政之也不得不辞去总编辑的职务。

胡政之离去后,《大公报》濒临停刊。雷行、翁湛之任《大公报》的主编,翁湛之思想陈旧迂腐,反俄反共。翁湛之认为俄国十月社会主义革命削弱了俄国的国力,直接导致社会动荡,民不聊生。他在社评中写道:"自俄罗斯神圣不可侵犯之'沙'失位以后,过激派邪说横行,虚无党与社会党,级唊叫嚣,恣肆无忌,而昔日横绝欧亚为列国所畏惮之俄罗斯,遂分崩离析,糜烂至于不可收拾。全国人民,胥不能安其居而乐其业。鹑衣菜色者,触目皆是。饥饿冻馁

---

① 方汉奇.《大公报》百年史(1902 – 06 – 17—2000 – 06 – 17)[M].北京:中国人民大学出版社,2004:1111.

② 中国人民政治协商会议天津市委员会文史资料委员会.天津《益世报》概述[N].第18 辑:78.

而死者，不可胜数。而昔日倚势凌人之俄罗斯民族，今乃遁逃流亡于他国。"①在他的影响下，《大公报》论调陈旧，流失了很多读者。而此时的《大公报》版面单一，内部人员流失现象严重，呈现出萎靡不振的态势。

处在低谷时期的《大公报》虽有像胡政之这样的骨干力量，但无挽狂澜之力，改变不了《大公报》沦为军阀附庸的现状，1924 年竟受到当局"禁止寄递"② 的警告。1925 年 11 月 27 日，《大公报》被迫停刊。

三、《大公报》的重生

1926 年 9 月 1 日，吴鼎昌、胡政之、张季鸾以新记公司的名义续办《大公报》，称新记《大公报》。吴鼎昌任社长，张季鸾任总编辑，胡政之任总经理。《国闻通讯社》与《国闻周报》改成《大公报》的附属部门。新记《大公报》馆址仍然在天津日租界旭街 21 号，续刊号为 8316。

重生后的《大公报》，确立"四不"办报方针，1926 年 9 月 1 日，《大公报》续刊号上，张季鸾以"记者"笔名写的社评《本社同人旨趣》中提出"不党、不卖、不私、不盲"的"四不"办报方针，并郑重其事地提出逐条加以阐述。

第一，不党。"不党云者，特声明本社对于中国各党阀派系，一切无连带关系而已——吾人既不党，故原则上等视各党，纯以公民之地位发表意见，此外无成见，无背景。"不党的核心就是不拉关系。

第二，不卖。"欲言论独立，贵经济自存，故吾人声明不以言论做交易。换言之，不受一切带有政治性质之金钱补助，且不接受政治方面之入股投资是也。"不卖的核心是资本独立，不收外股，不拉政治关系，使报纸的言论独立得以保证。

第三，不私。"本社同人除愿忠于报纸固奋之职务外，并无私图。易言之，对于报纸并无私用，愿向全国开放，使为公众喉舌。"不私的核心是做公众喉舌。

---

① 湛之. 对待侨俄问题［N］. 大公报（天津），1922 - 10 - 02 (2).
② 天津档案馆编. 北洋军阀天津档案史料选编［M］. 天津：天津古籍出版社，1990：50 - 51.

第四，不盲。就是对问题独立思考，对事理洞悉透彻，遇事变头脑冷静，辨是非实事求是，达到不盲从、不盲信、不盲动、不盲争。不盲的核心是思想独立。①

续刊后的《大公报》设置了本报启事、国内外短讯、《经济与商情》专版、广告、各地通讯、本埠新闻、文艺副刊八个板块，内容丰富，版式新颖，焕然一新，发展十分迅速，到1927年4月，发行量由续刊初的2000份增至5800多份，广告收入从每月200元左右增加到2200元，1929年，《大公报》发行量达2万多份，广告收入每月6000多元。1931年2月，发行量达5万份，广告收入每月过万元。②《大公报》进入发展的鼎盛时期。

改观后的《大公报》从民本主义出发，关注普通百姓的生活状况，反对战乱。《大公报》续刊时间几乎和国民政府北伐是同步的，军阀连年混战，百姓苦不聊生，张季鸾发表社评，他说："西北一役，黄河流域之精华，荡然以尽，直鲁豫陕晋甘察绥八省区，皆已惨不可闻，今武汉告警，东南战事又起，岂南北诸将，欲拼尽全国而后已耶？"③ 呼吁停战。1927年2月，上海工人起义遭到了孙传芳的残酷镇压，《大公报》对其痛斥，称其"既叛圣贤之训，又背宪政之理"④，认为"人权最大者为生命，故中国以不嗜杀为教，而嗜杀者为残贼之人，为匹夫匹妇仇，乃王者之师"⑤，表达它的人本主义思想。中原大战爆发之前，1930年3月11日，《大公报》发表社论《军工之下的呻吟》，深刻地指出了军阀割据之近代中国政局不稳、战乱不断的根本原因，劝告各路军阀以国家、人民利益为重，放弃武力斗争，投身于国家建设中去。

获得新生的《大公报》在军阀混战的旋涡中，突出重围，重新组织编辑部人员，增加报纸板块，积极应对混战背景下遇到的各种问题，坚持自己的办报

---

① 方汉奇.《大公报》百年史（1902 - 06 - 17—2000 - 06 - 17）［M］. 北京：中国人民大学出版社，2004：225.

② 方汉奇.《大公报》百年史（1902 - 06 - 17—2000 - 06 - 17）［M］. 北京：中国人民大学出版社，2004：180.

③ 张季鸾. 劝南北猛醒［N］. 大公报（天津），1926 - 9 - 2（1）.

④ 毋嗜杀［N］. 大公报（天津），1927 - 02 - 23（1）.

⑤ 毋嗜杀［N］. 大公报（天津），1927 - 02 - 23（1）.

特色，磨炼了《大公报》人的意志，也积累了丰富的办报经验，为它走出天津，走向全国打下了基础。

1931 年到 1945 年，由于日本对中国的肆意侵略，中国国土沦丧，经济遭到严重破坏，百姓颠沛流离，文化被任意践踏，《大公报》面临着严峻的考验，先后辗转上海、汉口、香港、桂林、重庆等 6 个地方，在侵略者的轰炸声中坚持办报，可以说《大公报》是一份抗战的报纸。

"九一八"事变之前，针对日本所谓满蒙利益问题，1931 年 7 月 1 日，《大公报》就发表社评《东北对外关系之前途》提醒当局注意日本的阴谋动向。万宝山事件发生后，《大公报》发表题为《万宝山事件之严重》揭露日本侵略者蓄意扩大事态的真相。9 月初，中村事件发生，《大公报》发表《中村事件》质问日方对中国主权的侵犯。"九一八"事变爆发后，驻沈阳记者连夜发回讯息，9 月 19 日，《大公报》第三版报道了日军炮击东北驻地北大营的消息，是当时国内最早披露"九一八"事变的报纸。

"九一八"事变发生后，宣传抗日救国，主张明耻教战成为《大公报》的办报方针。1931 年 9 月 21 日，《大公报》发表了社评《救灾救国》，阐述了在天灾国难之际，"中国民族为生存发展计，必须团结互救。须具充分之人道精神，须爱国家，爱同胞，须不辞小己之牺牲，须打倒享乐奢侈一切恶习惯。"[1]倘若全体国民团结一致则天灾可以救，外侮亦可以防，同时希望得到国际援助。随着抗日救亡运动的开展，平、津各地报纸纷纷表示舆论上的支持。1931 年 10月上旬，张季鸾、胡政之召开全体编委会议，确定了"明耻教战"为该报的抗战宣传方针，提出对全体国民进行总动员，"人人怀抱为国家争存亡，则对外抗争，必且声势立振"[2]。

日本侵占东北后，突袭上海，暴露了它贪婪的侵略面目，《大公报》发表多篇社评，分析严峻的形势，认为救国归根结底是我国人自救，"我国同胞从此只有一条路——死里求生"[3]，如何自救？1932 年 1 月 28 日，《大公报》上发表的

---

① 救灾救国 [N]. 大公报（天津），1931 - 09 - 21（2）.

② 明耻教战 [N]. 大公报（天津），1931 - 10 - 07（2）.

③ 全国同胞只有一条路 [N]. 大公报（天津），1932 - 02 - 01（1）.

《国难中对于救国的建议》①倡导以大力发展农业来救国。5 月 1 日，它在社评《中国之工业问题》中详细论述了工业对国防的重要性。1932—1933 年，《大公报》又推出五种类型的现代化之路，包括以农业发展促进工业发展、工农业同步发展、城市经济反哺农村经济、发展乡村工业、着力推进基础工业和重工业发展。1934 年 6 月起，长江流域各省受到严重的旱灾，中国面临经济危机。《大公报》刊发多篇相关文章，探索经济自救的方案，1935 年，提出七分经济三分文化的救国大计。

《塘沽停战协定》并没有满足日本侵略中国的欲望，华北遂成为日军剑锋所指，平津告急，华北告急！在严峻的局势下，1935 年 2 月，张季鸾首次向吴、胡提出了开辟上海馆的建议，经过再三思量、精心筹备，1936 年 2 月《大公报》总代办部在上海福州路 436 号开始营业。4 月 1 日，《大公报》在上海租界爱多亚路 1811 号创刊，此时《大公报》津、沪两地同时刊行，受众面更广，扩大了在全国范围内的影响。

1937 年 7 月 7 日卢沟桥事变后，7 月 28 日，日军大举炮轰天津，8 月 5 日，天津版的《大公报》被迫声明停刊，报馆转移到上海。1937 年 8 月 9 日，虹桥机场事件发生后，胡、张决定创办《大公报》汉口版继续进行抗日宣传。1937 年 9 月 18 日，纪念"九一八"六周年日，《大公报》汉口版创刊，由于编辑人员较少，张季鸾独自承担了撰写社评的任务，为传递战讯、鼓舞士气、揭露侵略者的行径做出了巨大的贡献，博得社会的好评。1937 年夏天，《大公报》发行量高达 53000 余份，创武汉报业史上的最高纪录②。日本的疯狂侵略导致大片国土沦丧，武汉并非安全之地，1937 年 11 月，上海沦陷后，胡、张相继到香港进行实地考察，1938 年，淞沪抗战一周年纪念日，《大公报》香港版刊发，胡政之撰写社评《本报发行香港版的声明》呼吁港粤同胞齐心协力帮助祖国度过艰难时期。

抗日战争进入相持阶段后，鉴于财力物力的限制，1938 年 10 月 17 日，《大公报》汉口版停刊，王芸生在休刊上发表了社评，"自誓绝对效忠国家，以文字

---

① 国难中对于救国的建议 [N]. 大公报（天津），1932 - 01 - 28（7）.
② 曹谷冰，金诚夫. 大公报八年来的社难 [N]. 大公报（上海），1946 - 7 - 7（11）.

并以生命献诸国家"①，表示刊休心未休，以笔代枪誓死抵抗。12月1日，重庆版创刊，张季鸾亲自撰写社评《本报在渝出版》，决心"在抗战的大纛之下，努力到底，以尽言论届一兵卒之任务"②。1939年5月3日、4日两天，日军对重庆实施大轰炸，重庆报业损失惨重，《大公报》联合《扫荡报》《时事新报》等十家报纸于5日起，改出联合版。同年8月13日，恢复单独发行，复刊后又遭到敌军多次轰炸，《大公报》依然在简陋的环境中继续进行抗战宣传，不仅吸引了远近订户，还积极为国防事业出谋划策，用航空募捐基金购回滑翔机献给国家并首倡滑翔运动。1939年10月20日，在成都试飞成功，给大轰炸之后的中国注入了新的希望，被后世誉为航空救国的典型实践。

　　1940年，日本帝国主义疯狂地推行南进政策，企图向太平洋和东南亚地区扩张的时候，胡政之就断定，日寇南侵，香港必将不保，于是考虑要给《大公报》港馆找一个退路。是年冬，胡政之赴桂林考察，决定在抗战大后方创办《大公报》桂林馆。1941年3月15日，桂林版《大公报》创刊，胡政之在创刊号上《敬告读者》社评中写道："多尽文章报国职责。"③ 太平洋战争爆发后，《大公报》以豪言壮语"人生自古谁无死，留取丹心照汗青"暂别港粤读者，驻香港的报社人员纷纷抵达桂林。1944年，桂林《大公报》随着桂柳之陷也停刊了，只有重庆版还在坚守作战，"几枝秃笔一张烂纸"④ 等待日寇投降，抗战胜利之后，1945年11月1日《大公报》上海版复刊。

第二节　《大公报》广告的发展流变

　　广告是商品经济发展，商品交换需求的结果。广告业的产生则是市场经济下的产业优化组合。报纸广告是社会现代化的一种新的表现方式，也是商业报

---

①　王芸生. 本报移渝出版［N］. 大公报（汉口），1938 - 10 - 17（1）.
②　张季鸾. 本报在渝出版［N］. 大公报（重庆），1939 - 12 - 01（1）.
③　胡政之.《敬告读者》［N］. 大公报（桂林），1941 - 3 - 15（1 - 2）.
④　王芝琛.《百年沧桑》［M］. 北京：中国工人出版，2001：54.

纸运营的主要经济来源，直接关系到报业的生存发展。

一、近代报纸广告发展轨迹

近代中国的报纸广告是西力东渐下的产物，它诞生于 19 世纪 30 年代，传教士郭士立创办的报刊《东西洋考每月统计传》第八期《市价篇》中。随着民族资本主义经济的发展，早期维新思想的传播，1873 年中国人自办报纸相继出现，19 世纪末的后 30 年中，中国的报纸数量在不断增加，仅 1895 年到 1898 年间，由中国人自办期刊有 30 多种。[①] 这些报纸中出现了形式简单、编排手法粗糙的交通、银行业的告白即广告，辛亥革命后，办报的空间得到拓展，报纸广告无论是类型、数量还是编排设计都有所改观。

五四运动后，报刊事业迅猛发展，报纸发行量猛增，《申报》在 1920 年发行量超过 3 万份。[②] 报纸广告成为商家青睐的便捷商品宣传方式，著名新闻学者戈公振在《中国报学史》中，对 1925 年 4 月 10 日以后 20 天左右的各地主要报纸进行抽样分析，从中看出当时的广告种类已从商务广告扩展到社会、文化、交通等广告。广告在报纸版面中的地位急速上升，有的甚至占报纸版面一半以上。当时几家报纸广告占所有版面的比例是：北京《晨报》占 52.7%，天津《益世报》占 62%，上海《申报》占 42.7%[③]，可见广告的数量之多。

二、《大公报》广告萌芽

20 世纪初，报馆实行主笔，负编务全责。《大公报》创刊后，由英敛之任总理兼撰述和编辑，总揽言论和经营大权，自然负责广告的经营。此后，《大公报》广告始终伴其左右，在不同的历史背景之下，它的广告设计、数量、所占版面各有差异，呈现出由单一到多元化，由严肃到活泼，由简单到复杂的特征。

《大公报》初创时期的广告，以告白为主，编排手法单一，广告整体设计简单、朴素。广告文案以宣传对象的简介为主，广告经营理念淡薄，对广告的重

① 孙顺华.《中国广告史》[M]. 济南市：山东大学出版社，2007：38.
② 孙顺华.《中国广告史》[M]. 济南市：山东大学出版社，2007：39.
③ 戈公振. 中国报学史 [M]. 北京：商务印书馆，2014：221.

视度并不高。

《大公报》首次以"广告"替代"告白"栏目。如上所述，报纸上最早的广告都是以"布告篇""报贴""告白"等词语来指代的，如在《察世俗每月统记传》《遐迩贯珍》等报刊中都是这样使用的。广告栏目正式产生于 1902 年 6 月 18 日，《大公报》创刊的第二天，这是近代报纸版面设计的首创，设立广告专栏，在报纸中为广告划出独特的版面空间，一方面说明《大公报》所接受的广告多杂，有必要对其进行合理布局，另一方面也方便阅报者在较短的时间内寻找到有效信息。

广告栏目把商家的"告白"划定在此范围内，内容基本上是简单地介绍商家的营业范围、时间等，诉求单一。以 1902 年 6 月 19 日广告为例：有正书局广告，"新开有正书局，各种最新地图各种新进书籍各种新出报章各种学堂课本各种文法课本各国语言课本京都琉璃厂西门"①，列车时刻表占据广告栏目面积较大，说明广告在《大公报》用来知会的作用还是大于商业的作用。

创刊之时《大公报》广告栏目占总版面的八分之一，广告风格严肃、呆板，版面设计以文字为主。到 1902 年 12 月时，《大公报》广告版面几乎占到了总面积的二分之一。整体广告设计风格比较简单化，主要帮助消费者认知商品性能，如药品类的广告内容包括药品功能、医疗对象、厂商地址等，书刊广告内容也较为简单，包括著作名称、册数、定价。极个别广告运用了插图，排版是书册单面式的，每天 8 个小版面。文字基本上是竖排版，广告栏目填充着若干矩形版广告，彼此之间用简单的线框区分。就某一个广告讲，广告标题与正文采用并列竖排版的较多，给人的美感并不强，也为消费者捕捉信息增加了难度，整体来看注重理性诉求。

三、《大公报》广告的拓展

王郅隆时期《大公报》发行量的最高纪录是 1917 年，从 3000 增至逾万②，

---

① 大公报（天津）[N].1902-6-19（4）.
② 大公报一百周年报庆丛书编辑小组.大公报小故事[M].北京：大公报出版公司，2002：114.

但由于报社经营不善，大多数时候发行量并不高，几十份、几百份的都有，到1924—1925 年期间，版面数也由 1919—1920 年的三大张 12 版缩减为两大张 8 个版面，与同一时期的《益世报》的 12 个版面，略低的零售价格，相比读者显然对后者更偏好。

此时的广告由原在《新民意报》和《益世报》广告部负责人李散人经营，专业技术高，与英敛之时期比较，版面比例增大，同一类别的商品广告相对集中，广告的文案设计、修饰更加丰富，商品与画面较好地糅合在一起，注重视觉效果。

如果说英敛之时期《大公报》的广告理性诉求特别突出的话，其一此时的广告加入了感性诉求的元素，感性诉求与理性诉求逐渐结合在一起。其二近代国货运动的发展，加上"一战"后民族主义的高涨，国货诉求凸显，广告所占面积较大。其三广告的数量增加，它已经超出广告专栏的范围，被报人同时与时评、要闻等栏目安排在同一版面中，大版面广告增多、每则广告所占版面增大，大版面的广告甚至超过报纸总面积的四分之一，这充分说明随着外商企业的增多、民族资本主义经济的发展，商品市场竞争激烈，广告成为企业广告主开拓市场、促销产品、扩大企业知名度的重要手段，因此他们在广告上的经济投入也增多。而《大公报》发行数量居多，广告制作水平的提高，也得到商家的信任。

《大公报》也非常重视广告的设计，同类商品广告布局较为紧凑，排版比较集中，医药广告、服饰广告相对更集中。如1919 年 1—2 月，绸缎广告几乎集中在第一张第三版上，医药广告基本上汇集在第一张第四版内。同一产品还出现系列广告，如 1918 年 5 月 1—9 日的博利安灯泡系列广告，10 天之内变换不同的广告语，令人耳目一新，在众多广告中银行广告也特别多，这与当时《大公报》的投资人与银行业关系密切有关。此时，广告编排技法新颖，标题和文字字体反差较大，标题一般都加以黑底，或大字号、镂空，正文也会采用多变的字体，使整则广告显得活泼、生动。在图文比例设计上，图多文少，由于照片还未现于广告中，广告插图画笔显得粗糙，线条勾画得不够细腻，这也是同一时期报纸插图的普遍现象。

但是，篇幅较多的广告并没有给《大公报》带来丰厚的利润，一是由于广告客户主要集中在天津一带，而天津相对上海、武汉、广州等地的工商业并不繁荣；二是，多数报纸仍享受政治"津贴"生存；三是，同时期《益世报》和20世纪20年代天津出现的专门承办广告业务的广告社对其形成冲击。

四、《大公报》广告的成熟

新记时期的《大公报》办报经营理念更新，广告编排手法更加娴熟，融合中西文化，表现得更符合审美要求，时人对它评价很高，"许多广告创意之独到，绘画之精美，令人拍案叫绝。广告的生动性与大信息量，使读者在阅读正文后争相浏览，品评《大公报》精彩的商品世界"。[1]

1930年年底，《大公报》报纸销量最高达3万份，全国有代销点293个，报社广告收入每月八九千。1931年2月，报馆买进德国制造的高速轮转印刷机一部，采用铸双版印付，报纸销数达5万份，广告收入每月过万元，同年5月22日，《大公报》迎来了出版"一万号"，发行量仅在天津就高达4600多份。随着发行量的激增，广告业务增多，1936年年底，又增加了本市增刊，每日一大张，只限本市订户[2]。

广告设计视觉感更强，广告文案设计采用多种方法，广告的标题字号、字形与文案正文有明显的区别，大标题明显增多，均加以修饰，标题的样式也十分多样。1926年11月28日，《大公报》出现第一个实物照片的广告，这是一则"高细工程所贩卖部"的售卖广告。

"九一八"事变后，1931年9月19日凌晨，《大公报》记者汪松年接到日本炸毁沈阳城外柳条湖的消息，并立即传回报社编辑部。《大公报》要闻板块刊登了一则《最后消息》仅有80个字："昨夜11时许，有某国兵在沈阳演习夜战，城内炮声突起，居民颇不安，铁路之老叉道口，亦有某国兵甚多，因此夜半应行通过该处之平吉火车，当时为慎重起见，亦未能开行。"[3] 9月19日大公报广告便投入抗日救亡宣传活动中，广告抗战救亡主题突出，无论是广告文案

① 由国庆. 大公报的老广告 [M]. 我与大公报，上海：复旦大学出版社，2002：408.
② 徐铸成. 报人张季鸾先生 [M]. 北京：生活·读书·新知三联出版社，1986：120.
③ 最后消息 [N]. 大公报（天津），1931-9-19（3）.

还是插图选取、编排设计都体现了强烈的抗战意识。

第三节 战时《大公报》广告基本状况之考察

广告主是广告传播的发起者，他们借助广告，向组织或者个人传递信息。广告主、广告商、受众三者组成传播链，共同完成广告传播过程。广告主的信息传播意向通过广告商呈现给受众，同时也受到社会制度和舆论规则的制约。受众根据自己的兴趣、认知、喜好、需求对其进行选择之后来决定广告信息的有效性。本文研究的时间段是1937—1945年，故以抗战时期《大公报》的广告主、受众为例，按照该时期的广告分类进行分析，按照现代广告理论的广告分类办法，本文也将广告分为非商业广告和商业广告两大类。

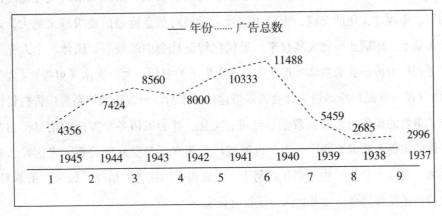

图1-1

据统计，全面抗战爆发到抗日战争胜利期间，《大公报》刊登广告数量为61301则，与抗战有关的占到半数，共37014则。通过广告统计图，我们可以明显地看到，1937—1938年期间广告的数量低于其他年份，甚至少于1941年刊发广告数量的1/5，"民国二十年我们过了一万号不久，就遇到'九一八'事变"①。"九一八"事变爆发后，《大公报》报址由天津日租界迁至法租界，"塘沽协定

① 曹谷冰，金诚夫.八年来的社难［N］.大公报（上海），1946-7-7（11）.

以后，北方大局日渐不安，日人侵略意图已经很明显，本报同人为了保存事业计，及继续对日斗争，乃决定发刊沪版，自二十四年开始筹备，到二十五年（次年）4月1日，遂与沪人见面，这就是上海《大公报》的开始"①。上海虹桥机场事件发生后，报社决定另办港版、汉馆，1937年年底上海沦陷，1938年10月武汉失守，沪版坚持经营一年、汉版持续一年半之后被迫停刊，沪馆、汉馆相继关闭，由于文人办报风格与时人对商业报纸关注度的偏差，广告收入入不敷出，香港版的《大公报》经营始终亏空。1938年重庆版创刊，重庆版在烽火连天的岁月里持续到抗战胜利，1941年广告数量激增是因为1941年港版、桂林版、渝版同时发行，1942、1943、1944年港版与渝版同时发行。

一、广告主分析

随着沿海口岸的开放，民族资本主义经济的发展，沿海城市现代化速度的加快，东西方文化的交流，近代中国社会发展对信息流通的要求越来越大，近代传播业、印刷业因此发展起来。近代化转型社会中的政府、团体、个人充分享受到作为传播业的主体，报业带给社会生活的变化。大众媒体《申报》《大公报》《民国日报》纷纷适应社会需求搭建传播平台，形成传播体系。广告栏目扮演了重要的角色，它包括政治、经济、文化、社会风俗各个方面的信息，刊登广告的出资人或组织即广告主，也通过广告建立了与受众的关系，表达自己的诉求。而《大公报》由于多年的努力，已赢得全国读者的信赖，如果一条新闻，大公报还没有刊登，读者就认为还没有证实。②

按照两个维度对《大公报》广告主进行归类。在组主属性维度中，广告主可以分为政府、社会团体和个人。在以行业属性维度中，广告主可以分为书籍出版业、日常用品业、医药业、文教休闲娱乐业和金融业等。国民政府、重庆市政府、湖北省政府、四川省政府、陕西省政府都借助《大公报》发布政令、传达信息、展示政府抗战形象。抗日战争时期《大公报》的商业广告数量众多、

---

① 曹谷冰，金诚夫．八年来的社难［N］．大公报（上海），1946 – 7 – 7（11）.
② 陈纪滢．抗战时期的大公报［M］．台北：黎明文化事业公司出版，1981：7.

蔚为大观，部分商业广告主顺应战事的发展，迎合消费者的心理需求，在广告中加入了抗战的内容，植入民族危机意识和全民抗战意识，显示了商业广告主的家国情怀、民族大义。

抗战爆发后沿海大批工厂内迁，给原本工业几乎一片空白的大后方，注入了新的力量。据统计，1942 年，云、贵、川、滇、湘等大后方地区共有 1077 家工厂，资金额 331.7 百万元①。重庆在政府西迁后，成为临时政治、经济中心，人口较前激增，到 1946 年政府还都之前，重庆人口由战前的 47 万余人上升到 125 万余人②，内迁人口的生产、生活需求为企业创造了强大的市场，这是商业广告居多的主要原因。

全面抗战期间，《大公报》广告主主要有近代纺织企业华安织造厂、华华绸缎厂、天厨味精等；出版商有官办机构正中书局、中国文化服务社、开明书局、独立出版社、民营书店、立信会计、青年书店；电影娱乐界有国泰剧院、唯一剧院、民众剧院、抗建堂、实验剧院；医药商有五洲大药房、民生大药房、上海念慈大药房等。根据下图，我们可以清楚地看到抗战期间各广告主在《大公报》上所发布广告的数量。

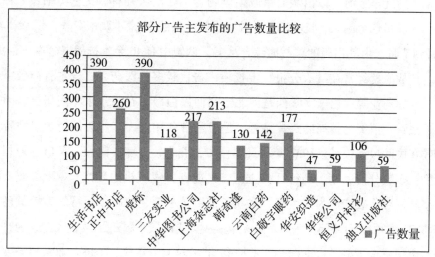

图 1－2

① 吴承明，江泰新. 中国企业史 近代卷 [M]. 北京：企业管理出版社，2004：794.
② 陪都十年建设计划概述 [J]. 西南实业通讯，1946－13（5－6）：P24.

从图 1 - 2 中可看出，生活书店在《大公报》上发布了 390 则书刊广告，堪称书刊广告的大客户。"九一八"事变后，《生活》周刊因及时报道抗战时事，深受读者欢迎，发行量猛增到 15.5 万份①，已与同时期《申报》《新闻报》的发行量相媲美，1932 年，生活书店在《生活》周刊社的基础上于上海成立，全面抗战爆发后，生活书店辗转大后方，全力投入抗战出版工作。从 1937 年 7 月到 1940 年年底 3 年半的时间，出版了 8 种杂志、600 多种书籍，开设分店 50 余处②，1941 年皖南事变后，除重庆分店外其他被查封，1945 年抗战胜利后迁回上海。

正中书局在《大公报》上投放的广告仅次于生活书店。它由陈立夫 1931 年 10 月 10 日创立于南京鼓楼黄泥岗，1933 年迁至南京杨松井，国民党党营出版机构，抗日战争全面爆发后暂迁汉口，后随政府迁至重庆，至 1945 年 8 月 15 日重返南京。据统计，抗战期间，《大公报》为正中书局刊登的书刊广告共 260 则，向读者介绍各类抗战书籍，如《非常时期民众生活》《民众训练实施管理法》《少年航空知识》《童子军训练方法》等；独立出版社则于 1928 年设立于南京，后迁至上海，以出版时事政治读物为主兼出版社科、文艺类书籍。1937 年义从汉口迁至南京，抗战期间，独立出版社出版 40 余本政论专著，仅 1938 年 4 月到 7 月，由其出版的"战时综合丛书"两辑中有 40 余本抗战书籍③。

抗战时期经常在《大公报》上投放广告比较多的医药界广告主有白敬宇药行、虎标药业等。白敬宇眼药是河北定州回民白敬宇在明永乐年间研制，因其工艺独特，消炎与镇痛的药效显著，是居家常备用药，其悠久的历史、独特的疗效在民间口碑极佳。1937 年，日本侵华，北京、天津、南京、汉口等地相继沦陷，多数分行关闭。药行迁到重庆，又遭到日寇飞机的轰炸，雪上加霜，白敬宇药行濒临破产。为了生存，建立了推销员制度，白敬宇药行的推销员已遍布西南、华中、江浙各省和广州、香港等地，"白敬宇眼药"声名大振，为打开国际市场奠定了基础；虎标永安堂是 19 世纪六七十年代，华侨企业家胡子钦在

---

① 生活书店史稿编委会. 生活书店史稿 [M]. 上海：生活书店，2013：19.
② 生活书店史稿编委会. 生活书店史稿 [M]. 上海：生活书店，2013：94.
③ 叶再生. 中国现代出版通史 [M]. 北京：华文出版社，2002：95.

仰光创办，其子胡文虎继承父业，依据中缅古方炮制出"虎标"系列药品。1926 年永安堂迁至新加坡，之后，国内上海、广州、汕头等十几个城市设有分行。永安堂的虎标万金油闻名全球，到 20 世纪 30 年代，年销售总量达 200 亿盒①，卢沟桥事变爆发，胡文虎倾其财力支援抗战，如 1937 年 9 月，胡文虎又购置数万筒纱布、7000 余磅药棉、绒布 8 大捆、万金油精 4 大箱，运往苏、沪、平、津等地供给救护团体。② 1941 年 2 月 26 日，胡文虎给伤兵难民捐款国币 200 万。③ 在他的带动下，东南亚华侨积极投身抗战，为抗战捐钱捐物，在抗战史上写下浓重的一笔。

华华绸缎公司于 1935 年在上海成立，以倡导"华人华服"而得名，抗战期间迁到重庆，以经销纺织品、针织品和服装为主。迁入重庆后成为当地大型的商业企业，自产自营的骆驼脂深受顾客喜爱，销量很好，1958 年改称华华公司，仍以经营传统的服装业为主。

广告主们依托广告通过特定的策略邀请受众介入，围绕产品进行感性推销、理性说服，期待消费者购买商品，完成广告的最终任务。同时，广告语篇中也包含着广告主自身的社会责任意识，形塑商家的自我形象。

二、受众分析

广告受众是指主动或被动接收广告信息者，是广告传播活动中的主体，也是广告主和广告商推送广告时考虑的首要因素，其喜好、兴趣、关注点直接决定广告的设计方案，广告对受众目标的吸引力，受众对广告的兴趣、对商品的需求度决定广告的传播效果。由于资料的缺失，《大公报》所发布的广告究竟有多少受众，难以精确。笔者尝试通过《大公报》的读者群，根据它的发行量及它与读者之间的互动栏目，从侧面来分析战时《大公报》的受众范围。

抗战时期《大公报》辗转于天津、上海、武汉、桂林、重庆、香港，扬名

---

① 周胜标. 二十世纪世界富豪（上）［M］. 北京：经济管理出版社，1997：663.

② 关楚璞. 胡氏事业史略［N］. 星洲十年，星洲日报社，1940：56.

③ 救济伤兵难胞 胡文虎捐款二百万 陪都盛会欢迎胡文虎邝炳舜［N］. 大公报（重庆），1941－2－27（1－2）.

海内外，发行量几乎遍布全国各地，海内外都有其忠实的读者。

"七七"事变之后，平津相继沦陷，《大公报》于津沽沦陷之后，于 1937 年 8 月 5 日，宣布天津版停刊。"八一三"事变之后，沪、汉两版同时刊发，日军占领上海后，沪版面临危机，1937 年 9 月 18 日，汉版刊发，不久沪版于 1937 年 12 月 14 日停刊，仅一年时间，该报的销量达到 53000 余份，创武汉报业史上的最高纪录。武汉会战开始，《大公报》报社撤离，汉版于 1938 年 10 月 18 日停刊。渝版于 12 月 1 日发行，在连续遭遇敌机轰炸之后，《大公报》报社工作人员在防空洞内继续工作。为了加强在华南地区的抗战宣传，1938 年 8 月 13 日，《大公报》港版与港粤人士见面，"两个月之后，港版发行量高达 50000 余份，发行地域相当普遍，国内达粤桂闽滇以及湘南赣南，国外遍及南洋各岛及暹罗、越南……世界各地，凡有中国使领馆、中华会馆和中华学校的地方，几乎没有一处不是本报港版的订户"①。1940 年，日军加快南进的步伐，胡政之等人加紧筹备《大公报》桂林馆，作为香港馆的退路。1941 年 3 月 15 日，桂林版发行，数月后，发行量跃居桂林各报及桂粤湘赣黔等省之第一位。1943 年，桂版发行量最多时达 35000 份，同年 6 月长沙失守，报社机器先后转运至重庆，8 月 12 日桂林馆工作人员疏散，一部分报人加入《大公报》重庆馆。1944 年 9 月 1 日，该报发行量达 91500 余份，创重庆报业史上的最高纪录。

个体由于年龄、心理、性格、社会背景、经济文化水平的差异，对广告信息的认知、理解、接受、传播也因人而异。广告受众面之广、范围之大、流动性之强等因素导致广告受众又是模糊的，基于上述抗战时期《大公报》发行量的考察，得知《大公报》广告受众大致包括各职业、各阶层的广大阅报人。如果以 1937—1945 年该报刊发的"读者投书栏目"为样本，通过不同读者群在此栏目上对战时各种社会问题的讨论，可以试图从另一个角度尝试量化分析抗战时期《大公报》的广告受众。

1928 年 4 月 12 日《大公报》"读者投书"栏目是征求读者对各种社会问题

---

① 全国政协文史和学习委员会编：回忆大公报［M］．北京：中国文史出版社，2016 年，第 15 页。

的不同意见,可视为百姓之声。全面抗战爆发后,《大公报》依然坚持创办该栏目,战时读者也借助它要求政府关注民生百态,呼吁全社会抗战,如1937年11月9日,呼吁各国建立"除暴同盟"共同抵抗日本侵略①;1937年12月13日,关于抗战失败的原因的读者互动,呼吁各方放下戒备,共同御侮②;1940年1月26日,关于日汪协定之揭发③;1943年4月1日,"读者投书"栏目中,重庆市歌乐山的自耕农提出了关于同盟胜利公债应就近缴纳的问题④。其中有70%左右的信件,都得到《大公报》的回复,报纸与读者之间的互动,加深了读者对报纸的信任感,扩大了报纸的影响力,彰显了《大公报》敢言风格。

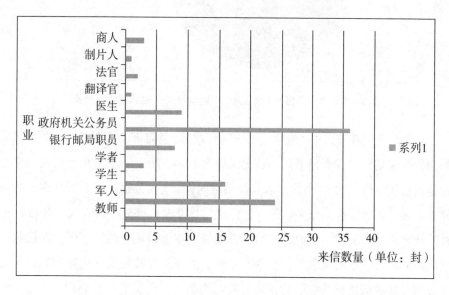

图1-3　《大公报》(重庆版)"读者投书"栏目信件统计图

据统计,1940—1945年间,《大公报》(重庆版)"读者投书"上共有322则读者来信,据图1-3,我们可以清楚地看到,该时段《大公报》的读者包括商人、电影制片人、法官、翻译官、医生、公务员、银行邮局职员、教师、学

---

① 大公报(汉口)[N]. 1943-04-01 (1-3).
② 大公报(上海)[N]. 1937-12-13 (1-3).
③ 大公报(重庆)[N]. 1940-01-26 (1-2).
④ 大公报(重庆)[N]. 1943-04-01 (1-3).

生等行业的阅报人，其中政府机关的公务员是来信的主要人员，其次是军人，排在第三位的是学生，第四位的是教师。

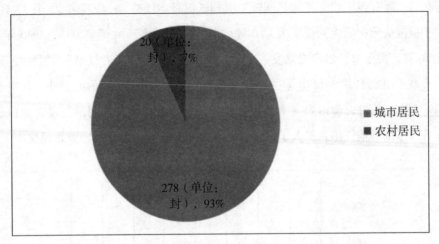

图1-4　《大公报》（重庆版）"读者投书"栏目信件统计图

在320则读者来信中，除去了军人信件数后，余下的298封信件，如果以城乡为依据来划分"读者投书"的情况正如图1-4所示，显然，城市居民的来信量是农村居民数量的10倍之多。全民抗战时期，《大公报》读者所呈现出的多样态是多种因素综合的结果。第一，传递信息及时。抗战时期的《大公报》报社除桂林之外，天津、上海、汉口、香港等基本上是商业经济繁荣、现代化程度较高的城市，报人张季鸾、王芸生、李子宽等具有较强的现代化意识，该报接收和传递的信息也是前沿的，满足战时阅报人对信息的期待心理。第二，读者经济、文化水平。通过上述取样分析，我们可以清晰地看到，拥有较稳定收入的公务员、文化水平较高的教师所投信件较多。第三，城乡差异。图1-4表明城市居民的信件是农村居民的10余倍，这和他们信息来源便捷、社会风气开化程度有关系。窥一斑见全貌，上述分析说明战时文化水平高、收入稳定的广告受众居多，城市受众远多于乡村。

三、广告分类

本文围绕与抗日战争相关联的广告，从广义广告的角度展开研究，主要包括政府公告、商务广告、书刊广告、休闲娱乐广告、征募启事。政府公告主要包括经济、国防军事、社会保障公告；商务广告以衣食住行广告、药品广告、储蓄券广告为主体；征募启事既包括募捐启事、征文启事也包括征召启事，还有护国息灾、祈福及少数战时个人启事。

小结

《大公报》的发行时间延续百年有余，迄今仍继续刊发，在各历史时期都发挥了不可替代的作用，在海内外享有盛誉，在于《大公报》报人报业思想的前瞻性，长远的、可持续的发展眼光及坚持不懈的努力。虽然，初期的《大公报》发展也有低谷，濒临险境，但终究在报人的努力之下避免了它完全沦为军阀喉舌的危险，依然坚持了文人论政的办报风格。抗战时期的《大公报》以明耻教战为办报宗旨，不仅及时、真实、全面地报道战事新闻，刊登犀利直白的社评，而且有大量的战争广告。

战时广告就是在此基础上，通过在广告语言—图像—场景叙事中融入各种情感、诉求，显现出说明功能之外的政治符码功能。显然，此时广告的设计、传播策略都较前成熟了很多，对受众的说服力自然有所提升，而正是广告的成熟才有可能考虑把民族主义、国民意识、集体观念等以前所未有的形式渗透于其中，并使之成为建构战时大众生活、改变社会价值观的推手。这也就为以《大公报》战争广告为考察中心，透视其中隐、显性或相互交织的民众社会政治心理变迁线索提供了研究的可能性。

第二章

政府公告中的抗战舆论动员呈现

　　政府公告指的是公安、法院、财政、税收、建设等部门发布的公告，这些公告也具有广告的作用，是政府机关联系群众、组织社会生活不可缺少的手段。① 报纸广告作为一种重要的信息传播媒介，直接或间接地起到了政治纽带和政治符码的作用，与其他各种表征符号交织在一起连成系统的政治表达形态，发挥了政治宣传、政治联络和政治动员的独特功能。而政府公告是政府面向社会宣传其政策、思想的重要路径。它就像政府向外无限延伸的手，延伸极远，传播极广。政府公告形式随着社会发展变迁有其独特的演变轨迹，国家的治理能力、社会经济发展程度，人民的文化水平都制约着它的变化。古代官方用张贴"告示"的方式让百姓知晓重大事件。近代社会逐渐采用报纸、广播等方式向民众传播相关事件。现代社会，媒体多元化的时代，报纸、广播、网络的同步传播，使得政府公告更加及时，国家与社会沟通更加方便快捷。

第一节　政府公告量化分析

　　政府公告指的是政府和政府各部门以宣传教育和执行法规为目的面向社会公告颁布的各种管理方法和通告，具有权威性的特点。② 现代广告理论认为，

---

① 陈培爱. 广告学原理［M］. 上海：复旦大学出版社，2009：13.
② 王多明. 中国广告词典［M］. 成都：四川大学出版社，1996：86.

政府公告是非营利性的广告，实际上，政府作为公共权力的主体，对社会资源具有完全把控能力，大众媒体从诞生之日就被政府把控，从大众传播学理论的角度来讲，政治制度一经形成，政治主体为达成自己的政治目标必然要对整个社会实施控制、管理与整合，而广告作为人类社会的一种信息传播形式，它与政治之间有千丝万缕的联系——相对于大众媒介而言，广告最接近早期马克思主义对于意识形态的概念①。从这个角度上来讲，政府公告兼具告知与传播的功能。

抗战时期的《大公报》发行广、持续性强的特点与战时政府备战状态下及时公布自己的消息相契合。政府需要利用媒介传播广泛、快捷、低成本的特性以文书形式向国内外宣布重大事件、重大决定或者是需要国内外周知的重大安排，有效地与民众沟通，借此宣传政治主张，树立政府形象。公告则不仅是经济、社会生活的某种镜像，还在一定程度上折射着一个国家的政治生活。如果根据全面抗战以来各级政府发布的公告数量变化及各年所占总公告比重来分析，我们会更加清晰地了解战时政府面对外族入侵时各方面的应对措施。

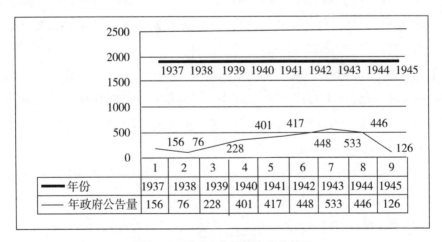

图2-1　政府公告数量变化趋势图

①　（美）巴兰、戴维斯著，曹书乐译.《大众传播理论：基础、争鸣与未来》[M].北京：清华大学出版社，2004：329.

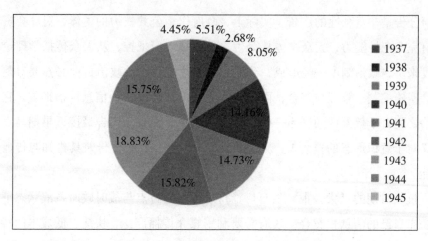

图 2 - 2　政府公告数量百分比统计图

　　据笔者统计全面抗战期间，各级政府、团体发布的通告数量为 2831 则。卢沟桥事变爆发之后，《大公报》津、沪两版同时发行，1937 年到 1938 年间发行时间为 19 个月，共发布 156 则，政府公告占总公告数的 5.51%；1938 年汉口版发行 10 个月，香港版发行 5 个月，重庆版发行 1 个月，刊登政府公告 76 则，占总数的 2.68%；1939 年、1940 年渝版、港版同时发行，共 24 个月，发布政府公告 629 则，占总数的 22.22%；1941 年港版、渝版、桂林版同时发行 36 个月，之后港版停刊，其间《大公报》公布政府公告共 417 则，占总数的 14.73%；1942—1944 年渝版、桂版同时发行 24 个月，发布政府公告 1427 则，占总数的 50.41%；到抗日战争胜利之时由《大公报》重庆报社承担发行工作，刊载政府公告 126 则，占总数的 4.45%。

　　从上述统计表我们可以看出，《大公报》所发布的政府公告集中于 1939—1942 年间。一是，其间报社几度迁址，不同版本的报纸在同时发行，相同的公告会多次重复出现在同一天的报纸上。二是，抗日战争进入相持阶段后，政府要集中力量动员全体国民进行抗战，涉及政治、经济、军事、社会等各个方面的总动员，各种政策、纲领、文件自然增多。

第二节 经济公告体现战时政府经济总动员模式

　　1937—1945 年，在日本的疯狂侵略下，中国进入了全面抗战时期，经济发展严重受阻，为了调动资源尽可能地为战争服务，国民政府实行了战时经济政策，把国民经济生产、生活纳入战争的轨道，对集中力量抵抗日本侵略起到积极的作用，从这个角度上讲应予以肯定。但是，统制经济模式人为破坏市场规律，国家变相地搜刮民间资本，财富聚集到少数官僚资本家手中，1941—1944 年物价飞涨，通货膨胀螺旋上升，最终导致国民政府对经济失控。

　　《大公报》经济公告是指中央政府和各地方政府借助大公报发布的战时经济政策，它包括金融政策、关税、粮食、国债、日用品专卖等信息。抗战时期《大公报》共刊登 318 则经济公告，它既体现出地方政府与中央政府的互动关系，又显示出政府在非常时期的经济工作重点，还有利于便捷、及时传达政府命令。我们通过以下两图来分析。

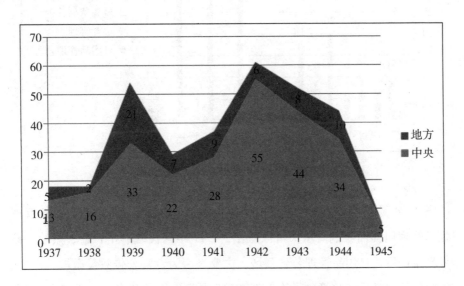

图 2 - 3　经济公告数量统计图（按年份）

　　在以地方政府、中央政府为维度的平面空间中，我们可以发现，1939 年和 1942 年无论是中央政府还是地方政府在《大公报》上发布的经济公告数量，都是全面抗战期间最多的。一是，这与 1939 年和 1942 年这两个特殊的节点有关，1938 年年底，抗战进入相持阶段后，国民政府坚定了抗战决心，加快调整国内外经济政策。特别是太平洋战争爆发后，能源类供给短缺，国民政府又针对性地扩大了商品管控范围。二是，《大公报》秉持抗战到底的态度决定它能及时传播政府的政策信息。三是，图中表现出中央制定政策和地方推行政策几乎是同步的，体现了抗战时期中央对地方控制的加强，地方与中央就战时经济问题达成一致，显示出公告有很强的地域性，如汉版刊登的公告湖北政府的公告多一些，而渝版公布的重庆市政府、四川政府的发展经济公告相对较多。

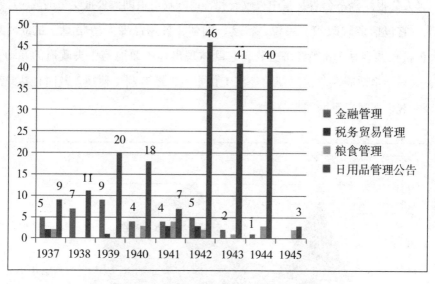

图 2-4　经济公告数量统计图（按内容）

　　图 2-4 是以经济公告的主体内容为金融管理、税务贸易管理、粮食管理、日用品管理四类而绘制。从中可以看出，1941 年国民政府出台盐、茶叶、糖、烟专卖条例后，日用品管理公告猛增，主要是因为专卖公告数量激增，这关联国民政府的战时经济政策。尽管 1937 年 12 月底，国民政府公布了《非常时期农矿工商条例》着手整顿经济体制，1938 年年初，改组实业部，3 月，国民党

临时代表大会上通过《抗战建国纲领》，全面实施战时经济方针，但是总体来看，抗战初期，国民政府准备是不充分的，向战时经济政策的转变也不彻底①。

全面抗战爆发后，国民政府经济工作模式亟须由分散转向战时集中统制。1937 年 8 月 12 日，国民党中央召开临时工作会议，决定战时方针决策由国防最高会议决策，军事委员会执行。1937 年 8 月 30 日，国防最高会议通过了《总动员计划大纲》，由军事委员会总负责战时经济动员。

一、金融公告

江浙一带的银行是南京国民政府的财政支柱，1927—1937 年十年黄金发展期，银行业得到较快的发展。到 1936 年年末，全国各类银行共计 164 家，吸收存款达 45.5 亿元，另有外商银行 20 家，其他金融机构计信托公司 12 家，储蓄会 4 家，银公司、邮汇局、官钱局各 1 家。② 同时，加大对银行的监控力度是国民政府金融工作重点，1935 年以中国银行、交通银行为依靠，成立了中国农民银行和中央信托局，改组扩大邮政储蓄金汇业局并形成"四行二局"信用体系，此时，上海金融市场已经汇聚众多金融机构，金融市场异常活跃，成为 20 世纪二三十年代中国最大的金融市场，远东国际金融中心之一。日本发动全面侵华战争后，国民政府不得不在金融管理做相应的调整，表 2 - 1 可解读其中之义。

表 2 - 1　1937—1945 金融公告概览

公告方	颁布时间	刊发时间	公告名称	中心内容
财政部	1937 年 8 月 13 日	1937 年 8 月 14 日	非常时期 安定金融办法	限制提取存款
上海银钱业 公会	1937 年 8 月 17 日	1937 年 8 月 18 日	安定金融补充办法	加快同业汇划
汉口市政府	1937 年 8 月 19 日	1937 年 8 月 20 日	十条补充办法	适度放宽提取条件
财政部	1937 年 9 月 28 日	1937 年 9 月 29 日	金类兑换法币办法	金银兑换法币

---

① （日）石岛纪之. 中国抗日战史 [M]. 长春：吉林教育出版社，1990：83.

② 洪葭管. 中国金融通史（第四卷）[M]. 北京：中国金融出版社，2008：2.

续表

公告方	颁布时间	刊发时间	公告名称	中心内容
国民政府	1938 年 3 月 12 日	1938 年 3 月 13 日	购买外汇请核办法	授权中央银行办理外汇请核事宜
财政部	1938 年 4 月 28 日	1938 年 4 月 29 日	改善地方金融机构办法纲要	增加贷款业务，辅助农工业
财政部	1939 年 1 月 28 日	1939 年 1 月 29 日	第二期战时财政金融计划案	督促四行增设分行，地方银行筹设支行、稳定市汇
国民政府	1939 年 8 月 7 日	1939 年 8 月 8 日	防止水陆空私运特种物品出口办法	限制特种物品出口
财政部	1939 年 9 月 3 日	1939 年 9 月 4 日	取缔收售金类办法	收兑黄金集中管理
国民政府	1939 年 9 月 8 日	1939 年 9 月 9 日	巩固金融办法纲要	增加法币发行量
国民政府	1939 年 9 月 14 日	1939 年 9 月 15 日	节约建国储蓄券条例	发行节约建国储蓄券
财政部	1939 年 10 月 27 日	1939 年 10 月 28 日	外币定息存款办法	增进外币储蓄
国民政府	1940 年 1 月 20 日	1940 年 1 月 21 日	县银行法	健全地方金融机构
四联总处	1940 年 3 月 30 日	1940 年 3 月 31 日	完成西南西北金融网方案	发展内地金融，适应军事交通运输需求
财政部	1940 年 8 月 12 日	1940 年 8 月 13 日	非常时期银行暂行办法	加强银行管理
国民政府	1941 年 12 月 9 日	1941 年 12 月 10 日	修正非常时期管理银行暂行办法	加强银行管理
行政院	1942 年 3 月 31 日	1942 年 4 月 1 日	美金节约建国储蓄券	发行美金节约建国储蓄券
财政部	1942 年 4 月 24 日	1942 年 4 月 25 日	检查银行规则	加强银行管理
四联处	1942 年 9 月 5 日	1942 年 9 月 6 日	筹设西北金融网原则	建设西北地区金融系统
四联处	1942 年 11 月 12 日	1942 年 11 月 13 日	强制储蓄办法	吸收游资

公告方	颁布时间	刊发时间	公告名称	中心内容
财政部	1943 年 4 月 2 日	1943 年 4 月 3 日	非常时期票据 承兑贴现办法	放款办法
国民政府	1943 年 5 月 6 日	1943 年 5 月 7 日	防止私运暨携带金 银出口暂行办法	禁止金银外流
财政部	1943 年 11 月 1 日	1943 年 11 月 2 日	抗战时期金融施政	综合管理金融
财政部	1944 年 11 月 29 日	1944 年 11 月 30 日	加强银行监理办法	加强银行监管
财政部	1943 年 1 月 10 日	1943 年 1 月 11 日	非常时期管理 银行暂行办法	加强银行监管
财政部	1945 年 2 月 21 日	1945 年 2 月 22 日	加强对商业 银行的监管	加强银行监管

表 2－1 所示为 1937—1945 年刊登在《大公报》上较为重要的金融公告。从每则公告颁布时间和《大公报》的刊发时间来看，即便是在抗战的艰难时期，《大公报》还是及时地将战时政府在金融上的应对措施公布于众。从内容上来看，抗战初期，地方银行在遵循中央金融政策的基础上，可以根据实际情况有所调整。如 1937 年 8 月 13 日，淞沪战争爆发，全国金融中心上海在日军的破坏下，面临严峻的考验，1937 年 8 月 15 日，财政部公布《非常时期安定金融办法》，核心内容是，限制储户提取存款额，战争关头，这对稳定金融市场、战争局势必要合理，同时也造成市场流通的不便，随即上海银行业工会 1937 年 8 月 17 日定在上海地区实施《补充办法四条》并于次日在《大公报》上公告此决定："（一）钱同业所出本票、一律加盖同业汇划戳记、此项票据、只准在上海同业汇划、不付法币及转购外汇。（二）户所开银钱同业本年八月十二日以前所出本票与支票、亦视为同业汇划票据。（三）银行钱庄各种活期存款、除遵照部定办法支付法币外、其在商业部往来、因商业上之需要、所有余额、得以同业汇划付给之。（四）凡有续存或新开存户者、银行钱庄应注明法币或汇划、支取

时仍分别以法币或汇划支付之。"① 时人分析，安定金融办法可以"防止资金外流、压迫出售外汇、限制非必需品消费等作用"②。汉口银行业也参照上海银行业，根据实际情况提出了补充办法三条，西安、长沙、郑州、九江、安庆等地大体上仿效汉口的办法。③ 从上述公告中可以看出，面对日本侵略，地方基本服从中央的金融政策，尽管各地情况不一，上海实行"同业汇划"④ 实行清算制度，其他各地根据情况仿效汉口做法，但是大都遵守财政部做出的关于限制提存的规定，这些战时应急措施暂时保障全国金融局面的稳定局势。

由于日本的疯狂侵略，1937 年 11 月底，上海沦为孤岛，全国的金融中心剧烈动荡，储户极度恐慌，纷纷提换现钞。金城银行 1937 年 6 月存款余额为 15900 万元，1937 年 12 月减为 13474 万元⑤。经营出色的新华信托储蓄银行，1937 年 6 月的存款余额为 4150 万元，1937 年 12 月为 3383 万元。⑥ 为了应付战时金融风暴，解决日益增加的战争费用，国民政府加强对金融的管理，在 1938 年 3 月实施《购买外汇请核办法》，1938 年 4 月 28 日，财政部为加快恢复农工业生产的正常秩序，决定从政策上给予倾斜，扶助农工各业增加生产之需要，《改善地方金融机构办法纲要》主要规定"凡领用中中交农四行之一的一元券及辅助币券，除旧业务以外增加农业仓库之经营、农产品之储押、种子肥料耕牛农具之贷款、工厂厂产之抵押，工业原料及制成品之抵押等"⑦，放宽贷款条件，刺激生产。

抗战进入相持阶段后，西南西北成为抗战中心，金融中心也逐渐由上海转到重庆，重建中央地方金融体系，充实金融机构刻不容缓。1939 年 1 月 28 日，国民党五届五中全会通过了《第二期战时财政金融计划案》，规定"充实中央与

---

① 大公报（上海）[N]. 1937 - 8 - 17 (2).
② 谢敏道. 安定金融办法分析 [N].《社会经济月报》1937 (4)：17 - 20.
③ 洪葭管. 中国金融通史 [M]. 北京：中国金融出版社，2008：322.
④ 同业汇划即当日汇划，隔日收现。
⑤ 中国人民银行上海市分行金融研究室编. 金城银行史料 [M]. 上海：上海人民出版社，1983 年。
⑥ 新华银行简史（未刊稿）[M].
⑦ 大公报（上海）[N]. 1938 - 4 - 29 (1 - 3).

地方金融机构、充实准备稳定汇市、预筹平定物价的办法、增加生产、改善运输、促进出口贸易"①。同时通过了《调剂地方金融办法》，根据沦陷区和国统区金融情形的差别，分别采取不同的措施。1940 年 8 月 12 日，财政部公布《非常时期银行暂行办法》②，对金融机构的贴现、汇兑、抵押等业务再次严格限制。1942 年 7 月，国民政府实行四行专业化分工的同时，规定各行应将存款准备金改由中央银行集中收存，以现金缴存存款准备金者，其利率一律提高为年息 1 分。③ 1943 年 1 月 10 日，财政部修订了《非常时期管理银行暂行办法》，明确禁止未经财政部批准私开银行。1944 年 11 月 29 日，《大公报》公布《加强银行监理办法》。④ 1945 年 2 月 21 日，财政部再次加强对商业银行的监管，不准新设银行及分支银行。

从表中我们还可以看到，发布公告的主体除了国民政府、财政部之外还有四联总处，这也是国民政府加强战时金融管理的措施之一。据统计，财政部抗战期间发布公告 150 则，四联发布 136 则，仅次于财政部发布的数量。四联总处是四行联合办事处总处的简称，1937 年 11 月成立于汉口，为了应付战时金融上出现的紧急情况，1939 年 10 月 1 日，四联总处正式改组成立，核心成员由国民政府特派，蒋介石任四联总处理事会主席，总揽一切事物大权。四联总处金融监管主体地位的确立，标志着战时金融监管体制由财政部主导进入四联总处监管时期。因此，四联总处既是战时金融战略的一种规划又是集权的象征，金融大权明显集中在蒋介石集团手中，无异于金融垄断，本质上就是经济垄断，不过战时全国金融体系运作在它的监管下有所改观。

二、消费品专卖公告

专卖是国家对某种产品生产、买卖垄断的一种形式。我国早在周代就有专

---

① 重庆档案馆，重庆师范大学编．《中国战时首都档案文献·战时金融》［M］．重庆：重庆出版集团出版，2014：4.

② 大公报（香港）［N］．1940 - 8 - 12 (1 - 3).

③ 中国第二历史档案馆合编．《中华民国金融法规档案资料选编》（上）［M］．北京：档案出版社，19989：662 - 663.

④ 大公报（桂林）［N］．1944 - 11 - 29 (1 - 3).

卖制度，周之泉府、齐之轻重、汉之平准、宋之易事，皆为专卖之意。① 抗战时期为了弥补财政收入的不足，满足超负荷的军费开支，抑制通货膨胀，平抑物价，1941 年 4 月 1 日，国民党五届五中全会通过了《孔祥熙等关于筹办盐、糖、酒、茶叶、烟、火柴六项消费品专卖的提案》②，盐专卖持续 3 年，烟和火柴专卖坚持两年半之间，糖延续了两年多。

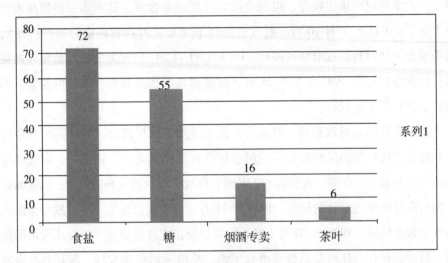

图 2 – 5　消费品专卖公告数量统计图（1941—1945）

　　根据图 2 – 5 的统计，1941—1945 年盐专卖公告为 72 则，为同时期消费品专卖公告中最多的一类。这取决于盐税的重要性，盐税是国民政府的三大税收之一。"九一八"事变后，日军于 1931 年 10 月 30 日，向营口盐业分所提取辽宁省盐税 672000 元，随即 11 月 6 日，又向长春分所提取黑龙江省盐税 720000 万元，并宣布此后每日提取 45000 元。③ 日本随意霸占盐税的行为警示国民政府加强盐税管理，当时就有人提出"实行盐税公卖"。④ 1938—1939 年，沿海产盐区山东、淮北、淮南、福建等地相继失陷，导致全国产盐量骤降，盐税损失巨

---

① 匡球．中国抗战税制概要［M］．北京：中国财政经济出版社，1988：216.

② 中国第二历史档案馆编．中华民国史档案资料汇编 第 5 辑 第 2 编 财政经济 9［M］．南京：江苏古籍出版社，（86）.

③ 日本强取东北盐税案［N］．中行月刊，1931，3（5）：41.

④ 千家驹，何炳贤．中国的平时和战时财政问题［N］．东方杂志，1937，34（1）.

大。发展西南地区的盐业迫在眉睫，在西南地区，四川产盐量最高，自贡又是四川主要的产盐区，1942 年，盐产量为 8643455 担，① 1941 年 4 月 1 日，国民党八届五中全会通过孔祥熙等《关于消费品专卖》提案，1941 年 5 月，着手筹划盐专卖。1942 年元旦，国民政府正式宣布实行盐专卖，随即陆续制定了一系列条例，适用于 3 年的盐专卖。如表 2 - 2 所示：

表 2 - 2　1942 年盐专卖公告概览

时间	法规法令公告②
1942 年 5 月 26 日	盐专卖暂行条例
1942 年 10 月 5 日	盐专卖暂行条例实施细则
1942 年 10 月 5 日	收盐规则
1942 年 10 月 5 日	运盐规则
1942 年 10 月 5 日	储盐仓垞管理规则
1942 年 10 月 5 日	销盐规则
1942 年 12 月 1 日	渔业用盐变味变色办法
1942 年 12 月 22 日	制盐许可规则
1942 年 12 月 30 日	农工业用盐发盐办法

在盐专卖制度下，国民政府对制盐、收盐、运盐、销盐都做了一系列规定，从专卖条例开始实行之日起，"包括食用盐、渔业用盐、工农业用盐及其他食品用盐都包括在内……专卖之权归属国民政府，所有过去原有专商引岸，及其他关于私人独占盐业之特殊待遇及权益，应自专卖实行之日起一律废除"③。制盐商必须先提出申请，经专卖机关许可以后才可以生产，销盐运盐数量、地点都有统筹规定，不得私自增减。产出的盐要按规定保质保量地送到专卖机关。"盐专卖之实施，征收专卖利益，以充实国库，亦为重要的目的之一，况在战时需款浩繁，增收专卖利益，对于抗战大业之补益，较平时更为重要。"④ 国民政府

---

① 中央银行经济研究所编 . 民国三十一年下半年国内经济概况［M］. 未刊，第 23 页。
② 法规法令公告皆指《大公报》上所发布的公告，下图皆适用。
③ 盐专卖暂行条例［N］. 成都市政府公报，1942 - 7 - 31（12）.
④ 中央银行经济研究所编 . 民国三十一年下半年国内经济概况［M］. 未刊（33）.

通过专卖的政策占有大量的盐资源，民国 31 年实收盐 8853274 担，占实产数之 40.67%；民国 32 年实收 16126538 担，占实产数之 64.30%；民国 33 年实收 15250776 担，占实产数之 91.84%。① 依靠国家强制收买、售卖政策基本保证了军需民用。

糖类专卖居第二位。专卖糖始于 1941 年 9 月 9 日，行政院会议决议通过的《食糖专卖暂行条例》规定糖之专卖权属于政府，"白糖、红糖、赤糖、乌糖、黄糖、黑糖等需财政部核定，未经政府许可不准贩卖"②。1942 年上半年制定了比较完备的食糖专卖法规法令。

表 2 - 3 1942 年食糖专卖公告概览

时间	法规法令
1942 年 2 月 6 日	食糖承销商零售商特许章程
1942 年 2 月 11 日	食糖内存糖处理办法
1942 年 2 月 16 日	食糖内糖清管理处暂行办法
1942 年 2 月 16 日	食糖专卖区内糖蜜管理暂行办法
1942 年 2 月 16 日	甘蔗甜菜种户登记办法
1942 年 4 月 8 日	战时食糖专卖条例施行细则
1942 年 5 月 13 日	战时食糖专卖条例

由于产糖区零星分散，1942 年 1 月 16 日，财政部决定先在产糖区比较集中的川康地区施行，"根据产销及交通运输情形，在专卖区内设分局办事处三十处，并可积极推销"③。以此为试点，依次在粤、桂、福建等地开展食糖专卖，为公布专卖事宜，川康专卖局在《大公报》上刊登公告 22 则，粤桂 19 则，闽赣 5 则。根据食糖专卖公告数量的分析，战时食糖专卖逐渐形成以川康、粤桂、闽赣等地为中心，通过向外运销实现。如产糖量最高的川康区，向内辐射到重

---

① 财政部财政年鉴编纂处. 财政年鉴三编·盐政 [M]. 上海：中央印书局, 1948.
② 大公报（重庆）[N]. 1941 - 9 - 10（1 - 2）.
③ 大公报（重庆）[N]. 1942 - 1 - 15（1 - 3）.

庆、成都地区，向外辐射到陕西、河南、河北等地。到 1942 年年底川康运至西北的白糖 62088 公斤，橘糖 46424 公斤。①

1942 年 5 月 1 日，财政部宣布实行烟草专卖，成立专卖局，按照专卖计划分阶段进行，"川康、鄂西这一毗邻重庆临时中央政府且烟草业发达的地区划为第一期专卖区域，自 1942 年 7 月 1 日开始实行烟类专卖"。② 河南、陕西两省为烟草生产大区，常年卷烟税收占全国半数以上，而甘肃、宁夏、青海是西北重要产烟草区，烟类销售日益旺盛，鄂北、贵州则是运输枢纽，控制烟类运输。因此，"将豫、陕、鄂北、甘、宁、青、湘、黔等地划为第二期烟类专卖实施区域"③，自 1942 年 10 月 10 日开始实施烟类专卖。为统筹产销管理运输，增加烟类生产，充裕国库，全盘筹划，将烟类专卖制度在全国范围实施，烟类专卖局将浙、赣、闽、皖、粤、桂、滇七省划为第三期烟类专卖实施区域，自 1942 年 12 月 1 日起开始实施烟类专卖。④ 表 2-4 可以清晰地看到《大公报》刊登的各种烟草专卖公告。

表 2-4　1942 年烟专卖公告

时间	法规法令
1942 年 5 月 13 日	战时烟类专卖暂行条例
1942 年 7 月 9 日	制烟厂商登记管理规程
1942 年 7 月 9 日	卷烟承销商登记管理规程
1942 年 7 月 9 日	卷烟零售商等级管理规程

火柴是大众日常生活必需品，需求量大，是财政收入的重要组成部分。火柴专卖先行于川康、黔、滇，而后于全国，实施专卖后，火柴生产必须经过政府许可，制造机器原材料必须由专卖统一制造，所生产的数量按照专卖前比例进行分配。《大公报》也逐次刊登了火柴专卖公告。

---

① 崔国华. 抗日时期国民政府财政金融政策 [M]. 台北：商务印书馆，2004：178.
② 财政部烟类专卖局编印. 烟类专卖公报 [N]. 1942-12，1 (2)：12.
③ 财政部烟类专卖局编印. 烟类专卖公报 [N]. 1942-12，1 (2)：12.
④ 财政部烟类专卖局编印. 烟类专卖公报 [N]. 1942-12，1 (2)：12.

表 2-5　1942 年火柴专卖公告

时间	法规法令
1942 年 5 月 13 日	战时火柴专卖暂行条例
1942 年 3 月 27 日	战时火柴专卖暂行条例施行细则
1942 年 6 月 13 日	火柴制造厂商申请许可规则
1942 年 6 月 13 日	管理火柴产制运输暂行规则
1942 年 6 月 13 日	专卖实施前火柴存货处理办法

抗战时期国民政府通过控制日用消费品的生产、销售、分配，基本保证了各环节的合法性，充裕了财政收入，对促进生产、平抑物价、安定社会局面、争取抗战胜利有积极的影响，这一点应予以充分肯定。

三、税制贸易公告

抗战时期，沿海经济富庶，税源重要来源之地相继陷落，税收锐减，直接影响财政收入，民国二十五年（1936）与民国二十八年（1939）相比较，关税减少 77%，盐税减少 56%，统税减少 89%。① 1938 年年底，战区日益扩大，粮价逐渐开涨，特别是到 1940 年 7 月以后，军事失利，难民增多，国际交通受阻，粮食需求量越来越大，各地粮价飞涨。钱、粮是国民政府在 1941 年之后面临最为棘手的问题。

纵观战时国民政府的税制改革，分为两个阶段，1937—1940 年为前一阶段，1941 年到抗战胜利为后一阶段，第一阶段主要是整理旧税举办新税。对于抗战期间，未经禁运的物品，按照原税率的三分之一征税，凡与军事有关的国产物资禁止出口，对外销土货实行减免出口税或免税。② 禁运的物品，经济部专门通告《查禁运条例》，"凡国内物品足以增加敌人之实力者一律禁止运往左列各区域，敌国及其殖民地或委任统治地，前敌区域之外的地方已被敌人暴力控制

---

① 粟寄沧. 中国战时经济问题研究 [M]. 桂林：中新印务股份有限公司出版部，1942：136.

② 大公报（香港）[N]. 1939-9-13（1-3）.

者，前项区域物品及第二敌之区域由经济部临时指定之等"。① （详表见附录）
1937 年 10 月 11 日，财政部颁布《非常时期征收印花税暂行办法》，② 原税率相
应增加一倍，1938 年 10 月 5 日和 28 日，国民政府分别通过《遗产税暂行条例》
和《非常时期过分利所得税》规定营利事业超过资本 2000 元，其利得超过资
本 15%，财产租赁利得超过财产价额 12%③，税率采用超额累进制，10% ~
15%。④

表 2 - 6　1937—1945 年税制公告概览

刊登时间	公告人	法规法令
1937 年 7 月 15 日	财政部	禁止小麦出口 征收杂粮出口税
1937 年 7 月 15 日	湖北财政厅	鄂省改进赋税法
1937 年 11 月 3 日	湖北民政厅	限期筹征地税
1940 年 3 月 5 日	四川省营业税局	公告
1940 年 9 月 25 日	财政部	征收十货转口税
1940 年 11 月 25 日	财政部	所得税公告
1941 年 1 月 17 日	湖北财政厅	所得税公告
1941 年 6 月 10 日	湖南民政厅	征地价税
1941 年 9 月 3 日	财政部	进口税公告
1941 年 9 月 15 日	粤省财政厅	办理田赋征收
1942 年 4 月 9 日	财政部	战时消费税
1942 年 4 月 27 日	桂林市	屠宰税
1943 年 1 月 29 日	国民政府	财产租赁出卖所得税
1944 年 3 月 29 日	国民政府	战时土地所得税

　　为了最大限度地动员全国财力，支持抗战，1941 年以后国民政府仍在努力
寻找新的税源。田赋收归中央是税制上的一大改革。1941 年 6 月 16—24 日重庆

---

① 大公报（重庆）[N]. 1938 - 12 - 17 (1 - 1).
② 大公报（上海）[N]. 1937 - 10 - 15 (1 - 5).
③ 大公报（汉口）[N]. 1938 - 10 - 6 (1 - 2).
④ 大公报（香港）[N]. 1938 - 10 - 30 (2).

召开第三次全国财政会议，授权整理田赋筹备委员会为全国征实最高机关，中央设粮食部，省级设粮政局，县级设粮政科，层层协助将田赋收归中央，1941年7月，规定一律改征实物，1942年下半年，采取征购办法，以三成付给现金，七成①发给粮食库券。1943年，川、滇、康、陕、甘、闽、桂、粤、浙九省，改征购为征借，安徽省改征借为捐献。② 1944年5月，粮食征购改为征借，一律不发粮食库券。

表 2 –7　1941 年各省田赋征实公告

刊登时间	公告方	法规法令
1941 年 8 月 3 日	云南、贵州政府	田赋征实
1941 年 8 月 15 日	四川省政府	田赋征实
1941 年 8 月 29 日	广东省政府	田赋征实
1941 年 9 月 30 日	江西省政府	田赋征实
1941 年 10 月 6 日	河南省政府	田赋征实
1941 年 11 月 13 日	甘肃省政府	田赋征实
1941 年 8 月 21 日	湖南省政府	田赋征实
1941 年 10 月 14 日	广西省政府	田赋征实
1941 年 12 月 18 日	浙江省政府	田赋征实

田赋改征实物的措施，基本上得到民众的支持，"各省人民均能深明大义，体念时艰，故征粮工作之进行颇称顺利，各地均无重大纠纷及困难发生，惟小争执在所难免"③，征实效果显著。根据重庆市联合征信所 1945 年 10 月 18 日统计的结果显示："三十三年（1944）度田赋征实征借共已征 57，393，968 石，四十四年（1945）度共征 1，286，600 担。"④ 通过改革田赋制度，国民政府储备了大量的粮食，保障粮食物资的调剂、流通，为前方军粮、公粮的供给提供

① 大公报（重庆）［N］. 1941 – 9 – 23（1 – 3）.
② 崔国华. 抗日时期国民政府财政金融政策［M］. 台北：商务印书馆，2004：70.
③ 农产促进委员会编印. 研究专刊第三号《各省征收田赋实物调查》［M］. 1942 – 3（18）.
④ 全国各省征赋征借数额［N］.《金融周报》，1945，4（13）：26.

了保障，稳定了后方的社会秩序，有力地支援了抗战。

税收制度的改革是国民政府努力寻求新税源，增加财政收入的主要方法，从公告中来看它呈现出税收多样化、繁杂化的特点，后期的田赋征实又有集中财力的趋向，逐次把地方的税收来源收归到中央手中，保证了政府动员一切力量和财力抗战到底，从这个角度上讲，税改无可厚非，符合全民族集中力量御敌利益。

第三节　国防军事教育公告旨在军事动员强化国防教育

国防军事教育公告是指中央政府和各级地方政府为了防御和抵抗侵略，加强国防力量，借助报纸媒体向民众公开发布的宣传兵役、强化军事教育等相关公告，抗战时期《大公报》刊登的国防军事教育公告共 573 条，从纵向上观察此时的公告，呈现出各年份的比重各异。如果从横向上看，包括兵役宣传公告 120 条、军校招生公告 191 条、日常防空安全公告 262 条。我们先从纵向上进行分析。

从图 2 - 6 中，我们可以看到，1940 年国防军事公告数量占比重最大，1942年次之，1939 年、1941 年、1944 年所占比重基本不相上下，1937 年和 1945 年的国防公告所占比重几乎一样，整体呈现出抗战相持阶段是《大公报》刊登国防军事数量最多的时期。这和国民政府的国防军事建设规划分不开，抗战前，国民政府虽然提出"以国防建设为中心"的设想，但并没有认真实行。1936年，虽制订《国防计划》但带有明显的消极抵抗情绪。1937 年 8 月，颁布了《航空法》，但很难起到法律规约的作用。① 直到抗战进入相持阶段，国民政府才真正对其防空体系进行调整。随着日本无差别的轰炸持续进行，防空计划也在逐步完善。透过此时的国防军事公告，一方面可以看出，国民政府在抗战时期抗战态度由被动防御到积极抵抗的转变，体现防空建设在国家建设的重要战

---

① 袁成毅. 抗日战争时期国民政府对日防空研究 [N]. 北京：中国社会科学出版社，2016：172.

略地位；另一方面我们可以看出，报纸公告这种特殊的防空教育方式，以它受众面广、传播空间可以无限延伸、时间上不受限制的特点，可视为战乱年代民众普及防空教育的有效形式。

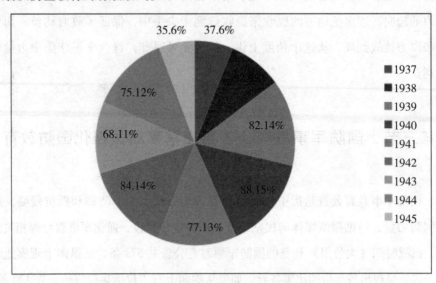

图2－6　国防军事教育公告数量统计图（按年份）

若按国防军事教育公告的内容分类，从横向上看，我们用下图的立体圆饼分别表示兵役宣传公告、军校招生公告、日常防空安全公告的数量。

一、军校招生公告

图2－7显示军校招生公告共191条，占据国防教育公告的33%，比同时期复旦、燕京大学所发布的招生军校招考公告①166条还要多25条。这种状况，是和国民政府战时教育方针密切联系的。为适应抗战需要，1937年8月11日，行政院发布《总动员时督导教育工作办法纲领》，要求"各级学校之训练，应力求切合国防需要"。②1938年4月，国民党临时全国代表大会通过《战时各级教

---

①　据笔者统计复旦、燕京共发布军校招生考试公告166条。

②　中国第二历史档案馆编．中华民国史档案资料汇编 第5辑 第2编 教育2［M］．南京：江苏古籍出版社，1997：1－2．

育实施方案纲要》，再次强调加强军校教育。这些军校招生广告也可以反映出，抗战时期，在军事力量亟须补充的情况下，军校在有意识地扩招。

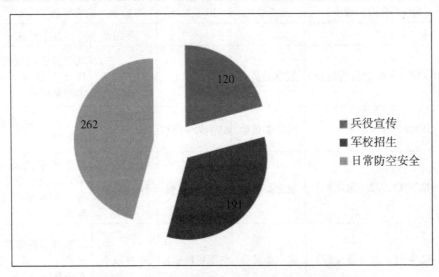

图2-7　国防军事教育公告数量统计图（按内容）

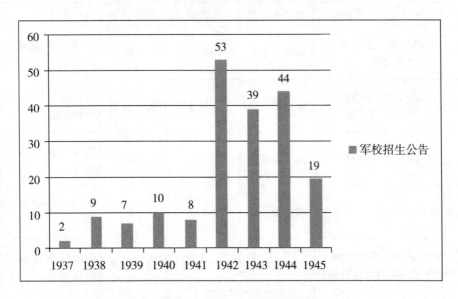

图2-8　军校招生数量公告

我们抽样航空委员会从1940年至1945年刊登的57条招生广告中具体分析。

表 2-8 航空委员会招考公告一览表（1940—1945）

刊登公告时间版本	招考单位	招考类型	招考要求	
			年龄	报考资格
1940/1/24-26日（香港版）	航空委员会	机械学生	30岁以下	大学或学院航空、机电、机械、土木四系毕业
1940/7/24（重庆版）	航空委员会	空军幼年学校	12~15岁	高小校毕业或者同等学力
1942/9/18-22（重庆版）	航空委员会	空军官学校	18~22岁	高中毕业之陆军军官学校毕业生、海军军官学校航海课
1942/9/18-22（重庆版）	航空委员会	空军机械学校	30岁以下	大学或学院航空、机电、机械、土木四系毕业
1942/9/18-22（重庆版）	航空委员会	空军测候员	23岁以下	高中毕业
1942/1/20、26、31（桂林版）	航空委员会	技工	16~45岁	高小校毕业或者同等学力
1942/4/16/18/20/24/25/26（桂林版）	航空委员会	军械士	18~35岁	有服务兵工厂或修理经验
1942/4/26/30（桂林版）	航空委员会	照相士	18~22岁	高中、初中毕业均可
1942/05/01/03（桂林版）	航空委员会	照相士	18~22岁	高中、初中毕业均可
1942/06/01/03/05/06/09/13/15/21/27（桂林版）	航空委员会	空军幼年学校	12~15岁	高小校毕业或者同等学力
1943/3/02-05（重庆版）	航空委员会	空军机械	30岁以下	大学或学院航空、机电、机械、土木四系毕业

续表

刊登公告时间版本	招考单位	招考类型	招考要求	
1943/03/05 – 08（重庆版）	航空委员会	空军通信	19 ~ 24 岁	高中毕业
1943/4/19 – 25（重庆版）	航空委员会	无线电机务	30 岁以下	各电科学校或大学无线电专业毕业
1943/8/22、27（重庆版）	航空委员会	有线电通信军官佐	35 岁以下	各军事学校通信专业毕业或在各通信单位服务三年
1944/04/16 – 18（重庆版）	航空委员会	空中射击士	17 ~ 25 岁	初中毕业或同等学力
1945/05/02、04、06、10/11/25/27（重庆版）	航空委员会	空军幼年学校	12 ~ 15 岁	高小校毕业或者同等学力
1945/6/10（重庆版）	航空委员会	空军幼年学校	12 ~ 15 岁	高小校毕业或者同等学力

从表 2 – 8 公告表中我们看到航空委员会设置机械、通信、无线电机业务各种技术性专业，从招考的年龄要求上看有逐渐降低的趋向，一般来说招考对象年龄集中在 18 ~ 22 岁之间，空军幼年学校招生年龄为 12 ~ 15 岁，报考资格根据不同的专业有不同的要求，整体来说，文化程度要求不算太高，从事工科的学生明显占优势。

从招生区域来看，空军幼年学校主要集中在重庆、桂林。招生专业的多样化说明国民政府致力培养军队专业技能，提高军队的战斗力，直接为抗日服务。1940 年，国民政府在重庆、成都、桂林试点招考幼年空军，作为储备军事人才，维持军队战斗力的一种尝试，规定"一切旅膳、服装、书籍、文具等费用都由公家供给，修业期限为初中三年、高中三年"①。各地方积极响应，首期招考

---

① 空军幼年学校招考首期新生［N］. 福建教育通讯，1940（6）：131.

300 人，仅成都一区，投考者已异常活跃，平均每天都有一二百人挤在招生办公处。① 广东省妇女运动的领导人吴菊芳就为儿童教育院选拔出的孩子们专门请教练培训。按照《广东儿童》记载，招考幼年空军学校学生，吴院长电促各院赶期挑选自愿投考军校空军之健全儿童十三名集中办公，九月出榜示，四名由专员带赴桂林报到。② 说明当时幼年空军学校很受欢迎。

我们也可以从具体的广告文本上来再现当时的国防军事教育。如二十七军团干部训练团招生宗旨：为适应长期抗战训练有志青年以养成军事干部人才增强抗战力量完成抗战使命为宗旨。资格：凡籍中华民国国籍之男子具有初中以上学校毕业或有同等学力者。年龄：在十八岁以上二十五岁以下。考试科目：体格检验及口试 二学科 党义 国文 算术 理化 史地。报名手续：缴毕业证书或证明书一纸及四寸半身相片两张。报名日期：自六月二十五日起至七月十日止。报名地点：汉口河街中和旅店十六号。考试时间：第一次考试二日三日。考试地点：前两日于报名处公布。毕业期限：暂定半年毕业。入校手续：入校时须出具志愿书及保证书。待遇：修业期内校服伙食书籍及文具用品由公家供给并每月发给津贴六元。任用毕业后分发本军团各部充任干部。军团长兼团长张自忠副军团长兼副军长李文田③。这是一个典型的国防军事公告，大多数的公告基本上都相似，由招生宗旨，报考资格、考试时间、地点、待遇、落款几部分组成。

抗战期间中国消耗了大量的人力，军队亟须补充力量，这是政府常年在报纸上刊登广告的直接原因，而从公告中看出发展空军是军校招生的重点。无论是陆军还是空军、海军招考专业的精细化，都代表了军队在战斗中汲取经验，朝着建设现代化的军队迈进。

二、兵役宣传公告

兵役宣传公告的数量仅次于军校招生公告。我们同样以图示的方法来分析。

---

① 毂华. 空军学校的诞生 [N]. 大众航空.
② 广东儿童 [N]. 1941, 3 (2-3): 65-66.
③ 第二十七军团干部训练团招生 [N]. 大公报（汉口），1938-7-1 (1-1).

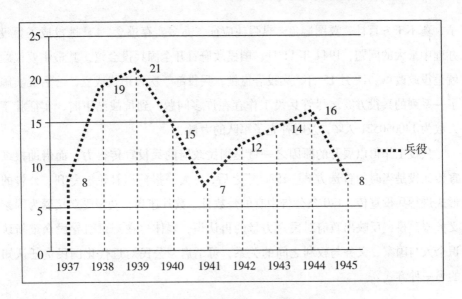

图2-9 兵役宣传公告数量统计图

从兵役宣传公告图中，我们可以看出，1938—1940年，政府刊登在《大公报》上的兵役宣传公告数量相对于其他年份较多。1944—1945年，兵役宣传公告数量居第二位，其他年份的兵役宣传公告数量较为平均，没有明显的大起大落。

抗战前夕，国民政府实行以募兵制为主，募兵征兵兼而有之的兵役制度。1933年6月17日，国民政府公布了中国首部《兵役法》，将兵役分为国民兵役和常备兵役，常备兵役仍采取募兵方式，国民兵役进行征兵，代表着近代中国征兵制度的开始。卢沟桥事变爆发后，兵员伤亡惨重，仅1937年7—12月，中国陆军官兵兵员伤亡数已达447117人①，抗战进入相持阶段后，中国大片领土沦陷，伤亡的官兵人数激增，亟须补充大量兵员，国民政府开始改进兵役制度，1938年，兵役管区从师、团两级制转变为军、师、团管区三级制。1939年2月将兵役司扩建为兵役署，全面推行兵役制度。1940年，兵役会议正式决定停止募兵制。这是导致1938—1940年间政府的兵役宣传公告明显增多的主要原因。

由于民众对征兵制度理解的偏差和国民政府推行力度的不足，"凡适合之男

---

① 陈诚. 八年抗战经过 [M]. （抗战各期中国陆军官兵兵员数及伤亡统计），出版时间不详。

子，莫不千方百计，冀图避免。纵强使应征，亦多实存逃念"①。逃役成了兵役办理中最大的问题，1944 年 11 月，国民政府召开全国兵役会议，其最主要议题就是役政改革。11 月 15 日，兵役署撤销，兵役部于次日正式成立，之后又实施了一系列的兵役方案。尽管兵役工作存在许多问题，到抗战结束时，实征壮丁人数为 140050521 人②，及时补充了军队的力量。

兵役工作得以展开的原因之一就是国民政府的兵役宣传得力，而借助报纸宣传兵役是当时的首选方式。1938 年之后，《大公报》以社论、专刊、公告的形式进行兵役宣传，120 条公告中有的是数日、数月连刊，劝服受众接受为国家义务服兵役，反映出政府对民众力量的再认识，媒体也在刻意引导民众重新认识个人与国家、义务与权利之间的关系，可谓启蒙公民对近代化国民责任认知的另一种方式。

三、日常防空安全公告

日常防空安全公告是指抗战爆发后，中央政府和各级地方政府在《大公报》上刊登的旨在告诫民众做好防空袭、防毒气的公告。抗战期间，各级政府部门在《大公报》上发布的防空公告共 213 条，不同年份之间存在着明显差异。

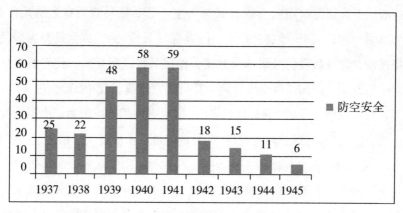

图 2 – 10　日常防空安全公告数量统计图

---

① 千英.兵役的经济问题［N］.兵役月刊，1941（2）：5.
② 浙江省中国国民党历史研究组（筹）编印.抗日战争时期国民党战场史料选编（附表 16）（一）.

　　从图 2 - 10 可以看到，1939 年到 1941 年，日常防空安全公告的数量明显增多，一是日本对中国连续不断地轰炸，政府和民众不得不采取自卫安全措施。1939 年、1940 年、1941 年重庆市政府分别发布 48、58、59 条防空公告。尤其是"五三"、"五四"大轰炸后，政府发布的日常防空安全公告越来越多。1939 年的"五三""五四"大轰炸中，日机分别以 36 架和 27 架袭渝，虽中国空军奋起反击，但是仍然损失惨重。1939 年 5 月 4 日，短短 48 分钟内即炸死市民 3318 人，炸伤 1973 人①，而民众的防空意识非常淡薄，其间也有很多无谓的伤亡；二是，国民政府不仅意识到防空建设的重要性，从"九一八"日机轰炸锦州和上海之后，国民政府加快防空建设，积极部署防空兵力，而且认识到"民众对于防空意义的了解，对于防空知识之灌输，防空技能之学习，可以因普遍的宣传而达到目的"②，运用广播、报纸、书籍、标语进行宣传，1937 年 1 月，国民政府制定了《防空疏开办法》，"可以避免或减少空袭所予之损害，而获得一切人物之安全"③，抗战进入相持阶段，国民政府将航空委员会迁至重庆，1939 年 11 月 1 日，国民政府军事委员会制定了《调整全国防空机构办法》，构建起从省到乡镇一级的防空组织机构，陆续增设防空避难场所，1941 年 2 月，全国形成可容纳 412 万余人④的防空避难设施；三是，各地方积极采取相应防空救护、防空消毒、增拨防护设备等措施，如 1943 年，浙江省临海、瞿县等五个县成立了防毒队，其他 39 个县成立了防毒、消毒班⑤。这些避难措施对缓解日军空袭带给民众的生活压力发挥了一定的作用。

　　日军攻陷上海，直逼南京，国民政府被迫暂迁武汉办公，日本把武汉看作

---

① 重庆市防空司令部调查 5 月 4 日敌机袭渝情况暨伤亡损害概况表（1939 - 5 - 4）［A］. 重庆市档案馆馆藏未刊档案，档号：0044 - 1 - 82.

② 军事委员会防空委员会. 防展汇刊［G］. 1935，第 37 页。

③ 《防空建筑疏开办法及三年建设计划审核会议录》（1936 年 7 月），中国第二历史档案馆馆藏档案，卷号 787 - 17020。

④ 何应钦. 《对五届八中全会军事报告》《何上将军事报告》《民国丛书》第二篇，上海书店影印版［M］. 附表 54.

⑤ 《浙江全省防空司令部八年来施政概况》，浙江省档案馆馆藏档案，卷号 1015 - 0065。

"摧毁蒋政权最后统一中枢"①，从 1937 年 7 月 19 日到 1938 年武汉沦陷，日军空袭武汉 59 次，投弹 3240 余枚②。1937 年 9 月 24 日，《大公报》刊登了武汉防空司令部发布的《防止烧夷弹的燃烧公告》，具体内容：一、若遇见小型敌弹投下，裂开时有汁液溅射，即起白烟，这便是烧夷弹。二、烧夷弹起火越泼水越是猛烈，所以要用沙袋才能扑灭它。三、一遇烧夷弹着地，赶快掷多数的沙袋，将它压灭。四、沙袋只可装作面粉袋大小，投掷才不费力！五、每家都要设置沙袋二十个以上，一两个是不够用的！六、已装成的沙袋放在便于取用的地方，到应用时才便利。七、已装成的沙袋不要使它沾水，以免固结和破裂。八、若是几层楼房，必须在每层安置沙袋。③ 公告中首先介绍了烧夷弹的特点，便于识别，然后详细地说明扑灭烧夷弹的办法，主要依靠沙袋，对沙袋制作的标准、数量及使用过程中注意的事项都有所强调，基本上对遭遇烧夷弹袭击之后的人能起到指导作用。同月 29 日，武汉防空司令部再次发布《敌机轰炸之后的教训》公告，"一、立即赶筑防空壕，不要再迟疑观望。二、凡可以离开武汉者，速即迁居乡间，或上游各埠，不要再犹豫。三、敌机施放炸弹时，如在屋外，应立即卧伏在地上。每人尤其是防护团员都要随身携带一点棉花，一遇敌机施放炸弹，即将耳塞住，否则你的耳膜会被震破。四、所住房屋如不坚固，谨防轰炸时震塌，在空袭情报后，若无防空壕躲避，应卧伏在附近的草坪上。空袭警报后，凡到操场空坪避难之民众应散开卧伏，切不可聚众乱"。④ 这则公告严肃地告诫居民一旦遭遇轰炸，要沉着冷静对待，及时采取自我保护措施。

　　在空袭威胁下，重庆防空司令部加强防空宣传，日常生活用品也被纳入防空教育素材中，1938 年 12 月 10 日，《大公报》转载重庆防空司令部发布的《重庆市民防空须知 防空桌案与防空柜台》⑤，要求：一、市民要减少无谓的损害，

---

①　日本防卫厅防卫研究所战史室编，田琪之译. 《中国事变陆军作战史》（第 2 卷第 1 分册）[M]. 北京：中华书局，1979：107.

②　《湖北省抗战两周年间敌机空袭损害统计表（1939 年 7 月）》，湖北省档案馆藏，LS1－4－0511。

③　大公报（汉口）[N]. 1937－09－24（1－5）.

④　大公报（汉口）[N]. 1937－09－29（1－4）.

⑤　大公报（重庆）[N]. 1938－12－10（1－4）.

亟应在室内增设防空桌案,其设置的方法,就是在桌案四周,用土麻袋围着,上面再用芦袋盖着。二、空袭时,人藏在桌下,可以防火及房屋坍塌,同时可以防破片及流弹的损伤。三、市区内营商之铺户,应设置防空柜台,其设置的方法,就是在柜台下面挖一个坑,把台加强,中间装土。四、当空袭时,人藏在柜台下面,可以避破片及流弹的损害,同时可不妨害营业。同月 14 日,《防空梯与防空窝》公告中,提醒民众:一、各家住户应添设防空梯。二、就房屋狭小的地方,利用楼梯下面,作为防空的地方。三、用土或土筐或土芦袋把梯加强,人藏在梯下,可以防破片流,同时可防房屋倒塌的危险。四、如人在郊外就在田坎下面,或其他任何坡坎的下面,挖一个小窝,人藏在窝内,就可避破片及流弹的损伤①。这些防护公告措施,简单易行,很容易接受,据统计,在 1939 年日机 1 枚炸弹要炸死或炸伤市民 5 个半人,1940 年 1 枚炸弹炸死或炸伤 1 人,1941 年是 3 个半炸弹炸死或炸伤 1 个人②,说明政府开展的各种防空宣传,虽然不一定会产生立竿见影的效果,但是最起码会减少一些不必要的损失。

国民政府迁都重庆后,四川便成为日军空袭的目标,重庆防空司令部加紧警报工作,创制便民警报方法,据重庆大轰炸时,在四川行长家的佣人宾淑贞回忆:"从日本第一次轰炸重庆之后,重庆的空袭报警有挂灯笼,第一道报警是说日本飞机出发了,第二道报警是说日本飞机在路上了,第三道,灯笼挂起来,说明日本飞机投弹……"③ 1940 年 5 月 26 日,《大公报》公布重庆防空司令部《机器脚踏车巡回传布警报办法通告》:"本部为预防电厂或供电线路被炸毁各警报电台失灵不能发出警报声音起见,特采用机器脚踏车巡回传布警报办法如下:传布警报机器脚踏车,昼间用三尺宽一尺长之颜色旗,夜间用车灯原有之电灯遮以颜色布并装置小型手摇警报器,不断摇动引起注意。颜色旗或颜色头灯对于警报器之配用如下,一、空袭警报红绿色镶半旗,并在旗上用白色制成空袭二字。二、紧急警报红色旗灯,并在旗上用白色制成紧急二字。三、解除警报

---

① 大公报(重庆)[N]. 1938 - 12 - 14(1 - 4).

② 空袭伤亡已渐次减少 [N]. 大公报(重庆), 1941 - 6 - 4(1 - 3).

③ 李丹柯.《女性,战争与回忆 35 位重庆妇女的抗战讲述》[M]. 重庆:重庆出版社, 2015:164.

颜色为绿色旗，用白布制成解除二字……"① 1940 年 7 月 4 日，《大公报》又公布了《重庆市警报台加设铜锣公告》："一、为敌机夜袭时易使市民知晓情况起见特在各警报台设置铜锣。二、使用办法 悬一红球时即同时敲锣以期声光并用。三、警察局巡警应根据锣声尽可能传布消息使市民预行准备。"② 防空警报办法易学易懂，民众很容易据此采取自我保护措施，勉强继续工作、生活。1939 年重庆的空袭警报特别多，邹韬奋总是带着文件到防空洞里工作。③ 客观上减少了财产损失和人口伤亡，增强了民众的防空意识，强化了其统一行动、遵守集体规则的观念。

类似的日常防空安全公告还有很多，窥一斑而见全豹，抗战时期，政府在制定防空安全公告时，既有告知民众做好长期预防，打持久战的措施，也有应急措施，还有识别预警的常识。有的公告还会传授给民众一些日常防御毒具的制作方法，如 1937 年 8 月 21 日，上海《大公报》就刊登过教授民众学习欧战时法国创造的防毒口罩的详细做法。反映出战乱中的《大公报》防空安全公告的内容还是比较全面的，体现出政府在逐步教导人民认知、防御现代化战争，同时，也证实了日本帝国主义的侵略破坏普通民众的正常生活，生命财产时刻面临威胁，心理上的创伤更是无法估量的。

第四节　社会保障公告体现政府公共服务职能的转变

抗战时期《大公报》的社会保障公告是指各级政府为了维护社会稳定，保障民众的最低生活需求，向民众发布的战时救济、优待、褒扬的公告。战时《大公报》共刊登 326 则社会保障公告，其中社会救济公告 254 则，军人及军属优抚公告 63 则，褒勇惩奸公告 105 则，集中体现了战时政府为缓解社会矛盾、动员民众参战做出的努力。

---

① 大公报（重庆）[N]. 1940 - 5 - 26（1 - 3）.
② 大公报（重庆）[N]. 1940 - 7 - 4（1 - 1）.
③ 穆欣. 韬奋 [M]. 北京：生活·读书·新知三联书店，1962：91.

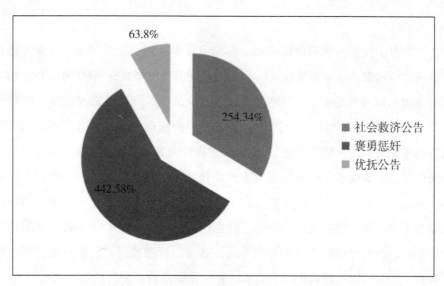

图 2 - 11　社会保障公告数量统计图（按内容分）

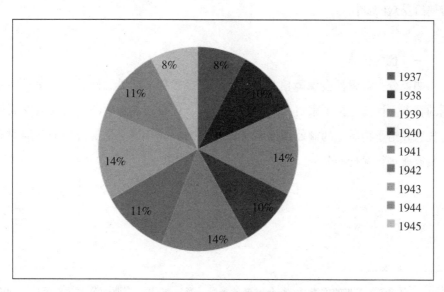

图 2 - 12　社会保障公告数量统计图（按年份）

　　通过图 2 - 11，我们可以看出社会救济公告在战时社会保障公告中占据的比重最大，褒勇惩奸公告数量位居第二，优抚公告相对少一些。图 2 - 12 告诉我们抗战进入相持阶段后，国民政府在《大公报》上刊登的社会保障公告数量远多于防御阶段。

社会救济公告占据首位的原因，首先，日本帝国主义的侵略，迫使大批百姓远离家园逃难，有学者统计，14 年抗战期间的难民潮共有 6000 万人口，约占当时全国人口 14% 略弱①。粗略地看，北方难民主要流入西北各省份，如 1938年黄河决口后，《新华日报》报道"各方投奔到陕西的难民共九十万之多"。②南方的难民大多涌入西南各省，"成都、重庆及万县等城市是难民的集中地"③。难民的涌入，需要政府通过救济的方式维持最低生活。其次，国民政府也在积极实施难民救助。卢沟桥事变发生两个月后，国民政府就成立了非常时期难民救济委员会，各省设立支部，各街道设立难民收容所。1938 年 1 月 4 日的行政会议显示，政府对难民之损失与痛苦关怀备至，抚慰难民，政府责无旁贷，行政院在一个月后更强硬的声明中表示，为难民提供救济是行政院的关键目标。④最后，媒体的职责所在。大众媒体作为"环境的守望者"有随时将监测的环境传递给受众的责任。

一、优抚公告

如果分类解读社会保障信息，优抚、社会救济、褒勇惩奸各自会呈现出不同的特点。优抚是指国家对因战、因公牺牲、致残或者病故的军人及其家属进行抚慰并给予物质上的额外帮助和其他方面的特殊待遇。优抚公告即政府对军人及家属进行优抚的公告。

---

① 孙艳魁. 苦难的人流——抗战时期的难民［M］. 桂林：广西师范大学出版社，1994：63.

② 新华日报［N］. 1938 - 7 - 29（1 - 1）.

③ 孙艳魁. 苦难的人流——抗战时期的难民［M］. 桂林：广西师范大学出版社，1994：100.

④ （美）萧邦奇著.《苦海求生 抗战时期中国的难民》［M］. 易丙兰译，太原：山西人民出版社，2016：41.

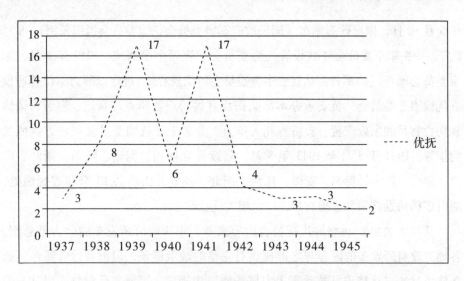

图 2-13 军人及军属优抚公告数量统计图

通过图 2-13，我们可以看出 1939 年和 1941 年《大公报》刊登的优抚公告最多，这是因为，全面抗战爆发前，国民政府虽然分别于 1934 年 8 月 16 日颁布了《空军抚恤暂行条例》，1934 年 10 月 16 日颁布了《陆军平战时抚恤暂行条例》，1935 年 1 月 31 日颁布了《海军平战时抚恤暂行条例》。抗战初期，国民政府的抚恤政策基本上实行战前政策，抗战初期，仅为扩大应征兵役，出台了《优待出征抗敌军人家属办法》《优待出征抗敌军人家属条例》，但直到 1938 年 12 月底，才认真修正《优待出征抗敌军人家属条例》，"优待事宜，由各县市政府组织出征抗敌军人家属优待委员会办理之，以各县市长为主任委员，各自治团体或法团之负责人及当地公正之人为委员"①。进一步细化了对出征军人家属的优抚政策。战前的《陆军平战时抚恤暂行条例》1940 年 9 月才修改为《陆军抚恤暂行条例》，之后 1942 年 4 月 22 日修正了《海军抚恤暂行条例》，1943 年 8 月 31 日颁定《空军抚恤条例》，1944 年 3 月 23 日颁定《陆军抚恤条例》和《海军抚恤条例》，因此这些年份中优抚公告的数量相对较多。

地方政府积极制定优抚政策也在《大公报》的相关公告中有所反映。1938

---

① 国民政府公报 [N]. 渝字第 1115 号，1938 年 12 月。

年 6 月 30 日，国民政府颁布《国民政府军事委员会抚恤委员会组织条例》。8 月 1 日，中央军事委员会正式设置抚恤委员会，管理全国恤政。1939 年 3 月，军事委员会颁行《陆军各部队抚恤事务委员会组织规程》，规定以师为单位普遍设立抚恤事务委员会，负责承办本部队伤亡官兵的户籍调查与登记、慰劳、请恤和伤亡官兵的家族安置、救济等相关事宜，业务上受抚恤委员会或地方抚恤处的指导。1941 年 3 月至 1943 年 5 月，陆续设立四川、河南、陕西、浙江、广西、湖南、广东、贵州、安徽、江西、湖北、福建、山西共 13 个驻省抚恤处，随时褒扬功勋将领和忠勇官兵，出台相关优抚政策。

从《大公报》刊登的优抚公告内容来看，中央政府所发布的公告是总纲，各地方政府所发布的内容与之形成相对完整的政策链条，但也有地方特色。如在修正过的《优待出征抗敌军人家属条例》中规定，军属享受财物、捐款、劳役、工役、借贷等各方面的优待，但只是整体规划，有的省为更好地实行国家政策，制定了相应的细则，如河南省《优待出征抗敌军人暂行办法》中规定，"对于特殊战功和阵亡者各县志馆编入县志，或呈请列入省志，并以全县名义，给予旗区或刊刻石碑，树立于县教育馆或忠烈祠内，以资褒扬"。① 四川省制定的《四川省各市县优待出征抗敌军人家属实施细则》，规定"每家属每季应发优待金六元。物品救济以各县征存积谷拨充，每家属每季应发优待谷二市石，均以四季为限，必要时，得由优待委员会酌量延长之"。② 曲江县对抗属贷款金额根据营业的规模不同给予相应的资助，（甲）以摊贩为业者二十至五十元；（乙）开设小商店者，五十元至三百元；（丙）经营小工艺及农业者，一百元至六百元。③ 地方优抚政策相对国家的政策来说更实用，一方面，配合国家政策，尽力保证前方兵员需求；另一方面，尽可能解决百姓生活中的实际困难，稳定大后方，缓解前方战士的后顾之忧。

抗敌军属也切实享受到部分优待政策，民国 28 年（1939），国民政府颁发《优待出征抗敌军人家属条例》，成立出征抗敌军人家属优待委员会，办理出征

---

① 大公报（汉口）[N]. 1937 - 9 - 22（1 - 3）.
② 大公报（重庆）[N]. 1939 - 3 - 26（1 - 3）.
③ 大公报（香港）[N]. 1941 - 1 - 16（1 - 1）.

军人优抚事宜。壮丁入伍前发给安家费，征属优待金按每年两期，每期 6 元发放。民国 29 年（1940）4 月增为 10 元；11 月增为 24 元；民国 30 年（1941）1 月增为 40 元。据灌县政府呈报省府（1940—1943）发优待金提卖积谷清册记载：民国 29 年（1940）冬提卖积谷 1600 石，款 68000 元；民国 30 年（1941）3 次提卖积谷 5305 石，款 445372 元；民国 31 年（1942）两次提卖积谷 2714 石，款 408500 元；民国 32 年（1943）两次提卖积谷 2811 石，款 1692629 元。民国 34 年（1945）起，改发实物。全县约有 4000 户新旧出征军人家属，每户每期领黄谷一市石。① 这充分说明政府优抚政策的实行确实惠及了一些军人及军属，使得军人抚恤和广大普通民众发生了更广泛的联系，推动了征兵的顺利进行，对动员民众抗战援战大有裨益。

优抚的方式多样化。根据公告中列举的优抚方式，减免赋税工役是各地通用的办法，贵州省规定"出征将士家庭免除地方一切派款与工役义务"②，借贷方面也享有宽松政策，有适当宽限还债期限的，"出征抗敌军人在应征召前所负之债务，无力清偿者，得展至服役期满后第二年内清偿之；在服役期内，其家属赖以维持生活之财产，债权人不得请求强制执行"。1941 年，四川省政府专门拨出 300 多万专款专用，为阵亡将士家属举办生产合作事业提供资助③，"荣誉军人从耕者每人授地二十至一百亩，其亲属随往，可受同等待遇。其费用如房舍建筑费、耕牛、农具、种子、肥料之购置费，及垦区合作农业仓库之建筑费，均由农林部贷给，自第四年起分十年归还。区之田租免五年，荣誉军人之直系亲属同样待遇"。④

按照政府公布的《优待抗敌军人家属》规定，首先，政府应保护军属原有财产，出征抗敌军人或其家属承租耕作之地，或自住之房屋，在服务期内，出租人不得收回或改租与他人。其次，政府应为军属提供基本生活保障，出征抗

---

① 四川省灌县志编撰委员会. 民政劳动［M］.《灌县志》第八篇，四川人民出版社，1991.
② 大公报（汉口）［N］. 1937 – 10 – 29（1 – 2）.
③ 大公报（重庆）［N］. 1941 – 2 – 14（1 – 3）.
④ 大公报（重庆）［N］. 1943 – 1 – 23（1 – 3）.

敌军人家属如生活不能维持，疾病无力治疗，死亡不能埋葬，子女无力教养，或遭过意外灾害者，得向优待委员会请求予以金钱物品，或其他之救济"。第三，政府对军属医疗教育方面也有倾斜政策，"出征将士之子女，在学者免除学费及一切书籍杂费。出征将士家属，如因病就医，各医院及中西医师，概予以免费诊治"①。

1938 年 6 月 1 日，行政院通过了《抗战功勋子女就学免费条例》。该《条例》规定："凡抗战功勋之文武官佐士兵人民之子女考入各地级公立学校时，其家境贫苦不能担负费用者，得依据本条例请求免费待遇。"免费内容为 3 项：第一，免学费实验费及讲义费并补助在校时膳宿及制服书籍等费全部。第二，免学费实验费及讲义费并补助在校时膳宿费全部。第三，免学费实验费及讲义费并补助在校时膳宿费半数。②

以提供就业方式来安置伤残、复员军人也是优抚方式之一，集训盲残。对各教养院双目失明之荣誉军人，军政部决特设盲残教院，设盲残荣誉军人集中训练，已在嘉定勘定院地，兴工建筑中。各种设备力求完善。使其在生活方面得到便利和安适，另将施音乐及手工编制等训练，授以技能。③ 优抚方式的多样化，为不同家庭境况的军属提供了便利，也为出征在前线的将士缓解后顾之忧，吸引更多的人投身抗日，借此树立"抗日光荣"的理念，加强人们对抗日军人及家属的尊重。

在《大公报》公告中，我们看到，为了调动民众抗敌的积极性，政府的优抚对象并没仅局限在正规军及军属身上，而是扩大化优抚对象范围、精细化优抚内容。1938 年 10 月 15 日，《大公报》公布了《人民守土伤亡抚恤条例》，规定，"凡人民及一切人民武装抗×组织（包括壮丁、义勇壮丁常备队、别动队、便衣队、义勇军、防护团、人民自卫军及其他一切人民武装抗×组织）之份子、因守土而伤亡者，其抚依本办法之规定办理"并按受伤等级发放抚恤金，"（一）亡故者除给其遗族八十元之一次抚恤金外，并给予每年五十元之年抚金。

① 大公报（汉口）[N]. 1937 - 10 - 29 (1 - 2).
② 大公报（汉口）[N]. 1938 - 6 - 1 (1 - 3).
③ 大公报（重庆）[N]. 1943 - 1 - 23 (1 - 3).

（二）受一等伤者除给予七十元之一次抚恤金外、并给予每年四十元之年抚金。

（三）受二等伤者除给予六十元之一次抚恤金外、并给予每年三十五元之年抚金。（四）受三等伤者除给予四十元之一次抚恤金外、并给予每年二十元之年抚金"①。国民政府对普通民众抗敌武装力量优抚政策对鼓励后方民众积极抗战、肯定民众抗战力量有十分重要的意义。1943 年 8 月 12 日，《大公报》还刊登了《出征抗敌军人婚姻保障条例》，这是中国历史上政府颁布的第一个对军婚予以特殊保护的全国性的法规②，规定"出征抗敌军人在出征期内其妻与他人订婚者除婚约无效外处六月以下有期徒刑拘役或一千元以下罚金，与其订婚者亦同，另外规定禁止抗敌军人的未婚妻解除婚约"③，抗战期间，政府以刑罚手段保护军人的婚姻维护了出征军人的尊严，保护了他们的婚姻权利。从中我们也可以看到政府的优抚对象从正规军到非正规军，优抚内容已触及感情婚姻生活，体现了各级政府为稳定军心，鼓励前方将士英勇杀敌，优抚制度不断完善的过程。

《大公报》中的优抚公告具有双重属性，兼具军事公告与社会保障公告的功能，政府在实施军人及军属优抚政策的过程中，借助公告传播政令，力图实现对社会的管控，并能在一定程度上缓和社会矛盾，增强军队的战斗力，维护后方稳定。这些战时政策确实起到了积极的作用，这和报纸发挥的传播力量有极大的关系。

二、社会救济公告

抗战时期《大公报》的社会救济公告是指各级政府为了保障民众最基本的生存权利，而对流民、难民、灾民提供的物质帮助。主要包括饮食、住宿、医药等方面的救济。我们通过图 2 - 14 分析。

通过社会救济公告统计图可见，8 年间，政府每年发布的社会救济公告数量几乎差不多，集中在 25~35 条之间。这与日本的侵略有直接关系，日本对中国

---

① 大公报（香港）［N］. 1938 - 10 - 15（1 - 4）.

② 张伟.《抗战大后方刑事审判改革与实践 以战时首都重庆为中心的研究》［M］. 北京：中国民主法制出版社，2016：113.

③ 大公报（桂林）［M］. 1943 - 8 - 12（1 - 4）.

肆意的侵略，使得中国百姓被迫离乡背井，颠沛流离，居无定所，造成严重的社会问题。再者，战争期间的自然灾害对百姓的生活无疑雪上加霜，1931年江淮流域的水灾、1938年黄灾、1942—1943年的大饥荒，造成大量灾民无家可归、无地可耕、无业可从、无学可上，生活岌岌可危。如前所述，抗战时期难民约6000万，是社会救济的主要对象，千百万的难民衣食住行是首要解决的问题。

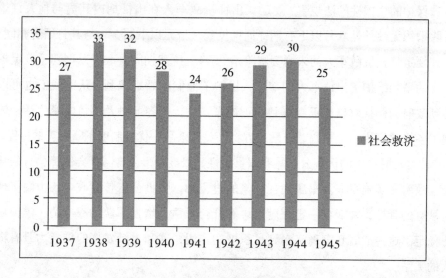

图2-14　社会救济公告数量统计图

1937年9月7日国民政府通过的《非常时期救济难民办法大纲》，要求各省市根据大纲于省设立救济难民分会、县市设立救济难民支会，对难民提供基本生活救济。上海市设立救济委员会后，从1937年8月12日到9月30日，一个半月共收容难民84000余人，遣送人数7万余人，诊疗2万余人①。

从《大公报》的社会救济公告中我们可以看到，发布公告者是非常时期救难委员会和赈济委员会及各地分会。国民政府成立后，社会救济工作由1928年成立的赈济委员会主管，主要负责遭遇自然灾害后的民众生活，"九一八"事变后，日本入侵引发的难民救济工作远非一般意义上的自然灾害救济工作，1937

---

① 大公报（上海）[N]. 1937-10-2（1-4）.

年9月，行政院又成立了非常时期难民救济委员会，各省、市、县设分会，与赈济委员会共同负责难民救济工作，难民救济工作的艰巨迫使国民政府再次整合机构，1938年2月24日颁布了《振济委员会组织法》，宣布撤并非常时期难民救济委员会，成立赈济委员会，负责社会救济工作。从《大公报》社会救济的内容来看，主要有生活救济、医疗救济、就业安置救济、组织垦荒救济等。

在难民涌入地，政府首要解决的问题就是食宿。按照《鄂省救济难民办法》所述，湖北省指定汉口、武昌两市，汉阳、嘉鱼、咸宁、大冶、鄂城、黄冈、浠水、广济、黄梅、黄陂、孝感、云梦、汉川、安陆、应山、天门、污阳、潜江、石首、松滋、枝江、江陵、襄阳、光化、宜都、宜昌等30县立公共场所寺庙观宇及私人空屋设立收容所，各县市支会应设立收容所。① 陕西省非常时期难民收容办法②，严格登记入城难民，按性别分配收容所，对老弱儿童以及无工作能力者进行按日分配粮食，"由会内每日按口发给米粮，其数量大口一斤、小口半斤"③，有劳动能力的壮丁及有工作能力的人，"在未得职业以前，亦同上发给米粮"；贵州省汇发战区各县救济备用金10万元，要求"难民每口日给二角，划定百色、宜山、天保各区县及邕（宁）、龙（津）、武（鸣）各区一部分县为收容难民地区"④。大量难民。汉口市政府发动各轮船公司提供免费难民运输服务，决定⑤"关于难民运输，将定期召集各轮船公司商定免费分运办法，长江沿岸难民，先由会向船舶管理所接合差轮运送。如无差或不敷时，由会向长江航业联合办事处商洽，分配，免费运送。内河沿岸难民，由会向内河航轮联合办事处商洽，分配，免费运送。宜渝段难民，由民生公司尽先负责免费运送。汉宜段由其他公司尽先免费运送。难民乘船伙食，由会按日给费，轮船不负责任"⑥。在解决难民基本生存问题上，中央政府和各级地方政府尽可能扩大救济的范围，联合各方力量帮助难民转移有利于安抚难民情绪，增强难民对政

①　大公报（汉口）[N]. 1937 – 10 – 18（1 – 4）.

②　大公报（上海）[N]. 1937 – 11 – 1（2）.

③　大公报（上海）[N]. 1937 – 11 – 1（2）.

④　大公报（香港）[N]. 1939 – 12 – 18（3）.

⑤　大公报（上海）[N]. 1937 – 11 – 14（4）.

⑥　大公报（汉口）[N]. 1937 – 11 – 23（1 – 4）.

府的信任，有序推进救济工作。

难民终日食不果腹，颠沛流离，还要随时躲避日机的狂轰滥炸，身心俱惫，对疾病没有任何抵抗能力，极易患病，人际传染的可能性极大。上海市政府卫生组当台诊治办法：① "凡未派定医师之各收容所、或有医师而已逾诊疗时间者、遇住所难民之患有内外科轻症时、可由各该收容所管理员备条直接送至救济医院门诊室诊治。凡患内外科重症之难民、而不能行动者、各该收容所管理员在夜间可打电话至救济医院，病人乘车往救济医院门诊者、其车费可由各该收容所记明日期及病人姓名、病症、路由、车资各项、核实报销、惟以电车公共汽车或人力车为原则"。汉口市规定，"收容难民中遇有疾病时，由支会送请市公私立医院，免费诊治"②。到 1940 年年底，振济委员会先后设立难民诊所 14 处，委托办理施诊所 15 处，拨款救助前后慈善医疗机关 31 处，到 1943 年 "凡附设有巡回医疗队之施诊所，一律改为该会的巡回医疗队，共 33 个单位，到 1943 年 9 月，共医治难民 184986 人"③。为后方医疗提供了一定的保障，暂时缓解了社会的医疗压力。

国民政府除给难民提供最基本的生活保障外，还把难民看作后备资源和抗战的储备力量，"将难民统合，对他们施以有组织的系统化训练是潜在的战略物资和抗战力量转化成现实抗战资源和力量的主要方式之一"④。鼓励难民垦殖是难民自救生产。1938 年 10 月 17 日，《大公报》刊登了国民政府制定的《非常时期难民垦殖规则》，规定 "移送难民，除有特殊情形外，应尽先向就近垦区移送，难民垦种之亩数，由垦区管理机关斟酌垦区实际情形，其可能自耕限度规定之"⑤。广东省将垦殖制度分为 "集团农场制、贷款垦民制、招垦制"⑥ 三种，依照中央颁布非常时期难民移垦条例，制定粤省《救济难民办法》，划定难民移垦区，"将连县龙坪之荒地二千余亩，辟作难民移垦示范区，预计移民一百

① 大公报（上海）[N]. 1937 年 11 月 2 日（4）.
② 大公报（上海）[N]. 1937 年 11 月 14 日（4）.
③ 秦孝仪. 革命文献第 96 辑 [M]. 台湾："中央文物供应社"，1950 – 1980：63、70.
④ 苏智良等. 去大后方 [M]. 上海：上海人民出版社，2005：263.
⑤ 大公报（汉口）[N]. 1938 年 10 月 17 日（1 – 3）.
⑥ 大公报（香港）[N]. 1939 年 9 月 27 日（5）.

户，以每户五口计，约共五百人"。由华侨或华侨团体负责经营。并对失业侨胞、归国难民进行安置，"将连阳茶田坪之荒地一万二千余亩，指定为华侨劳资合作垦殖区……又由广州湾办事处在南路各县选择适当地点，筹设小规模之示范垦区，以移垦琼崖及由外洋归国之难民"①。陕西垦地能容垦民8000余人，福建之熟荒最多，兹既有70余万亩，广西荒地可容纳垦民一二万人。② 引导众多的难民垦荒，鼓励难民自力更生既可以解决自身生存的温饱问题，又可以提高粮食生产。

充分发挥难民的职业技能优势，为难民介绍、创造就业机会，以工代赈。1939年，广东省振济会由第三救济区协助筹设济民火柴厂，收容难民800人。筹设难民技工养成所，分为竹工、木工、金工、缝纫、纺织、洗染、玻璃、印刷、化学工业、农产制造、桐油制品等门类，收容港澳坎各地难民500人，分别门类学习，至熟练出所时，由省振会商由工业合作协会贷予款项，俾在各地经营小手工业，以供需求，而安生活。③ 陕西省《非常时期难民收容办法》规定女子选送纺纱厂及其同等性质之工厂工作、知识分子、可送救护训练班受训、技术工人、凡熟练技术工人或手工业者、均按性质分别介绍工作④。这些措施力图把消费者改造为生产者，缓解战时用品短缺状况，也增加了抗战的力量。

从《大公报》的社会救济公告中能看到政府为救济难民采用了各种方法，既有解决燃眉之急的权宜之计，也有教养难民职业技能、鼓励难民垦荒的长久之计。政府不仅考虑到对因日军侵略流浪在内地各处的难民实施救济，而且还对归国侨胞也有专门的救济方式，对难童也有特殊的照顾方式。显示了战时政府应对社会问题的能力，使濒临死亡线上的难民看到生存的希望，增强国人对政府的依赖感、信任感、安全感，对扩大国民政府在基层百姓中的影响，增进抗战的凝聚力，坚定中国人抗战的决心起到一定的作用。

---

① 大公报（香港）[N]. 1940年1月12日（5）.
② 大公报（汉口）[N]. 1939 – 1 – 29（1 – 3）.
③ 大公报（香港）[N]. 1940 – 1 – 12（1 – 5）.
④ 大公报（上海）[N]. 1937 – 11 – 1（1 – 2）.

三、褒勇惩奸公告

褒扬公告是指政府为弘扬民族精神、鼓舞抗战斗志，对为国奉献捐钱或为国做出突出贡献的人而发布的奖励扬善公告。惩治汉奸公告是指政府为维护国家民族利益，惩戒出卖民族利益的人而发布的惩罚公告。我们通过下图来做简要的分析。

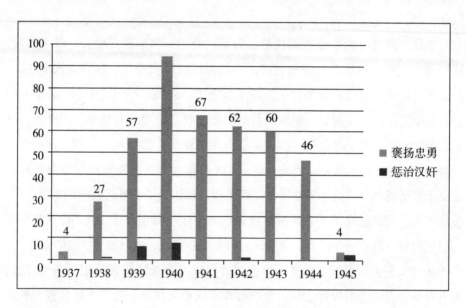

图 2-15　褒勇惩奸公告数量统计图

从 1937 年 7 月 7 日到 1945 年 9 月 3 日，国民政府共发布 422 条褒扬忠勇的公告，18 条惩治汉奸的公告。抗战爆发后，在武器落后、不足的情况下，前方将士为民族和国家的独立身负重伤，血战沙场，留下了一个个感人的故事。1937 年 6 月 7 日，中央抚恤委员会开始审议褒扬抗日烈士的事宜，之后陆续褒扬抗战的有功之臣。

在众多的褒扬公告中，有 36 条提到了授予青天白日勋章，"青天白日勋章"为中华民国的最高军职勋章，抗战时期能获此殊荣的大都是在抵御外侮的过程中做出巨大贡献的军人。据统计，国民政府在大陆统治时期该勋章的获得者共

191 人，抗战时期有 166 人被授予过①。淞沪会战中，陆军第 88 师 524 团团副谢晋元、营长杨瑞符带领 800 余人，孤守上海闸北四行仓库，奋勇抵抗，可歌可泣，赢得上海各界民众的支持，振奋了因淞沪会战受挫而下降的士气，1937 年 10 月 31 日，蒋介石嘉奖该团官兵尽忠尽职，11 月 16 日，国民政府授予谢晋元、杨瑞符青天白日勋章各一枚。台儿庄战役，孙连仲总司令指挥所部，固守该地各村落，沉着应战，予敌重创，使友军达成包围任务，团长汤恩伯指挥主力军队，迂回枣庄、峄城等处，侧击敌军，奠定了台儿庄之役胜利之基础。1938 年 5 月 11 日，国民政府颁发给孙、汤青天白日勋章各一枚。② 绥西大捷后，傅作义军队攻下五原，打破了日军利用伪军以华制华的迷梦，建立了中国军队在绥西的战略据点，指挥作战的傅作义将军获得了青天白日勋章一枚。1943 年鄂西会战中，中国空军协同部队英勇作战，对鄂西会战的胜利起了决定性的作用，1944 年国民政府颁发给参战的空军青天白日勋章一枚。1944 年 6 月，保卫衡阳激战中师长葛先才收复张家山阵地有功，政府授予青天白日勋章一枚。类似的还有很多，通过上述分析，我们可以看到能获此殊荣的一般都是在重大战役之中，指挥得力，战略战术正确，对扭转战局起着至关重要作用的将领。

公告中还呈现出政府对以身殉国的国民政府公职人员的褒扬，1939 年 6 月 6 日，《大公报》上刊登了国民政府褒扬广东省高明县县长邓功烈，他带领百姓英勇抵抗日军侵略，英勇献身，政府除了褒扬外，给予额外的抚恤奖励③；1939 年 11 月 11 日，刊载了安徽省政府主席廖磊，屡树功勋，国民政府追赠其为陆军上将，发治丧费 1 万元，并将其事迹"宣付史馆"④；国民政府对广东省英德县县长李辉南为国捐躯的褒扬⑤，对山西省解县县长马文彬与敌搏斗，临难捐

---

① 张磊 .《难忘二战 硝烟中军衔军服军功章的故事》［M］. 北京：军事科学出版社，2015：202.

② 朱汇 .《中华民国史事纪要》（1938 年 1 月 - 6 月）［M］. 台北：国史馆印行，1989：452.

③ 大公报（香港）［N］. 1939 - 6 - 6（4）.

④ 大公报（香港）［N］. 1939 - 11 - 11（3）.

⑤ 大公报（香港）［N］. 1940 - 5 - 1（3）.

躯的褒扬①，分别刊登在 1940 年 5 月 1 日和 1944 年 6 月 14 日的《大公报》上。

对军人、非政府公职人员在抗战中的突出表现，国民政府也大力褒扬。1938 年 8 月 10 日，《大公报》发布了太谷县赵昌燮、沂县陈敬棠因拒绝为当地维持会办事，慷慨自裁，一门 10 余人殉节②，国民政府对此褒扬，加大抚恤。1939 年 3 月 8 日，《大公报》刊登长沙士绅邹炳蔚，宁死不与日伪合作而受政府褒扬③的公告；新绥公司经理朱炳抗战时期捐款 155 万元，献机 9 架，国民政府为其颁发一等景星勋奖。④ 1941 年 6 月 11 日，《大公报》还刊登了政府对外国友人的嘉奖通报，华群（美籍女士）时任金陵女子大学副校长，在日军大举进攻南京时，保护妇孺的义举受到国民政府褒扬⑤。南洋侨胞领袖吴文举、蒙藏委员马步康都受到政府的褒扬。

抗日战争时期，国民政府根据《陆海空军奖励条例》《陆海空军勋赏条例》《战地守土条例》等法律法规，对抗战中做出贡献的军人、公职人员、普通民众予以褒扬奖励，大多数褒扬公告都会刊登在报纸上，一方面是政府借助仪式"来为支持他们的人创造出一种政治现实"⑥，将官方力量，民间力量，华侨、国际友人的力量聚拢起来，形成不可撼动的抗战力量，"实足以发扬民族之意识，增强抗战之精神"⑦ 进而引导民众处理正确的爱国主义观念，浸润以国家利益高于一切的思想，从精神层面弥补抗战物质力量的不足。另一方面，受褒扬的对象经过政府的表彰后，他逐渐具有了"政治人"的作用，由于他们拥有被社会认可的高贵身份，驱动大众竞相效仿，发挥具有协调社会的功能。

---

① 大公报（重庆）［N］. 1944 - 6 - 14（1 - 2）.
② 大公报（汉口）［N］. 1938 - 8 - 10（1 - 3）.
③ 大公报（香港）［N］. 1939 - 3 - 8（3）.
④ 大公报（桂林）［N］. 1943 - 8 - 29（2）.
⑤ 大公报（桂林）［N］. 1942 - 5 - 26（2）
⑥ （美）大卫·科泽著，王海洲译.《仪式、政治与权力》［M］. 南京：江苏人民出版社，2015：2.
⑦ 国民政府公报［N］. 渝字第 369 号，1941 - 6 - 11.

小结

"中国的政治环境在'九一八'事变和淞沪之战这几个月里已经发生了转变。"① 东北大片领土沦陷，一浪高过一浪的抗日浪潮逐渐改变了国民政府的抗日政策，国民政府亟须借助媒体平台重新为自己营造有利的政治环境，庐山讲话、国民总动员等话语展现政府在民族危机面前的权威，树立政府坚决抵抗日本侵略的形象。"在大众传播媒体所产生和支持的舞台上，政治领导人可以用过去从未有过的方式和规模在他们的民众前露面。"② 抗日战争进入相持阶段以后，政府发布各种政令动员国民同仇敌忾齐心协力抵抗日本侵略者，得到地方政府、民众的极力支持，这样政府通过《大公报》与民众之间形成互动的关系，政府通过《大公报》媒介平台充分展示自我，营造他们在媒介舞台和政治舞台上的可见度，产生维持权利的基础。太平洋战争爆发之后，随着世界反法西斯统一战线的形成，西方大国越来越重视中国在东方战场的作用，中国以巨大的牺牲赢得了世界人民的尊重，逐步恢复国际地位，并在国际性事务上发挥重要的作用。《大公报》发行量遍及世界，它所营造的政府形象可见度也超越了时空性，为世界认识国民政府及中国人在反法西斯战争中的贡献提供了便利的条件。

全面抗战爆发后，《大公报》通过刊登一系列的政府公告，主要包括经济、国防军事、社会保障公告，形成政府公告体系，与报纸的其他栏目相互补充，构建了动员抗战的媒体场域，显示出近代报纸传达信息的重要功能。梁启超就认为，国家的强弱，"在于其通塞而已。血脉不通则病，消息不通则陋。上下不通，故无宣德达情之效，而舞文之吏因缘为奸；内外不通，故无知己知彼之能，而守旧之儒乃鼓其舌"③。政府通过《大公报》的各种公告表达了政府应对民族危机的态度，响应民众抗战的诉求，拉近了政府与民众之间的距离。

---

① （美）柯博文．《走向最后关头——中国民族国家建构中的日本因素》［M］．北京：社会科学文献出版社，2004：49.
② （英）约翰·B. 汤普森著，高铦译．《意识形态与现代文化》［M］．南京：凤凰出版社，2012：268.
③ 梁启超．《论报馆之有益于国事》［M］．《饮冰室合集》第一册第一卷，北京：中华书局，1998：100.

　　《大公报》政府公告表现出政府的总动员要求。政府是动员的主体，《大公报》是媒介，动员的客体是全体民众，无论是政治还是经济及国防、社会公告都表现出政府号召全体国民，尽一切可能的人力、财力、物力抗战到底的决心，体现出政府承担抗战建国的双重领导任务。无论是《大公报》的政治公告还是经济公告、国防公告、社会公告，方方面面都传达了政府的声音，统治阶级为了传播自身的政治观点，让"曾经信仰他的人们坚定信仰"，同时使"不信仰的人们信仰"，必须做好舆论的引导①。政府借助《大公报》公告增加了与大众沟通，并可能得到支持的渠道，在传递信息的过程中，引导规范大众适应战时政治、经济、文化生活，视为国家政策的另一种传达方式，国家治理能力的集中体现。

---

① 尼科洛·马基雅维利.《君主论》[M]. 北京：商务印刷馆，1996：27.

第三章

商务广告对民族意识的解读

日本悍然发动"九一八"事变，中国人的抗日战争由此拉开了序幕，报刊成为当时宣传动员抗战的主阵地，《大公报》以其明耻教战的办报宗旨和战时持续发行的特点自然成为宣传动员的主力军，各板块发挥各自优势进行救亡宣传，广告板块也突出了抗日战争的设置议程，其中以占据板块面积较大的商务广告中的战时特点最为显著。

在众多的战时商务广告中，广告主和广告商植入全民抗战口号、国家符号插图、代表民族意象的多种元素，糅合开源节流的生产观念、节约消费理念、民族主义消费意识，集抗战话语和符号为一体，图文并茂地向受众传播商品信息，将其纳入战时生活轨道，引导其进行民族消费，并呼吁团结御侮，抗战到底。

第一节　商务广告的量化分析

抗日战争时期《大公报》刊登的商务"战争"广告，按其内容可以分为衣食住行、药品保健品、战时有奖储蓄券广告三大类，它们的广告话语、插图、编排手法都留下了战争的烙印，具有政治经济的二重属性，这既是抗战语境下的商家与广告主顺应形势需求，满足顾客需求的营销策略，也是时代赋予它的使命，即在传递商品信息的同时输出战事信息。通过图3-1可以更清晰地分析此时商务广告的状况。

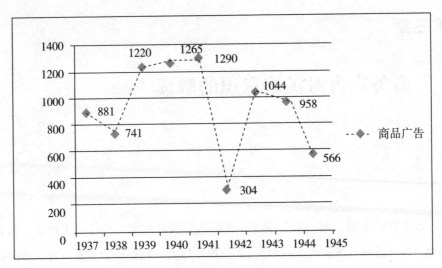

图 3 - 1　商务广告数量统计图（按年份）

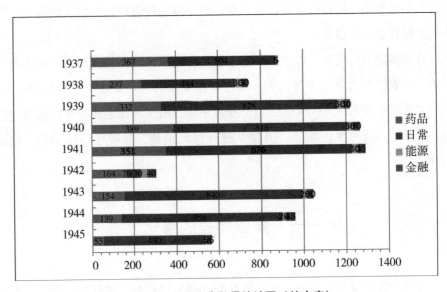

图 3 - 2　商务广告数量统计图（按内容）

　　抗日战争时期《大公报》刊登的商务广告共 8269 则，其中衣食住行广告为 5614 则，占到总商务广告数的 67.9%，其次就是药品广告，占总商务广告数的 26.4%，金融和能源广告的比例分别为 2%，3%。从商务广告的时间分布上来看，1938—1941 年间，1940 年商务广告数量居多（如图 3 - 1），重庆版《大公报》商务广告的数量位居首位。主要是因为，国民政府西迁后，主流媒体报业的重心也随迁到西南大后方，随迁工厂需要通过广告推销自己的商品；重庆人口的增多是广告数量多的原因之二，抗战时期重庆的难民逐年增多，从抗战初期的 97 人增至 1945 年的 42994 人以上①，自然对衣食住行基本的日常用品需求量大，广告满足民众对商品信息的需求；老牌报纸《大公报》，在重庆期间发行量最多达 97000 份，它凭借自己强大的实力和口碑，赢得广告客户的喜爱。② 近代广告业的不断成熟，使更多的商家享受到报纸广告方便快捷、传播面广的优势，因此，他们投入的广告费用也比较多。

第二节　衣食住行广告提倡民族主义消费

抗战时期《大公报》5614 则衣食住行广告中，有 4213 则致力推销国货商品，占到商务广告总数的 75% 多，这种现象和近代以来，在东西方文化的强烈碰撞下，民族危机日趋严重的驱动下，传统天下观逐步消解，现代国家意识萌生并成长有直接关系。

广告主和广告商在这些广告中融入特定抗战话语、标签，把广告转化为政治符码，激发民众的抗战热情，对民族国家的认同，体现出空前高涨的国家民族意识，全民族抗战理念。国家主义的观念大都在危机中形成，危机促使民权运动放弃个人主义立场，使国家意识不断增强，将国家安危同个人的安危等同起来。从日常生活的立场来设想政治应有的状态，并把政治作为国民生活服务的手段③。

---

① 常云平，刘力. 乱世飘蓬 抗战时期难民大迁移 [M]. 商务印书馆，2015：78.

② 回忆大公报 [M]. 北京：中国文史出版社，2016：309.

③ （日）松本三之介. 国权与民权的变奏——日本明治精神结构 [M]. 北京：东方出版社，2005：53 – 55.

一、国货商品广告话语中的民族意识生成

中国人的国家民族意识是在突破传统封建社会"天下观"的基础上由家庭、宗族观念演绎，加之西学东渐的影响之下逐步形成的。鸦片战争后，知识分子士大夫阶层有了朦胧的国家观，挑战了传统的天下观和华夷观；甲午中日战争之后，中国人的国家观开始形成；20世纪初，梁启超等知识分子著书立说促进了中国人国家意识的形成；五四运动时期，国家意识在中国得到进一步发展。

报纸国货广告不仅是衣食住行广告中的主要成分，还是近代国货运动的支流，在时空上的延伸国货运动，因此，它也是近代中国民族主义运动的组成部分。近代中国的国货运动起源于20世纪初，国货思潮的初步形成是在辛亥革命后，此时的国货广告也开始在各大报纸上出现。1872年5月6日，《申报》上出现最早的国货广告，《大公报》在创刊之初，就开始为中国近代民族企业做广告。南京国民政府成立之后，积极支持国货运动，1933—1935年被定为国货年，报纸上的国货广告无论是数量还是所占版面都有所增加。

全面抗战爆发后，日本帝国主义的入侵、日货商品的倾销刺激了中国的国货运动，《大公报》先后为中国国货公司、正中书局、生活书局、大中华橡胶厂、白敬宇眼药、冠生园、中国正泰橡胶厂、虎标永安堂等厂商刊登过国货广告2458则。由国货运动催生的国货广告在向受众介绍产品信息、吸引消费者对商品关注，以自己特有的传播方式，把国货、国家、爱国、民族理念渗透在其中，形成特有的广告话语，传递到受众的心理层面，无意识地把经济层面的广告，升华为政治层面的内容，同时又能实现盈利的目的。

在国民政府和民族工商业者共同倡导下发起的国货运动与抵制洋货运动互为表里，国货广告既是商家推销产品的工具，也是他们寄托爱国情愫的方式之一。

纵观此时国货商品广告，生产、销售、消费国货是国货广告中的高频词汇，号召国人以国货对抗洋货，用弱者的武器对抗日本的政治、经济、军事、文化的侵略，保护、拓展国货市场。1938年12月9日，《大公报》为华华绸缎公司推销绸缎时，表达了自己作为老字号商品在强敌入侵、民族经济萧条的境况下，仍然坚守国产丝绸的决心，广告中说，"本公司向设总店于上海并设分店于汉口，对于具有悠久历史之国产丝绸推销不遗余力，经营以来，早已蜚声社会，溯自抗战军兴国府迁都重庆，人文荟萃百业繁盛，本公司为欲对于社会人士供应无匮，不敢落后，且念国难方殷，更需努力于本位救国，爰特在渝筹设分公司，择于十二月十日开幕业，将总店及港沪粤各地之货，用自备卡车运送来渝，战时交通危险，万状艰苦，备当苟非本公司抱定大无畏之精神，特举行减价，籍伸薄利多销之素志兼表服务社会之赤忱深望，各界人士名媛闺女联袂关林曷胜欢迎仅此宣言"。① 华华公司在广告中叙述了自己战时从上海到汉口又迁至重庆颠沛流离的生存状态，道出民族企业的艰难，在战火弥漫中，华华公司仍坚持以销售国货的方式尽自己的救国责任，呼吁国人消费国货，正如广告语"国人多用一分国货，为抗战增多一份力"。② 1923 年，天津工业销售所更名为天津国货销售所，一贯以"开发国货，提倡国货"③ 为销售宗旨，抗战爆发后，天津国货销售所在广告中表示："二十五年向来不卖洋货……为贯彻国货救国主张，发扬国货的销路，培植国家经济的根本救济国民的生计。"④ 重庆国货广告公司在抗战中依然本着"提倡国货推销土产"⑤ 为目的。民族企业家们都在不约而同地宣传国货救国的道理，在这个过程中"族群认同的情感渲染力的确很难否认，它可以为我们贴上特定的族群和语言标签，以对抗外来或具有威胁性的'他们'。尤其是 20 世纪后半期，每当疯狂的战端既起，他便会激起普遍的爱国热情"。⑥

　　这样，民族企业运用国货为自己的爱国、救国行为贴标，表现出民族企业的家国情怀，必须指出的是，他们同时也是国货运动的受益者，毕竟，盈利是

---

① 大公报（重庆）[N]. 1938－12－9（1－1）.

② 大公报（汉口）[N]. 1937－12－13（1－1）.

③ 何川江.《风雨商路 中国商人 5000 年》[M]. 北京：中国民主法制出版社，2009：163.

④ 大公报（天津）[N]. 1937－7－10（4－15）.

⑤ 大公报（汉口）[N]. 1939－1－19（1－1）.

⑥ （英）埃克里·霍布斯鲍姆.《民族与民族主义》[M]. 上海：世纪出版集团，2006：165.

他们的终极追求。

国货广告在推销产品时，围绕价格、质量比对，把国货与洋货广告区隔开来，用国货广告为国货争取市场，引导消费者把目光投向国货，树立对国货产品的信心。在日常的消费中，物美价廉的心理是顾客最为普通、常见的心理，与洋货比较，以价低质优吸引顾客是最为常见的国货广告方式，1938 年 6 月 27日，《大公报》为上海华工厂制造的帆船牌复写纸做广告时，认为"非常时期只此一家手写打字各色一应俱全，价格低廉远胜舶来品之上"①。国产的打印纸物品价廉远远地超出了舶来品。1939 年元旦之际，《大公报》称赞三友实业生产的维也纳国货呢布，不仅在国内是"国货呢布之王"，而且"远胜舶来品②。1943 年 1 月 1 日，大风化学工业社在《大公报》上推广国产墨水时，说天马红蓝快干墨水是"国产冠军 舶来品劲敌"③。1945 年 8 月 11 日，《大公报》在八百壮士香烟的广告中写道："雄视烟坛睥睨一切，国产烟之权威，舶来品之劲敌。"④"远胜""超过""劲敌"等词处处体现了国货和洋货之间的激烈竞争态势，民族企业家的危机意识，从另一个角度，也说明国货洋货竞争中，只有真正做到物美价廉，才能取胜，就像竹乐牌香粉广告中所说的，"质与外货同，何必求外货，价比外货廉，当然用国货"⑤。只有这样，国货才有更广的市场，也才会有可能被更多的人认可，并把国货推销到国际市场，让世界可以通过国货认识中国。欧战爆发前，德国纳粹政权实行国家保护主义经济，施行限购政策，1939 年 12 月 10 日，《大公报》头版头条发布《欧战声中的新消息》，引用德国当局为庆祝圣诞节，允许居民购买酒类则限德货，"以求节制资金，集中外汇，换取资源，增厚国力"⑥，反观"吾国遭受侵略长期抗战，富强不能国人，日常饮用，可不学人饮酒以国货为限之良法乎？上海家庭工业社有鉴于此特将其自制老牌国货无敌牌白兰地葡萄酒，由沪运渝特交各分店销售，以供爱国人士饮

---

① 大公报（汉口）[N]. 1938 - 6 - 27（1 - 4）.
② 大公报（汉口）[N]. 1939 - 1 - 4（1 - 1）.
③ 大公报（重庆）[N]. 1943 - 1 - 1（1 - 4）.
④ 大公报（重庆）[N]. 1945 - 8 - 11（1 - 4）.
⑤ 大公报（重庆）[N]. 1944 - 12 - 13（1 - 4）.
⑥ 大公报（重庆）[N]. 1939 - 12 - 20（1 - 1）.

用！且无敌牌白兰地酒，除疫保健，功能补血强身，如以此国货旨酒。招待外宾，示吾国货进步，引起国际同情，以之馈赠亲友，足证国货至上，共励敌忾同仇前方作战，自必所向无敌"①。这则广告以战时德国规定消费者必须购买德国酒的行为为参照物，暗示抗战期间中国人也应该用老牌国货葡萄酒，招待外宾也应用国货，希望消费国货带动抗战共识，抗战共识促进国货销售，难能可贵的是，广告中提及让国际社会通过国货符号认识中国及中国的进步，这与欧战爆发之后，世界对中国抗战在世界反法西斯战争中的地位和作用再认识有很大关系。国货广告反复宣传不仅为民族企业增强竞争力指明了方向，也纠正消费者对国货认知的误区，树立了使用国货的信心，从而成功地强化了大众对国家民族的认同感、对国家的自信心，塑造了国家想象的共同体。

抗战时期80％的国货广告中消费国货者被赋予爱国身份，包含着生产、消费商品中的广告主对爱国行为与身份的认知，受众对爱国的自我判定。1937年7月10日，《大公报》为天津国货售品所做广告时，把生产、消费国货行为等同于救国，在广告中讲道："生产、消费国货就是救国，对于商场来说，生产国货是日本侵华之后响应国家全民抗战的主张，贯彻救国的主张，培植国家经济的根本，发扬国货的销路，救济国民的生计。"② 很显然，厂商人为地定义爱国、救国的标准，简单化爱国主义的丰富内涵，但是把抽象的"为记忆所在之地国土的情感依附"③ 具化为生产、购买国货，便于广大消费者理解，明确了爱国行动的方向，当然也是较为高明的营销技巧。为此，合成制造厂新发明月光牌国油灯在广告中列举实例"若全国同胞购用八支国光油灯每年可挽回现金流出三万万元，菜油蔬油豆油棉油均可点用可抵煤油，照明用具惟此廉价，爱国诸君，请速购备"。④ 1940年3月28日，《大公报》为上海配成药业做广告，"杀虐宝国药界从此放一异彩，疟疾从此绝迹，利权从此挽回"⑤。同样从挽回

---

① 大公报（重庆）[N]. 1939 - 12 - 20（1 - 1）.
② 大公报（天津）[N]. 1937 - 7 - 10（4 - 15）.
③ （美）毛里齐奥·维罗里著，潘亚玲译.《关于爱国——论爱国主义与民族主义》[M]. 上海：上海人民出版社，2016年，第43页.
④ 大公报（重庆）[N]. 1939 - 4 - 12（1 - 4）.
⑤ 大公报（重庆）[N]. 1940 - 3 - 28（1 - 1）.

权利的角度告诫广大消费者购买国货挽回经济利益就是爱国行为，也是力所能及地为抗战做贡献。

广告受众并不是孤立的个体，他总是处于一定的社会关系中，彼此交织即形成相似的消费群体，正是通过消费，我们才能与作为符号的物发生关系，才能真正进入社会①。广告主经常采取固化消费者的身份，强调身份的流动性，吸引更多的消费者，逐渐生成社会阶层的群体消费意识。抗战爆发后，《大公报》的广告人为地赋予爱国者的身份，社会学家马克思·韦伯认为，个体关注自身的威信和社会地位的排序是社会阶层排序的方式之一②，广告社会学理论在分析广告媒体覆盖社会消费阶层理论时，进一步指出"有些广告语提出某物的拥有与使用可以让人们提升到某一社会阶层，更多的是以获得尊严、彰显身份与社会阶层相关的内容为诉求点"③。爱国仕女成为《大公报》广告中爱国主义消费的代言人，早在 1934 年，《妇女与金装》一文中就认为，在洋货充斥中国市场的情况下，"妇女能够提倡并热心购买国货，她就能获得大家的尊敬"④。1944 年 9 月 7 日，大兴工业公司出品的三八牙膏广告中提醒"爱国仕女雪齿图强每日不忘"⑤，借用齿与耻谐音，直白消费国货就是救国、强国的方式，消费国货就能成为爱国人士。国产老字号风筝牌蜡纸的广告中提出"加紧生产裨增抗战力量，以尽国民天职，且购用蜡纸者，大多知识阶级居多，则甚爱国者不甘居人之后，欲用蜡纸者请认准风筝牌"⑥，鼓励受众争做爱国消费者。1940 年 1 月 3 日，在《大公报》广告中号称国货权威唯一润肤剂，打出"用国货爱国，用好货满意"⑦ 的标题，给民众提供表达爱国主义情感的捷径。广告以荣辱观划分消费阶层，力图使消费者向爱国阶层看齐，下意识地产生代入感和归属感

---

① 俞吾金．《现代性现象学：与西方马克思主义的对话》，上海：上海人民出版社，2002：252.

② （美）迈克尔·R. 所罗门著，王广新等译．《消费心理学》（第 2 版）［M］．北京：中国人民大学出版社，2016：149.

③ 孔秀祥．《广告与社会：广告及其生态探索》［M］．北京：中国书籍出版社，2015：94.

④ 赞之．《妇女与金装》［N］．《机联会刊》1934，92：7－8.

⑤ 大公报（重庆）［N］．1944－9－7（1－1）.

⑥ 大公报（汉口）［N］．1939－8－19（1－1）.

⑦ 大公报（重庆）［N］．1940－1－3（1－1）.

的缺失，完成广告"将一个阶层的生活向其他阶层描述的最完美的工具"①，吸引更多的消费者趋向获得爱国的身份。

　　中国元素应用在战时商标设计中，别有一番韵味。菊花是中国传统名花，也是花中"四君子"之一，自古以来，文人骚客赋予菊花君子之德，隐逸之风，中国独有的菊文化，普遍被世人推崇认可。1941 年 10 月 11 日，《大公报》双十菊花牌广告阐释了其商标的内涵"双十国庆日，正值菊花开。傲霜原特性，革命续贤才。菊以呈祥瑞，纪念永不衰。民国万万岁，菊茂年年盛"②。再加上双十节菊花盛开之际，国庆纪念之时，增以菊花为高标的点缀，更能引起消费者的关注和兴趣。抗战进入反攻阶段，企业的商标设计中也体现着对胜利的期待，1944 年 1 月 2 日，《大公报》为华福卷烟厂做广告，"新年选礼，需择富有意味之礼物，方能增加亲友的感情，昨托本市某君研究华福卷烟公司所产之烟叶二种最有意义，因华福牌象征着中华民族之幸福，且有五福临门为标记，花月牌则为花好月圆人寿，显示本年抗战之胜利，且两种香烟烟味和醇，为新年节礼之上品"③。"五福临门"在中国的传统文化中是好运和幸福的象征，"花好月圆"比喻美好的生活。把这两个中国符号拼接在一起，可以让人想到中国，体悟中国文化中所包含的祥和安宁的内涵，更加渴望和平的到来。

　　日本投降的消息传来之后，广告主顺应形势发展，以不同的方式在广告中表达胜利的喜悦。1945 年 8 月 13 日，柏林肥皂厂在广告中表示用商品打折的办法庆祝胜利，"万恶倭寇于八月十日下午向四强投降了，同盟胜利万岁！柏林肥皂厂纪念'八一三'一律八折"④。这则肥皂广告有纪念"八一三"事件的促销活动，同时传递出抗日战争和世界反法西斯战争胜利的消息。类似的还有，1945 年 8 月 17 日，《大公报》中的万金油广告也是以相同的方式表达渴望和平的诉求，"还乡人士注意：庆祝抗战胜利，举行特价五天。日寇于民国二十六年

---

① （美）约瑟夫·塔落.《分割美国：广告与新媒体世界》［M］. 北京：华夏出版社，2003：10.
② 大公报（重庆）［N］. 1941 - 10 - 11（1 - 4）.
③ 大公报（重庆）［N］. 1944 - 1 - 2（1 - 1）.
④ 大公报（重庆）［N］. 1945 - 8 - 13（1 - 1）.

七月七日，发动侵华战事，至今年八月十日，向同盟国投降止，为时八年一个月另三天，适与侵沪战事、八一三纪念相吻合。消息传来举国欢腾，旅渝人纷纷已做返乡准备。又值本堂初由航空运到红锁盒万金油，庆祝抗战胜利并为返乡人士沿途方便起见特价五天"①。还出现了同盟牌②香烟、神鹰牌上等雪茄烟广告，"同盟国"在广告中的出现，说明了中国国际地位的恢复，显示了抗战后期广告中模糊的大国意识。

二、国货商品广告中的国家符号表征

图像是广告的另一种语言形式，图像兼具增加美感和丰富叙事的作用，大部分广告都是以语言叙事为主，图像叙事为辅，两者互为补充，它们的共生状态呈现出广告图文并茂，视觉感强的特征。现代广告理论认为，广告传播正在"图像转向"，托马斯·米歇尔在1992年的《艺术论坛》中首次阐明，"图像转向不是回归到天真的模仿、拷贝或再现的对应理论……它反倒是对图像的一种后语言学的、后符号学的重新发现，将其看作是视觉、机器、制度、话语、身体和比喻之间复杂的互动"③。全面抗战时期，国旗、战场厮杀、火炬、领导人肖像等成为部分经济广告的插图，隐藏在这些图像背后的是更深层面的含义。

科泽认为"国家是看不见的，在它能被看见之前必须对之人格化，在它被爱戴之前必须对之象征化，在它能被认知前必须对之形象化"④，具体化的国家更容易被感知、触摸。从政治学的角度看，国旗在空间上是区分国与国之间的重要标识，在时间上是一个国家不同时代的区隔，既是国家主权尊严也是国家权力的象征。科泽认为，"国旗不单是一块装饰布，还是一个国家的化身"⑤。

---

① 大公报（重庆）[N]. 1945 - 8 - 17（1 - 1）.
② 大公报（重庆）[N]. 1944 - 1 - 1（1 - 5）.
③ 米歇尔著，陈永国、胡文征译.《图像理论》[M]. 北京：北京大学出版社，2006：7.
④ （美）大卫·科泽著，王海洲译.《仪式·政治与权力》[M]. 南京：江苏人民出版社，2015：7.
⑤ （美）大卫·科泽著，王海洲译.《仪式·政治与权力》[M]. 南京：江苏人民出版社，2015：11.

国民党党旗和国民政府的旗帜被借用在《大公报》广告中，1938 年 12 月 3 日，老字号白敬宇眼药广告中，护卫国旗的士兵为其代言，既说明民族企业的归属感也反映政府对老字号的支持。1940 年 10 月，中国军队收复南宁，取得昆仑关大捷，这是中国军队在正面战场取得的一次重大的胜利，6 月间，枣宜会战虽然失败了，但是中国军队英勇善战的精神鼓舞了士气，打击了日军。1941 年 1 月 24 日，储蓄券广告时，以"胜利中传喜闻"① 为广告标题，飘扬的国旗成为整则广告最惹人眼球的亮点，承载着胜利年即将开始的信息。1941 年 1 月，日军为了解除中国军队对信阳的威胁，在豫南展开进攻，中国军队随之反攻，被日军夸耀为"灵活、短距离劫机作战"的成功战例，其实日军既定战略意图没有实现②。3 月，日军在战役中解除南昌威胁的如意算盘再次落空。1941 年 4 月 24 日，《大公报》的特种有奖储蓄券广告选取国旗插在伏地求饶的日军背上的插图道出中国必胜日本必败的必然结果，图像的形象性及其所蕴含的爱国主义情感足以吸引受众的注意力，引发共情。

《大公报》广告还选取战场、士兵作为广告插图。1937 年 11 月 20 日，《大公报》为金城文具公司推销自来水高尚文具，以冲锋陷阵杀敌士兵作为插图③；1940 年 1 月 20 日，凯旋的军队环绕着大宗国货、电器广告；1940 年 8 月 27 日，《大公报》为申渝商行做广告时，守卫祖国的士兵被借用，推销防感冒药红色清导丸；1941 年 7 月 17 日，海陆空三军的缩微图像加在乐山大华胰皂广告中；苏德战争和太平洋战争的爆发加快世界反法西斯战线的形成，1942 年，世界反法西斯环境对于中国的抗战十分有利，喜庆元旦之际，《大公报》选取横刀跃马的战士图像为广告做插图。这一系列广告通过编码军队、士兵这些代表维护国家安全和平力量，传达视觉信息，让消费者近距离地感受激烈厮杀的战场，从而接受商品信息。日本接连不断地轰炸，人们必须时刻警惕危险，做好防卫工作。1938 年 9 月 17 日，《大公报》推销军用产品，用防毒面具和御弹钢盔做背景，

---

① 大公报（重庆）[N]. 1941 - 1 - 24（1 - 1）.

② 王建朗，黄克武.《两岸共编中国近代史》（民国卷）（上）[M]. 北京：社会科学文献出版社，2016：416.

③ 大公报（汉口）[N]. 1937 - 11 - 20（1 - 1）.

更容易贴近百姓生活，加快产品信息传播速度。1942 年 6 月 14 日，美国海军在中途岛海战中重创日军，致使日军收敛进攻的步伐，反法西斯战争的主动权逐渐转到美军和盟国的手中。1942 年 6 月 17 日，《大公报》大兴实业公司的广告中扬帆远航的帆船预示着即将扭转战局后的盟国扬帆起航，一举击败侵略者，振兴民族企业。同年"九一八"纪念日，用士兵把日军踢出东三省的插图做联合广告的插图，联合广告本身就是把许多国货放在一起，形成民族化的视觉空间，正如葛凯所言，联合广告的形式最能创设出纯粹的民族主义商品景观①，再配以日军战败的插图，更具有吸引力。

1942 年 1 月 26 日，《26 国联合宣言》的签订标志着中国在世界反法西斯战争中的四强国际地位得到承认。1942 年年底，美英表示愿意撤销在华治外法权及其他特权，另订新约，中国的各项主权依次恢复。1943 年 1 月 1 日，在四川、陕西、广东等银行贺新春的联合广告中，罗斯福、斯大林、丘吉尔、蒋介石的肖像并列在广告标题之处。广告插图用极具政治象征意义和代表意义的领袖肖像，说明了英、法、中、美四大强国并列地位，显现出广告借助政治符号由国家观念而大国观念的政治传播轨迹。

此外，1943 年"七七"纪念日，《大公报》联合广告中，站岗的士兵、飞机、大炮坦克、轮船、村庄、稻田绘成一片祥和的景象，期盼战后安宁有序的社会。1943 年国庆之日，口衔"同盟胜利"条幅的和平鸽嵌在《大公报》银行广告中。1944 年，战争进入反攻阶段，象征着胜利的"V"字形用作多个广告的插图。如 1944 年 8 月 13 日《大公报》"666"香烟、1944 年 1 月 27 日华福卷烟厂的花月牌香烟、1945 年 7 月 4 日五八烟厂的广告均是以"V"字形为背景图。这些广告都包含着人们对反对战争、厌恶战争，期待世界和平的美好愿望。

---

① （美）葛凯. 制造中国 消费文化与民族国家的创建 [M]. 北京：北京大学出版社，2007：217.

第三节 药品、保健品广告蕴含强身强国愿望

《大公报》药品广告自创刊以来，以其数量之多、占据版面之大而引起受众的关注。中国人体弱多病也成为报纸广告多的重要原因，戈公振先生在研究报纸广告时，认为"广告之面积与性质测量，其面积以医药一种所占最大，外人以'东亚病夫'谑我国，诚非诬也"[1]。1909 年 10 月 2 日，《大公报》"闲评二"云："一方报纸上之告白，可以觇一方实业之兴衰。津沪各报之告白，争奇角异，三分之二皆属大药房，若者大医生。甚矣，中国人病者之多也！"[2] 据统计，全面抗战期间，各药商刊登在《大公报》上的国药广告共 13414 条，达到了总广告数量的将近 1/6，占据报纸版面较大，抗战语境下，众多的药品广告中不仅兜售的是药品，蕴含了经由广告话语体现出来的"强国强种"诉求。

一、保健品广告中的战时人文关怀

1940 年，为了报复中国军队的反攻，日军于 4 月中旬集中兵力围歼枣宜、宜昌地区，枣宜会战历时两个月，中国军队伤亡惨重。战后，日军以宜昌为军事基地，开始对重庆等大后方狂轰滥炸，特别是 1941 年 4 月 13 日，日本与苏联签订《日苏互不侵犯条约》，日军避免了两线作战，得以抽身南进扩张，日本对中国的侵略更是有恃无恐。1941 年 5 月 30 日，《大公报》广告推荐"营养助"空袭与健康的标题非常醒目，紧接着，从生理学的角度言明空袭所带给遇袭人群身心上的伤害，它说："生理学家之言曰吾人于惊恐、愤怒、忧郁之时，肠胃首先停止活动故易发生肠胃病，因而消化不良，食欲不振，便秘或泄泻，气馁面色发青神经衰弱，营养不良以及其他种种病患随之而起，诸君于连续警报之

---

① 戈振公. 中国报学史［M］. 北京：和平出版社，2014：216.
② 方汉奇.《大公报》百年史（1902 – 06 – 17—2000 – 06 – 17）［M］. 北京：中国人民大学出版社，2004：53.

下岂能避免此种现象？夫言健康者事业与幸福之基础可不注意哉！"① 由于长期生活在受不良情绪的氛围中，严重影响民众的身心健康，进而转向推销营养品，"营养助"，"因其中富含各种酵素，使君于任何惶恐状态之下，仍能继续消化之工作，保持肠胃之健康，一切病患不致发生，因而精神饱满幸福日增。"② 这样，便可以暂缓空袭带给身体的压力保持抵抗力。

1943 年 4 月 23 日，《大公报》为推销葆康化学制药厂生产，经光明大药房销售的罗氏肝膏，号称它是贫血救星，世界公认唯一之补血要剂③，广告中说："肝脏制剂早经世界名医证明，为治疗贫血要药，我国向来采用舶来品，不独资金外溢，且现时来源阻塞，期难供应，本厂有鉴于此，运用科学方法，将新鲜肝提炼出来为一种浓缩液体，增加血液循环助长体力。"④ 儿童保健品广告也是保健品广告的重要部分。从卢沟桥事变起，沦陷区的儿童有的在敌人的轰炸之下遇难了，有的身体残疾，有的走失，即便是被战时保育院收留，生活也是勉强维持，这些难童由于长期得不到食物的保障，几乎生活在濒临死亡的边缘，体质虚弱和贫血是初进保育院的儿童的普遍特征。保育院在资金紧张的困境里仍然坚持给难童提供营养成分高的食物，以改善他们虚弱的体质⑤，呼吁社会共同关注儿童的身体健康问题在《大公报》药品广告中也有所体现。1944 年 12 月 6 日，《大公报》在促销儿科良药福儿片的广告中，编写了"福儿片"儿歌，儿歌内容为："保赤便是保国家，四千年古文化，泱泱大国我中华，后辈儿孙责任大，孜孜爱护岂容差！今日儿童明日主，保赤便是保国家！"⑥ 儿歌把保护儿童等同于保卫国家，而儿童作为祖国的未来也有保卫国家的重任，既然重任在身那就要求全社会都要认真保护儿童的身体健康，服用"福儿片"有益于保护儿童的身体健康，希望引起消费者的注意。1944 年 12 月 9 日，《大公报》福儿片广告中又刊载了一首儿歌，内容为："我是未来主人翁！我是好儿童！教导有

---

① 大公报（重庆）[N]. 1941 - 5 - 30（1 - 4）.
② 大公报（重庆）[N]. 1941 - 5 - 30（1 - 4）.
③ 大公报（重庆）[N]. 1943 - 4 - 23（1 - 1）.
④ 大公报（重庆）[N]. 1943 - 4 - 23（1 - 1）.
⑤ 王艳，陈争艳. 儿童抗战 [M]. 北京：中国民主法制出版社，2015：129.
⑥ 大公报（重庆）[N]. 1944 - 12 - 6（1 - 4）.

师长，养育有父兄。不逃学，肯用功，回来叫爹妈、见人鞠一躬。人人勉励我，说我责任重。因为我是未来的主人翁。"① 教育儿童健康成长，努力做国家的主人翁，主宰自己国家的命运。战时儿童保健品广告主将外在的深刻内涵赋予药品上，在广告中突出儿童——健康—保卫—国家安全的问题，教育人们从增强孩子体质开始拯救民族。

事实上，近代以来，在西药及西医知识的影响下，中国人的保健思想在不断提高，据民国期刊数据库统计，从1937—1945年，期刊共刊发68篇论述关于保健的文章，在烽火连天、居无定所的战争年代，还能顾及保健品的生产，除了有广告主盈利的驱动在内，还包含着更多的人文关怀。

二、戒烟戒毒药品广告呼吁强身强国

南京国民政府成立之后，1927年8月20日，国民党中央政治会议第105次会议议决，由财政部主持禁烟，自1928年始，限3年内完全禁绝。1928年7月，国民政府颁布《全国禁烟会议组织条例》和《禁烟委员会组织条例》，制定具体的禁烟措施，多次颁布禁烟令，但是禁烟效果甚微，毒品再度泛滥②。1933年蒋介石提出了"六年禁毒 两年禁烟"的口号，全面抗战爆发后，在抗战的同时禁烟工作也在继续，蒋介石强调"烟毒与倭寇都为我民族之大仇敌，抗战与禁烟同等重要不容轩轾"③。吸烟吸毒次生了很多社会问题，"近来官厅的禁烟法令到处布告着，民众拒毒的呼声到处叫喊着，差不多闹得满天星斗……"④ 在政府极力禁烟政策的引导下，百姓禁烟的呼声越来越高，《大公报》在宣传禁烟过程中，刊发禁烟社评，开辟禁烟专栏，推广禁烟广告。

抗战爆发后，《大公报》的戒烟广告有223条，大多数主要介绍戒毒的各种药品及其用途，类似于冯氏断瘾救苦金丹广告频频出现在《大公报》的广告栏

---

① 大公报（重庆）[N]. 1944 - 12 - 9（1 - 4）.

② 马模贞.《毒品在中国》[M]. 北京：北京出版社，1993：84.

③ 《"六三"禁烟节蒋委员长颁发训词》[N].《新华日报》（重庆），1942 - 6 - 3（2）.

④ 高伟. 中国向毒品宣战 [M]. 济南：济南出版社，1998：112.

中，声称三日戒烟瘾①，试图满足戒瘾者的需求，教导他们改变生活方式，养成良好的生活习惯。

　　除了简单的介绍戒毒药品用途广告之外，《大公报》借"六三禁烟日"推销戒毒药丸，1943年6月3日，纪念六三禁烟运动，《大公报》刊登了一则各大药店拥护政府纪念六三肃清残毒运动，免费赠送"林文忠丸"的广告。广告首先表明，该戒烟药品是根据卫生署修正管理成药规则第三条制赠，符合国家医药管理规定，具有权威性，进一步指出，毒品不仅危及个人健康，更关系到民族强弱的问题，中国人应该"自今日起洗心革面，力除痼疾誓做民族新细胞"②，况且，"多年以来先祖先伯宦游各地均依则徐公发明固有成方调制林文忠丸在各善堂免费赠人除痼，此丸内绝不掺杂质服者，绝无痛苦，而有速者百战以还经验千万人，实为任重向商会之性质之方变不及，旨在救人免费送经卫生署许可调制"③。"林文忠丸"以禁毒英雄"林则徐"名字来给戒毒药品命名，本身就会得到社会广泛认同，同时，借用六三纪念日重新唤起人们共同的历史记忆，加深认识鸦片的毒害，害人、害己、害家庭、害国家，只有戒瘾才是正确的选择，为此举行免费赠送活动是为了让更多的瘾君子拥有恢复健康的机会，改变社会风气，革新民众精神面貌，为民族健康注入新鲜血液。

　　1944年10月4日，《大公报》广告推荐了戒烟良方，直截了当地指出戒烟、戒毒对积蓄、补充抗战力量的重要性，广告内容："启者重庆邹容路五六号爱国制药厂吴永康医师精研戒烟良方，善戒一切瘾癖七日除根，毫无痛苦百发百中，兹为肃清全国鸦片余毒增加抵抗力量，计特将此方供诸世人达到强种强国之目的，以表个人各尽所能共赴国难之天职……"④ 广告不遗余力地向烟民推广戒烟戒毒良方，使之成为社会公共问题。一是，为肃清鸦片的余毒；二是，为了增强抗战力量；三是，练就强健体魄，达到强国目的。显而易见，广告主深知长期吸食鸦片导致人的体内形成疟疾，强调如果烟民要想改变自己的身体素质，

① 大公报（天津）[N]. 1937-7-17（2-7）.
② 大公报（重庆）[N]. 1943-6-3（1-1）.
③ 大公报（重庆）[N]. 1943-6-3（1-1）.
④ 大公报（重庆）[N]. 1944-10-4（1-4）.

使精神面貌焕然一新，才有可能做民族的新细胞，国家的新人，国家的力量才会强大。这样，广告主巧妙地借用广告把人们的强身关怀和禁烟运动结合，也提醒民众若不能亲赴战场杀敌，把身体锻炼好做抗战的后备军也是在为国家做贡献，强国先强身。

第四节　储蓄救国号召下的金融广告设计

九一八事变后，拥有富庶资源的东北落入日本人之手，平津一带沦陷，号称国家经济、金融中心的上海也被日军占领，国家的财政命脉面临威胁，然而军费开支剧增，法币发行量的增加，引发了通货膨胀。为了吸收社会游资，稳定法币发行，抑制通货膨胀，1938年，以抗战建国为纲领，国民政府相继出台一系列储蓄政策，鼓励国民厉行节约而正式推行战时储蓄，鼓励节约购买储蓄券，集中财力救国。1938年7月，国民党国防最高委员会通过《节约储蓄纲要》，9月29日，国民党第五届中央常务会议决议通过《节约建国运动大纲》，提倡节约，奖励储蓄，并发行有奖储蓄券号召国民长期支援抗战。

国民政府发布的储蓄券主要有节约建国储蓄金、节约建国储蓄券、外币定期储蓄存款、特种有奖储蓄券、美金节约建国储蓄券、节约建国储金邮票、乡镇公益储蓄、黄金储蓄存款8种，由中央储蓄会统领中信中央信托局、中国、交通、农民银行、邮政银行来发行，为了扩大政府储蓄运动宣传，《大公报》以中央储蓄会的名义，为战时吸收国民储蓄发布了267则关于储蓄金（券）的广告。

一、以战事为议题

1938年10月，武汉、广州失陷，抗日战争进入相持阶段，中国军队以顽强的抵抗力，打破了日本侵略者妄图3个月灭亡中国的计划，集中全国财力物力进行抗战是当务之急。1938年12月29日，国民政府又颁布《节约建国储蓄金条例》。按照条例规定，储蓄券分甲、乙两种，甲种储蓄券按面额领款购买，期满加给利息及红利，乙种储蓄券领购时预扣利息，期满按面额兑付。甲乙两种储蓄券，面额分别为五元、十元、五十元、一百元、五百元及一千元六种①。《大公报》通过制作各种不同的储蓄券广告，围绕"出钱出力爱国爱家储蓄致富"②，阐释购买储蓄券和抗战、国防、建国的关系，"实行节约储蓄保障自己，帮助政府建设报效国家"③，一举多得的事情。

1941年4月24日，《大公报》刊登了中央储蓄会的广告，广告语是"如愿以偿"④，广告中说："我国自发动全民抗战以还，因稳扎稳打，士气日盛，现在倭寇已深陷于泥淖之中，故最后胜利如愿以偿，吾人如购买特种有奖储蓄券即有抽中一等奖二十万元及其他大小奖之希望，即不中奖五年之后仍可还本，此种进可以攻退可以守之储蓄办法既可增强抗战力量且能达到致富愿望。第三期奖券定于五月三十一日在重庆开业，为其日近，欲偿致富之愿望者幸速购买。每张五十元，每条五元，五年还本。"⑤ 广告向受众公布了持久战的战争形势，中国人应该清楚地看到日军已深陷战争泥潭的现实状况，继续努力抗战，国人购买特种有奖储蓄券也是一场长期无风险战争，在外敌入侵的非常时期，若是能把闲散的资金用来购买它，既可增加抗战的力量还可以增多中奖的机会。为此，1941年5月8日，《大公报》在鼓励购买储蓄券时，使用"爱国不负人"⑥为标题，广告简述了背井离乡的流浪青年，投考会计失利，生活潦倒，但是他以自己的爱国热情，毅然购买了有奖储蓄券，最后获中头奖的故事，由此推断出天无绝人之路，若购买储蓄券民众的爱国之心总是有所回报的，这是利国利己的事情。《大公报》利用偶发事件来引诱消费者购买储蓄券，明显是广告主的营销技巧，其中还包含着"天不负人"的宿命论思想，甚至可能是把孤注一掷的赌博心理偷换为爱国思想，将爱国行为功利化。表现出广告主把购买行为和爱国行为直接联系起来，试图达到既唤起消费者的爱国热情也达到推销产品的目的。

---

① 节约储蓄券条例 [N]. 地方政治，4（4）：27.
② 大公报（重庆）[N]. 1944 – 7 – 27（1 – 4）.
③ 大公报（重庆）[N]. 1940 – 7 – 7（1 – 1）.
④ 大公报（重庆）[N]. 1941 – 4 – 24（1 – 1）.
⑤ 大公报（重庆）[N]. 1941 – 4 – 24（1 – 1）.
⑥ 大公报（重庆）[N]. 1941 – 5 – 8（1 – 1）.

抗战进入相持阶段，日军以战略轰炸为主，据日本方面统计，1940 年 5 月 18 日至 9 月 14 日这 120 天之内，日本航海军航空队对中国轰炸，共出动飞机 4355 架次，投弹 2957 吨；单次对重庆轰炸即达 2023 架次，投弹 1405 吨①。1941 年，日机又对重庆施行疲劳轰炸，1941 年 5 月 22 日，《大公报》以 "最近敌人又来滥施轰炸了！"② 为广告标题，鼓励民众在国家危难之际，拿出钱财购买储蓄券。广告义正词严地指出："想用盲目投弹的方法杀伤我们的同胞，毁坏我们的物资，但是炸不掉我们的抗战精神，烧不掉我们的抗战能力。现在政府要我们疏散，便是避免无谓牺牲保全全国财力的方法，无谓牺牲可因疏散而避免，国家财力却须储蓄来保全，故在空袭时，如果购买特种有奖储蓄券，即可保全国家财力，且有致富的希望，一旦中得头等奖，便是一张二十万的兑现支票，设或不中，也可成为一个安全可靠的定期存折，空袭不忘储蓄，聪明的同胞应加注意！"③ 广告中认为人员疏散可以避免人员伤害、财产损失，同理，国家的财力在危难之际只有人人购买储蓄券才能集中起来。

二、利用纪念日唤起民族记忆

《大公报》储蓄券强化国耻纪念，激发受众爱国热情，进而达到营销的目的。

1915 年 5 月 9 日，日本强迫北京政府签订了丧权辱国的《二十一条》，5 月 20 日江苏教育委员会通电全省各学校，以五月九日为国耻日，之后越来越多的人赞同把五九认定为国耻日。1927 年，民众在纪念五九时，《农民》杂志上一位叫则鸣的作者发表了《五九纪念国耻》的文章，痛心疾首地说："国耻是一国人民共有的耻辱，中华民国的耻辱是中华民国四万万人共有的耻辱，我们不能说大家共有的国耻就不是我们自己的耻，除非不做中华民国里面一个人。"④ 国

---

① 日本防卫厅防卫研究所战史研究室 . 《中国事变陆军作战史》第 3 卷，第 2 册 [M]. 中华书局，1979：40 - 41.

② 大公报（重庆）[N]. 194 - 5 - 22（1 - 1）.

③ 大公报（重庆）[N]. 1941 - 5 - 22（1 - 1）.

④ 则鸣 . 五九纪念国耻纪念 [N]. 农民，3（8）：2.

耻纪念日把国耻观具化并散布，并在反复追溯国耻记忆中，形成集体忧患、危机意识。

　　1941 年，在五九纪念日，《大公报》的储蓄券广告称雪耻五九耻辱"卧薪尝胆"①，广告的内容为，"同胞们掷头颅洒热血曾掀起了民族自救的巨浪，这痛史这血债我们现在要跟敌人清算了。全国同胞有钱出钱有力出力以完成抗建事业便是跟敌人清算血债的有效方法，君如购买特种有奖储蓄券则既尽出钱出力的责任复有致富的希望，设不中奖五年仍可还本，为国为家一举两得爱国同胞何兴乎来？"② 广告主利用国家共同耻辱记忆，唤起民众为国家贡献自己的力量，希望促成购买储蓄券的行为；同年七七事变四周年，《大公报》在广告中提醒大家，勿忘国耻，"今天是七七纪念日，我国经过四年的抗战，因全国上下同仇敌忾，卒使敌人深陷泥淖，彷徨歧途，我国同胞如再有钱出钱有力出力，便能争取最后的胜利，例如购买特种有奖储蓄券既可增加抗战力量且有中奖致富希望头奖有二十万元之多，另有大小奖金二万一千二百余个，五年以后亦可十足还本，爱国同胞幸速购买！"③ 告诫民众四年来抗战取得的成果是全民的参战、援战的结果，希望大家再接再厉，继续购买储蓄券。

三、运用军事化广告语

　　1941 年 7 月 17 日，《大公报》的储蓄券广告用不屈不挠，把军事战斗中必备的百折不屈的精神借用在诱导国民购买储蓄券上，"欲获军事上之胜利，须有不屈不挠的精神，储蓄之道亦复如此，尤其是购买特种有奖券，不能因挫折而灰心，如遇过去未中巨奖，现在更应继续购买。因为多购一次即多一次中奖的机会，不屈不挠去奋斗，定得最后之成功。且此种未中奖之储券，期满仍可全数还本，虽不中奖亦无损失，是以进攻退守立于不败之地位，如能勇往直前，尽量购买，头奖二十万必从属于我"。④ 广告主把战斗到底的精神引用到买储蓄

---

① 大公报（重庆）［N］. 1941 – 5 – 9（1 – 1）.
② 大公报（重庆）［N］. 1941 – 5 – 9（1 – 1）.
③ 大公报（重庆）［N］. 1941 – 7 – 7（1 – 4）.
④ 大公报（重庆）［N］. 1941 – 7 – 17（1 – 1）.

券上，抓住消费者想事半功倍的心理，说明真正的中奖机会是留给购买次数较多的人；1942年年初，反法西斯战线建立，抗战胜利的希望越来越大，1942年5月26日，《大公报》广告中说，再接再厉①"抗战军民，敌忾同仇，有再接再厉之精神，不屈不挠之勇气，使倭寇处境，深陷泥足，最后胜利非我莫属，致富之道何尝不然，君若每月以节约所得，倾囊购买特种有奖储蓄券，立志坚决，再接再厉，则五十万之头奖，亦非君莫属。中国银行储蓄部人寿储蓄存款 人人储蓄存款之目的，使人人享受储蓄与保寿双重利益，使人人增进个人与国家共同繁荣"②。借此说明抗战胜利指日可待，目前仍需要国民们节约购买储蓄券，集腋成裘，为国家贡献力量，最终赢得抗战的胜利。甘地的非暴力精神影响了全世界的民族民主运动，《大公报》也非常推崇甘地的这种精神，1942年5月7日，《大公报》的储蓄券广告介绍了甘地的非暴力不合作精神，认为："印度的甘地曾绝食多次以清苦淡泊的俭德及坚忍不拔的精神从事民族运动提高国际地位被民众拥护，博得世界盛名。此种成功要诀亦可应用于生财之道，君如节衣缩食，厉行俭德购买特种有奖储蓄券再加不屈不挠坚持到底每期购买以头奖五十万，自然易于抽中，获得最后之成功。"③ 紧接着把甘地的精神援引到号召民众买储蓄券上，倘若民众学习甘地之精神慷慨勤俭节约，连续购买，坚持到底，中奖机会就会很多。

卢沟桥事变爆发，日军在占领平津之后，把侵略的魔爪深入江浙一带，直逼上海，企图一举摧毁中国的经济、金融中心，淞沪会战中，中国军队的英勇抵抗终究难守上海，上海遂即沦为孤岛，南京政府被迫迁往武汉。1938年1月31日，《大公报》号召大家购买储蓄安全，使用"前进努力"，广告词中借用谚云语，"天下无难事 只怕有心人"，安慰民众面对上海沦陷后，抗战日趋艰难的形势，只要努力奋斗，就可以扭转时局，就像广告内容中所写的那样，"可见任何困难，只需努力奋斗，即可如愿以偿，储蓄之道亦然，在困难期间，不受环境支配抱坚定之意志，不稍游移，则预冀至目标，必能达到。储户向本会储蓄，

---

① 大公报（重庆）[N]. 1942－5－26（1－4）.

② 大公报（重庆）[N]. 1942－1－5（1－1）.

③ 大公报（重庆）[N]. 1942－5－7（1－1）.

仅需每月节省三元、六元、十二元即有致富的希望，其努力之代价极少而进展之机会无穷，此种脚踏实地之努力，诚为解决困难之良图也。"① 广告主结合战势号召大家节约购买储蓄券，既是给自己中奖提供可能性，也是支援抗战的表现。

　　炎热的气温也被广告主与爱国的热忱联系起来。1942 年 7 月 28 日，农历为六月十六，天气进入三伏，气温非常高。《大公报》的广告主借题发挥，以酷热做标题，广告中先是说明了"最近气候酷热，挥汗如雨，室内温度达一百度左右，虽在晚间亦不转凉，暑气熏蒸，坚持到底，可见夏令气候，已非五分钟热度"，进而把天气的炎热和购买储蓄券的持续性联结在一起，"购买特种有奖储蓄券之热忱，亦应如此，倘上期未中巨奖，本期宜继续努力，因每期有五十万元之奖金，如热心购买绝不失望，只需持之以恒，自可如愿以偿。第十期奖券将在本月底开奖，凡欲保持爱国致富热忱者，应速购置"②。最后把踊跃购买储蓄券的热情和爱国之情联系起来，广告主绞尽脑汁，把"酷热"和"爱国热"牵强附会地联系在一起，目的是以爱国来促销储蓄券。

　　有的储蓄券广告以受众获得爱国美誉、彰显爱国身份的具体内容为诉求点，1941 年 3 月 23 日，《大公报》鼓动民众购买一局四行的特种储蓄券时，打出"第二批爱国富翁？"③，声称："富翁而有爱国之称，便是因爱国而致富的，第一期特种有奖储蓄券在重庆开奖时，已产生了二十万元的一个爱国富翁。现在第二期储蓄券又将于三月三十一日开奖了，这次二十万究竟落于谁手，不久便见分晓了，除一等奖二十万以外，另有大小奖金一万一千二百余个，故认购了特种有奖储蓄券，即是爱国行动又有许多致富的机会，如不中奖五年仍可还本，开奖期近，幸速购买！"④ 巧妙地掩饰了购买储蓄时"四两拨千斤"的心理，甚至赌博、投机取巧的心理，把购买储蓄券的行为与爱国等同，用储蓄券将消费者划为不同的阶层，赋予不同的美称，鼓励与促进其他人向"爱国"的高层次

　　① 大公报（汉口）［N］. 1938－1－31（1－6）.

　　② 大公报（重庆）［N］. 1942－7－28（1－4）.

　　③ 大公报（重庆）［N］. 1941－3－23（1－4）.

　　④ 大公报（重庆）［N］. 1941－3－23（1－4）.

进阶，在激发人们购买欲、引导个人消费身份认同上有一定的作用。

截至 1942 年 8 月止，据各行局所报储蓄数额总计就达到了 1700004000 余元。此外，征购粮食由各行局搭付储券 5 亿元。两项共为 2200004000 余元。即中国银行 660000000 元，邮汇局 610000000 元，中信局 380000000 元，交通银行 3 亿元，中国农民银行 290000000 元。①

抗战时期《大公报》的金融广告响应国家节约储蓄运动的需求，鼓动民众购买储蓄券，实际上就是经济总体战的需要，因为"经济战绝非前线战士和少数人力所能及的，还在全国上下一致奉行节约储蓄，然后可富家强国巩厚国家经济力量，获得最后的胜利"②。反映出《大公报》在抗战建国主题下，促进国民政府和全国民众的爱国互动中所起的桥梁作用，这也是中国民众抗战爱国的有力见证。

小结

商务广告是商品经济发展的产物，与商品的生产、流通息息相关，是人们参与经济活动的附属品，也是直接沟通厂商和消费者的途径之一。商业广告的直接目的就是通过传播经济信息、沟通产销渠道，促进生产，加快流通，为生产和生活提供服务信息，推动整个社会经济发展③，最终促成受众的购买行为。

抗日战争时期的商务广告是大众日常生活的参数，反映人们的日常生活状况。它除了传播产品信息外，顺应抗战形势需求，在广告中加入抗战元素，拉近了普通民众与战争的距离，从侧面浓缩了战时社会的消费观念和百姓的生活百态。它在为消费者提供获得商品信息来源的同时，引导消费者形成"节约抗战""为抗战消费"的观念和"爱国消费"行为，体现出商务广告政治经济的双重属性。

---

① 《四联总处史料》（中），第六章第一篇"存储计划、概况"，第 142—145 页"四联总处 1942 年储蓄工作的报告"。

② 节约建国储蓄券 [N]. 民教岗位，2 (3)：5.

③ 陈培爱. 广告学原理 [M]. 上海：复旦大学出版社，2004：13.

第四章

书刊广告启迪民众抗战认知

抗战爆发后，国民政府迁都重庆，众多的出版机构也随之西迁，一大批从事文化出版业的知识分子像邹韬奋、郭沫若、钱俊瑞、胡绳、柳亚子相继来到武汉。据不完全统计，抗战初期，武汉共有出版社63家，1937年7月到1938年10月，武汉共有期刊180种。① 战时武汉出版新书550种。② 抗日战争进入相持阶段，出版中心西移，西南西北大后方随即成为出版中心，当时昆明、桂林分别被誉为"战时文化城"和"战时文化重镇"。这些新老出版社都在挖掘新的读者，试图把书籍广告塞满报纸广告栏。

尽管书刊广告与商业广告具有推销商品的共性，但并不能将其完全等同于商业广告。书刊是精神产品，它的广告设计要多一些书卷气息③，让更多的读者了解书刊的内容及价值，在短时间内引起读者阅读的欲望，达到扩大发行量的目的。抗战时期，《大公报》是书业营销的主阵地之一，生活书店、中国文化服务社、正中书局等都是主要的书刊广告主，他们顺应时局需求，以《大公报》为平台展示了呼吁全面抗战、揭露日本侵略、介绍战势发展等方面的众多书籍。

---

① 叶再生. 中国近现代出版通史［M］. 北京：华文出版社，2002：95.
② 叶再生. 中国近现代出版通史［M］. 北京：华文出版社，2002：100.
③ 许力以. 中国出版百科全书［M］. 太原：书海出版社，1997：363.

第一节　书刊广告的量化分析

在媒介不发达的近代中国，书刊是人们接触知识的最主要途径，帮助书刊流通的书刊广告便成了书刊出版发行的晴雨表，当时有影响力的《申报》《大公报》，无论从书刊信息传播的范围还是对信息吸纳的容量上来看，都具备了影响社会发展和受其影响的特征。抗战初期，《申报》书刊广告数量要比《大公报》相对多一些，如从 1937 年 7 月到 1938 年年初，各出版机构在《大公报》上仅投放有 134 条书刊广告，与同时期《申报》中的书刊广告 165 条相比略为逊色。抗战进入相持阶段到太平洋战争爆发之前，《大公报》上刊登的书刊广告共 322条，而《申报》只有 62 条，仅占到《大公报》同类广告的 1/3，太平洋战争爆发之后，《申报》被日本海军接管沦为伪报纸，生活书店、开明书店等出版商随政府迁至抗战后方，《申报》的经营日渐衰落。《大公报》的书刊广告则版面扩大，内容增多，有时甚至挤占了商务广告版面，书店联合广告尤为突出。笔者以 1941 年 11 月《申报》与《大公报》中的书刊广告为例进行抽样分析。

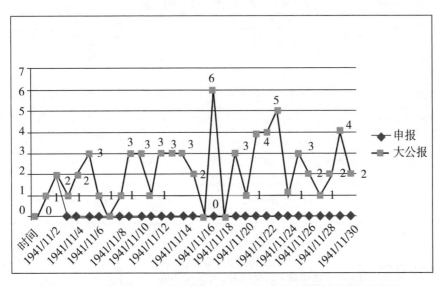

图 4 - 1　1941 年 11 月《申报》《大公报》书籍广告数量比较统计图

表 4 –1   1941 年 11 月《申报》与《大公报》书刊广告明细统计图

时间	广告内容	
	大公报	申报
1941/11/1	新民晚报	陈鹤琴自传：我的前半生
1941/11/2	三民主义周刊	商务印书馆教科书、愤怒的葡萄
1941/11/2	进步英华周刊	
1941/11/3	湖南银行月刊	
1941/11/4	湖南银行月刊	
1941/11/4	中央周刊	
1941/11/5	新评论	
1941/11/5	祖国	
1941/11/5	湖南银行月刊	
1941/11/6	训练月刊	
1941/11/8	新经济	
1941/11/9	文学日记、中央周刊、社会事业与社会建设	
1941/11/10	交通文摘、蜀南三种、宇宙风	
1941/11/11	龙门联合书局	
1941/11/12	日本评论、三民主义、时事类编	
1941/11/13	东北月刊、战时旬刊、时与潮	
1941/11/14	回教文化、工业合作、亚西实业银行	
1941/11/15	会计出版、立信账簿	
1941/11/17	兵役实务、经济汇总、中央周刊、日本社会内幕、现行工商法规、近代戏剧艺术	
1941/11/18	无	
1941/11/19	三民主义、初中复习精讲、时代画报	
1941/11/20	初中复习	
1941/11/21	青年月刊、图画新闻、纳粹旗下、全国大学生入学详解	

续表

	广告内容	
1941/11/22	中央周刊、日本的罪状、 青年戏剧、全国大学生入学详解	
1941/11/23	新认识、再生句刊、欧亚文化、 妇女月刊、高中复习指导	
1941/11/24	高中复习指导	
1941/11/25	新闻学季刊、新经济、新评论	
1941/11/26	思想与时代、立信账簿	
1941/11/28	在北极、世界文摘	
1941/11/29	中央周刊、战时柏林日记、地理	
1941/11/30	希特勒日记、立信账簿	

　　《申报》和《大公报》同为近代中国有影响力的报纸，抗战爆发后，它们都面临生存危机，《申报》沪版、汉版、港版几次停复刊，都未能摆脱被日军控制的命运。太平洋战争爆发之后，《申报》被日本海军报道组接受改组，受制于日伪。而《大公报》在报人的努力之下，在夹缝中独立经营，坚持为抗战做宣传。笔者选取了太平洋战争前夕，两大报纸书刊广告量与质的对比，来说明《大公报》书刊广告在建构抗战文化中的重要作用。

　　图4-1是对广告信息的量化分析，通过统计我们可以看到1941年11月，《申报》发布的书刊广告只有3条，而《大公报》为67条，比《申报》书刊广告的20倍还要多；表4-2对两大报纸的广告内容进行对比，显而易见，《大公报》介绍的大多是与抗战有关的书籍，究其缘由，一是，缘于两者办报风格的不同。《申报》发轫于上海，口岸开放较早之地，沿海城市的经济繁荣决定了其广告业务量较多，加之单向"盈利"的目的，因此《申报》的商业性比较突出；《大公报》始于北方天津，虽为港口城市，却不及上海开放，经济发展状况逊于沿海地区，"文人论政"的办报风格为之添加了书卷气息。二是，淞沪会战后，出版重心的转移。随政府迁都，出版业辗转西迁，大部分中国出版社先是从上海撤出集中到了武汉，1939—1944年期间，重庆与桂林云集大量出版机构，

而《大公报》也先后创办渝版、桂版，成为刊登书刊广告的主阵地。三是，上海沦陷后，一大批高等院校教生、知识分子都转移到大后方，《大公报》必须随之调整广告结构使之更能满足读者的阅读需求，而《申报》广告上没有更多的体现。笔者又以1942年正中书局的书刊广告进行个案抽样分析。

表4-2　1942年正中书局书籍广告统计表

时间	广告主题	广告内容	所占版面
1942/1/1	新书出版	社科类	1/4
1942/1/24	新书	俄罗斯文学思潮	2/25
1942/2/19	时事丛书	苏伊士运河	1/60
1942/2/22	小学教科书	抗建读本、国防算数	1/8
1942/2/25	非常时期教育适用	抗建读本、国防算数、初高中教科书	1/80
1942/3/6	新书	联营专卖	1/18
1942/3/8	新书	瓜和豆	1/16
1942/3/31	春季出版新书	三民主义哲学、国民教育通论、远东和平的先决条件、民治独裁与战争、惩治汉奸、反攻胜利、中国的边疆	1/8
1942/4/6	本周新书	少年航空、童子军教育原理及方法、科学发明的新阶段	3/40
1942/4/11	本周新书	蜡烛工业、新中国盐业政策等	1/10
1942/4/18	本周新书	保甲长之任务、战时军需蔬菜需要、优待出征抗敌军属法规浅释	1/12
1942/4/27	本周新书	论中国战时遗产税、民众训练实施法概论、童子军行政管理与活动教材	1/12
1942/5/3	本周新书	怎样办理警卫、欧洲及日本之青年训练	1/8
1942/5/9	本周新书	印度民族史、红楼梦研究、中国法律之批判	1/10
1942/5/23	本周新书	现代警察之理论与实际、各县组织纲要	1/10
1942/5/30	本周新书	自由的兄弟、抗战故事、民众体育实施办法	1/10

续表

时间	广告主题	广告内容	所占版面
1942/6/7	本周新书	仁爱的故事、义的故事	1/8
1942/6/29	本周新书	兴国英雄加富耐、苹果栽培学	1/10
1942/7/5	本周新书	苏联建国史、国民体育、教育制度改进论	1/10
1942/7/13	上周新书	中国国民党与中国共产党、国民体育、国防算术教学指导	1/8
1942/7/18	本周新书	党员怎么协助推进地方自治、国防算数、抗建读本	1/8
1942/7/25	本周新书	经验与教育、南洋经济地理	1/8
1942/8/8	本周新书	修正初高级中学课程标准、中国营业税之研究、火药学	1/8
1942/8/15	本周新书	中学防空读本、取缔日用重要物品囤积居奇办法、抗建读本教学指导	1/8
1942/8/22	本周新书	日用工业肥皂、青年必读文选、抗建读本教学指导	1/10
1942/9/5	本周新书	国防防空读本、教育与人生、抗建读本教学指导	1/8
1942/9/12	本周新书	青年心理与训育、高小防空读本、算术教学指导书	1/8
1942/9/29	本周新书	教育学、小学教师应用文、铁路行车计算办法	1/8
1942/10/3	本周新书	日本觊觎中的东亚共荣圈、中国文化史略、抗建读本教学指导	1/10
1942/10/17	本周新书	中国盐业政策、中国租佃制度之分析	1/10
1942/10/31	本周新书	社科类图书	1/10
1942/11/7	本周新书	地方行政论、狂飙、比较社会教育、国学常识	1/10
1942/11/14	本周新书	总裁嘉言类编、劳作教学研究、中国的边疆	1/10

续表

时间	广告主题	广告内容	所占版面
1942/11/23	本周新书	各种合作社、中国合作经济问题	1/10
1942/12/12	本周新书	教育改造的新途径、宇宙与天体、算术教学指导书	1/10
1942/12/19	本周新书	地理与国防、劳作教育思想之系统研究、儿童卫生歌	1/10
1942/12/26	本周新书	废物利用工艺教材、中国宪政原理、美国行政效率局论	1/10

透视 1942 年《大公报》为正中书局刊登的广告，我们可以看到正中书局出版书刊所涉猎的范围比较广泛。从学校教科书到生产生活的工具用书都包括在内，这些书籍内容基本上都与抗战相关。比如，教科书中的国防算数、抗建读本。这两种书籍广告在《大公报》的其他年份广告中也经常见到。生产生活用书也离不开国防、抗建的需求；正中书局非常重视书刊广告的推销方式，从表 4-3 中我们可以看到它的广告频次非常高，每月最少有 3 次到 4 次的同类广告，它所推荐的读物基本上与战争紧密联系。如反法西斯统一战线建立后，它介绍的《远东胜利的先决条件》，日本阴谋建立东亚新秩序，它推荐了《日本觊觎中的东亚共荣圈》揭露日本表面建立东亚新秩序，实则预谋侵略中国称霸亚洲的真正目的。连续刊登系列广告的促销方式，突出了正中书局的出版权威性，加深读者对它的印象，增强记忆效果，反复的刺激很可能增加消费者购买的欲望；从另一个侧面看，与战事相联的书刊广告传递着战事信息，教授受众学习抗战自卫知识，营造全民抗战的氛围。

书刊广告的真实性、说明性比商业广告更强一些，许多书刊广告包含简介内容，便于读者在短时间内迅速捕捉到所需信息。全面抗战爆发后，出版商与《大公报》在广告中介绍了大量的战时书刊。纵观书刊广告，启迪国民国防自卫的书刊与揭露日军侵略罪行的书刊并举，受众对象从妇女儿童到高级知识分子均被网罗在内，所介绍的书刊类型既有纪实的报告文学也有小说、诗歌、漫画。这些书刊广告内容彼此相互联系，共同构成《大公报》的书刊广告体系。

第二节　文艺类书刊广告中的抗战宣传

　　抗战时期，文艺书刊多围绕日本侵略与中国人民反侵略的主题创作，浓缩了文艺书刊内容的《大公报》文艺书刊广告，以中国人的反侵略斗争为广告文案主体，揭露了日军侵华的种种罪行，颂扬中国人面对外来侵略，不屈不挠，坚持抵抗精神的广告主旨。

　　九一八事变后东北沦陷，广大作家们群情激愤，以笔当枪，口诛笔伐，揭露日军的侵略罪行，谱写英勇抗敌的故事，被视为文艺界抗战先锋战士，优秀的抗日文艺作品层见叠出，萧军的《八月的乡村》、萧红的《生死场》就是当时有影响力的代表作品。七七事变后，转移到大后方的作家们继续高扬爱国主义战旗，创作出了更多的抗战文艺作品，《大公报》战时文艺书刊广告也相应增多，主要包括抗战小说、报告文学、戏剧、画刊广告等，它们纷纷介绍编选宗旨、出版社、价格、编者销售地点等与书刊相关的信息，有的甚至更详尽。通过阅读战时书刊简介，读者就能粗略了解书刊概况，接收战时信息，这不仅对启迪民智、教育民众正确认知抗战形势，为读者选择性阅读提供便利，也对激起他们保家卫国的决心起到了一定的作用。

一、小说广告中的侵略与反侵略叙事

　　"小说是抗战最好的宣传工具，它经济、适合节约的需求，没有舞台上的一切耗费，也节约看客门票……三五角钱可供一万人阅读。"① 全面抗战爆发后，全中国作家的创作或多或少地投入东北流亡作家开始的抗日文学主题②。国内抗战小说多产作家张恨水的作品，《大公报》书籍广告中频繁出现，既有介绍通俗言情小说的广告也有专门描写战事长篇抗战小说，《巷战之术》就是其中之

---

① 　金满成. 关于抗战小说［J］. 文艺月刊，第二卷第 2 期.
② 　许志英，邹恬. 中国现代文学主潮（上）［M］. 南京：南京大学出版社，2008：442.

一，据广告词所言，它"描写七七后，天津一角之事实，首章用倒叙手法引入本书，自次章起，以一教员为主角，于市面纷乱，敌机轰炸中，正在劳军与敌偶遇，仓促间，竟以军民合组之二十七人队伍，歼灭敌军七十九名，紧张热烈，一气呵成，而在此情况中，更不时描述懦弱分子之种种现象幽默迭出，正是行文如戏，目无全牛，末章一结，余味悠然，青年读之尤可韬为文之法①"。广告呈现给读者激烈的以少胜多、以弱胜强的巷战场景，继续阅读的兴趣油然而生。1943 年 9 月 3 日，《大公报》推荐张恨水抗战言情小说《大江东去》，广告称其为"抗战数年来之儿女悲喜剧！首都沦陷日之英雄铁血录！"② 随即传递给读者详细的目录信息，让读者在广告中了解全书概要。除此之外，《大公报》为张恨水的《如此江山》③《啼笑因缘》《秦淮世家》④《中原豪侠传》做宣传时，"都遵循了书刊广告不故弄玄虚、不扩大其辞，满足读者阅读兴趣的原则，这些书籍的共同主旨在发扬民族意识大义，慷慨激昂，灌输民族意识立意"。⑤ 叙事性广告文案在传递书籍信息的同时，引发读者的思考，这种写作手法很容易对读者产生心灵的触动，帮助读者建构立体、具体的画面，在读者与出版者之间搭建起情感共鸣的桥梁。

抗战爆发后，战争题材的译作在《大公报》书刊广告中占一定的版面。1937 年 12 月 25 日，《大公报》第一则抗战小说广告产生，广告中说，由上海杂志公司出版，美国驻远东记者乔治·赫德著的中日战争预言小说《远东大战》，"这是一部未来的战事小说，是一种新的尝试，日本法西斯的猖獗远东大战的爆发，是时间上的事情，但每一个读者（中国人民和苏联人民）都要想象战争的结局，而尤其是将要发生在中国国境内作战的结果，中国胜利呢，还是日本，苏联？从三国间军备经济等作战条件来推测大战最后的胜利属于谁？不是空洞妄想，小说的故事情节曲折有致，能使你兴奋紧张，会使你哭使你笑，这样一

---

① 大公报（重庆）[N]. 1943 – 1 – 14（1 – 6）.
② 大公报（重庆）[N]. 1943 – 9 – 3（1 – 1）.
③ 大公报（重庆）[N]. 1944 – 10 – 8（1 – 6）.
④ 大公报（重庆）[N]. 1945 – 3 – 30（1 – 4）.
⑤ 大公报（重庆）[N]. 1944 – 3 – 18（1 – 4）.

部新尝试作品，是每个人适宜读的"①。广告中抓住了该书"预言"亮点，使读者对其充满好奇，进而想知道预言的内容，驱使读者完成购书的行为。从广告简介看出，该书把受众限定在中苏两国读者身上，显然是没有看出日本的侵略范围不会局限于中国境内，日军侵略对象也不会仅限于中国，夺取世界的霸权才是日本军国主义最终目的，全世界爱好和平的人都应该作为受众对象，了解战争趋势，同法西斯势力抗争到底。重庆新知书店出版瓦希列夫斯卡的《虹》②，作者在苏德战争一开始，即执笔从戎，投身在大战血火中，以目睹爱国战争中一段悲壮的史实写了这部著作，"全书为乌克兰敌后的妇孺老弱，在敌人的烧杀抢掠的淫威下，作有彼无我的苦斗，头可断，血可流，家可毁志不可屈！祖国不可亡！"③ 该书被誉为苏联文坛上的巨大收获，1942 年的斯大林奖金奖，本书又获一等奖，原书出版 40 万部，一出版即一销而空，又拍成电影，运渝演出时曾轰动全城，其价值可想而见。

遴选日本反战作家的小说作品，为其刊登广告做宣传，是《大公报》遴选文艺书刊广告的一个视角。鹿地亘是日本著名文学家，他以笔代枪坚决反对日本的侵略行为，1938 年 4 月 13 日，《大公报》推荐鹿地亘《日本反侵略作家》④一书。鹿地亘先生和他的夫人池田幸子已到武汉来了，鹿地亘先生是反侵略的战士，是中华民族的好朋友，他的言论精彩，本书急于领略的，在本书里，有鹿地亘先生在抗战后所发表的散文和诗歌，有国内著名作家介绍的文字，更有丰子恺先生的写生，仅此一册，对于鹿地亘先生便有了解。从鹿地亘反战主张中我们可以看出，抗战时期日本人也有反战人士存在，尽量争取得到他们的同情与支持对抗战也是有利的。据统计，1942 年，华北共有日本人的 8 个反战团体分散活动⑤，这些团体曾参与华北反战运动。这则广告引导读者认识到敌国中也有反战势力，进而说明日本侵华战争的非正义性。

---

① 大公报（汉口）［N］. 1937 - 12 - 25（1 - 1）.

② 大公报（重庆）［N］. 1944 - 11 - 26（1 - 1）.

③ 大公报（重庆）［N］. 1944 - 11 - 26（1 - 1）.

④ 大公报（汉口）［N］. 1938 - 4 - 13（1 - 1）.

⑤ （日）香川孝志，前田光繁著，赵安博、吴从勇译. 《八路军内日本兵》［M］. 北京：解放军出版社，2015：51.

　　1938 年 6 月 27 日，《大公报》介绍南方出版社石川达三著夏衍译，日本反战作家鹿地作序的暴露小说《未死的兵》，广告中强调了小说内容可信的原因："报纸上杂志上记载着敌人的暴行，如何屠杀如何奸淫，但是一般人都怀着半信半疑的态度，这是可叹的，现在请你看，这是一部日本人自己写的忠实的记载，如何惨杀？如何强奸？如何凌辱尸体？如何活生生的解剖一个女人？"① 除了值得信赖之外，"为了这部书作者坐了牢，日本最著名的杂志《中央公论》的编辑受了处分。日本外务省化了无数的金钱来买收外国杂志不翻译这篇作品，在日本文化界卷起了空前剧烈的风暴。发表的当天立刻就禁止了，得到全文是很不容易的，现在好不容易找到一份，而用忠实流利的文字译出来没有翻译的味道完全和创作一样。"② 限量版甚至绝版也成为出版商引诱读者购买的主要原因。

　　他者视线中的日军侵略罪行，避免了被述者形象被固化而导致面目全非，他者的眼光，可以超越"身在此山中"的意义，让"远近高低"显得既熟悉又陌生③。美国记者卡尔洛克目睹了九一八事变以来，日本在中国犯下的滔天罪行。1938 年 6 月 7 日，《大公报》推介黎明书局卡尔克洛著《我为中国人说话》"本书是三十年来日寇的侵华实录，有二十一条，提出二十一条的内容与后果，日本助长中国内乱的手段，沈阳事变的前因，制造沈阳事变的后果，日寇在华的丑态，华北事变前的世界政治形态，卢沟桥事变及永无止境的侵略等。"④全书四万余字，内容精湛，是日本侵华史实，是研究日本问题最可靠的参考资料。他者眼中的日本侵略行径为读者更客观看待日本侵略提供了材料，更能吸引读者阅读的兴趣。如果说作家笔下的作品源于生活高于生活，真实性还有待考究，事情亲历者的记述可信程度就更高了，1939 年 4 月 16 日，《大公报》广告刊登了生活书店一个日本情报员的自述，《神明的子孙在中国》，"一个在日本驻满特务机构工作了四年多的意大利人，告诉我们他亲眼目睹和亲自经历的许多事实，日本人用卑鄙龌龊毒辣阴险、巧取豪夺、威胁利诱灭绝人性残酷无比的种种方

① 大公报（汉口）[N]. 1938 - 6 - 27（1 - 1）.
② 大公报（汉口）[N]. 1938 - 6 - 27（1 - 1）.
③ 余斌.《有书和没书的日子》[M]. 桂林：广西师范大学出版社，2016：165.
④ 大公报（汉口）[N]. 1938 - 6 - 7（1 - 1）.

法，使东北同胞被征服的血帐，现在我们的民族敌人正在华北华中华南各处以更大规模，进行其更可怕的阴谋毒计。凡不愿做奴隶的人们，应该先睹为快。"① 书中控诉了日本侵略的嘴脸也提醒中国人，"用敌人暴行的实录 唤起民众勿忘国仇"②，同时指出，日本军国主义者的欲壑难填，顽强抵抗是唯一的出路。

二、战地报告文学广告中的反侵略纪实

战地报告文学是介于新闻与文学之间的边缘文体，与小说比较，报告文学的内容绝对是真实的。报告文学又类似于散文，强调写真情实感。③ 中国的报告文学始于抗战初期，以其既具有文学性又具有写实性的特点，既能结合抗战的实际情况，顺应抗战形势，又能满足读者关心战情发展需求，出版商还能盈利。因此，抗战文学成为战时风行一时的文体，这些作品大都是作家深入前线，经过实地调查而作，抗战时期《大公报》的报告文学书刊广告也随之增多。早在九一八事变、一·二八战争期间，特别是伪满洲国成立之后，日本大肆掠夺东北的丰富资源，推行奴化教育，强迫东北人吸食鸦片，犯下罄竹难书的罪行。《大公报》选取有亲身经历的作者，《从伪满归来》"有血有泪可歌可泣，这里告诉了我们东北同胞的英勇斗争的战绩"④，披露日本奴役下的东北民众生活，唤起读者对他们的同情，激起抗战的热情。作者亲历能够增加书籍的真实性、可靠性，中国人同处被侵略的境地中，自然会产生共鸣，增强对读者的感染力。

抗战爆发后，中国国内的战场划分为三个区域，河北平原的战场叫北战场，山西高原称作西战场，江南平原为南战场。山西的西战场"沿平绥线可出河套，循同蒲线可达关中"⑤，易守难攻，具有重要的战略意义，为了研究山西战场，引导民众认识西线战场的重要性，《大公报》的战地记者，"出生入死在战地内

---

① 大公报（重庆）[N]．1939－4－16（1－1）．

② 大公报（汉口）[N]．1938－3－22（1－1）．

③ 梁中玉．《现代基础写作学》，成都：四川大学出版社，2015：255．

④ 大公报（重庆）[N]．1939－12－31（1－1）．

⑤ 包清岑．抗战文选（第一辑）[M]．拔提书店出版，1938：111．

跑，随着国军的脚印，冒着敌人的炮火，记录下这可泣可歌可慨的事迹①"，最终编写成《西线风云》。1937 年 11 月 19 日，《大公报》立即向读者推荐范长江的《西线风云》，"太原失守了！我们对日战争的西战场发生了变化，但要知道这种变化不是偶然的，是有许多复杂的过程，如果想看血的教训，请看西线风云"②。广告中用"变化""复杂"，作为引起读者注意的关键词语，若想知道变化之原，复杂之因，必须阅读才能得知。1937 年 12 月 16 日，《大公报》的《西线风云》广告，又一次强调它是以西线战场为背景，详记各次战斗的经过，指出抗战的教训，"能给予读者以抗日战争实际发展过程的认识，最近长江先生更将太原战争前后全部材料整理增编，希望全国读者能从本书中了解战争失败的根源和转变代胜利的途径"③。反复地运用广告推荐作品，向读者重复灌输作品的内容，加深了读者的记忆，提高了书籍的知名度。

日军占领南京以后，企图打通津浦铁路，将南北战场连接起来，包围武汉。1938 年 2 月，津浦南段日军突破淮河，直逼徐州的北大门，在藤县防守的川军，背水一战，所有官兵壮烈牺牲，打击了日军的嚣张气焰，是台儿庄血战前悲壮惨烈的战役。1938 年 5 月 13 日，《大公报》推荐正中书局经销的《悲壮的藤县之役》，广告中高度评价了藤县战斗的作用，"巴蜀健儿此次在津浦北段抗战，浴血藤县，抗拒敌人不退，此一战役，实惊天地泣鬼神，抗战半年余，除宝山殉城外，藤县之役实为抗战史上最光荣之一页"④，广告中寥寥数语，刻画出川军保卫国土，视死如归的战斗形象，为读者去了解藤县战斗，关注台儿庄战役提供了阅读方向。

1938 年 3 月 14 日，日军对徐州的门户台儿庄发起进攻，李宗仁第五战区坚决迎击，与日军在台儿庄展开为时 15 天的激烈交战，中国军队取得抗战中最大的胜利，成功地阻止了日本侵略者妄想打通津浦铁路的计划。1938 年 4 月 17 日，黎明书局出版陈文杰的《歼灭台儿庄》，广告中说："台儿庄的空前大捷，

---

① 范长江.《西线风云》[M].大公报馆，1937 – 11：6.
② 大公报（上海）[N].1937 – 11 – 19（1 – 6）.
③ 大公报（汉口）[N].1937 – 12 – 16（1 – 1）.
④ 大公报（汉口）[N].1938 – 5 – 13（1 – 1）.

不仅粉碎了倭寇打通津浦截断陇海，企图包围大武汉的迷梦，且又坚固了我们争取抗战最后胜利的信心，在民族革命史上添了最光荣的一页！本书内容有台儿庄胜利的原因，胜利前的台儿庄情况及台儿庄详情和血战经过及其收获，更有奸敌将领的略传，各地庆祝的情况和国外佳评，编者精确，文笔生动，值此抗战期间不可不读。"① 完整地介绍了台儿庄大捷的经过，国内外对其的评价，突出了台儿庄大捷的重大意义，让读者有种必读不能的感觉。为了进一步深入解读徐州会战，1938 年 8 月 7 日，生活书店在《大公报》上发布最新书刊《徐州突围》，称为亲历徐州会战者的真实记录，"他们从不同的观察下写出了他们所经历所感触的事件……作者不仅忠实地记述了我们艰苦的抗战过程中许多进步的地方，而且也大胆地指出了多方亟待改进的缺点，全书共计六十万字并附有木刻照片插图多幅。凡新闻记者战地工作者以及关心抗战前途者不可不读此书"②。这则书刊广告从正反两个方面总结了徐州会战的经验，从读者选阅的角度来讲应更喜欢选择趋于客观真实的作品。

武汉会战后，中国第九战区成为湖南、西南抗敌的屏障，1939 年 8 月 15 日，冈村宁次指挥的日军第十一军决定发动各赣南、湘北作战，妄图一举消灭第九战区的中国军队。第九战区在代军长薛岳的指挥下，采取逐次抵抗、诱敌深入的作战方针，在赣南、湘北与敌人展开激战，日军由于供给不足惨败，被迫撤退，中国军队取得了相持阶段以来第一次最大的胜利。1939 年 11 月 22 日，《大公报》介绍了青年出版社出版，陈和坤编著的抗战以来最大胜利湘北会战之实录，《湘北之战》广告中充分肯定了湘北大捷的重大意义，认为，"湘北大捷歼敌三万奠定我最后胜利的初基，为我抗战以来最成功的战役"③。在湘北会战胜利的氛围中，广告能把该书推荐给读者，得益于它的图文并茂、写作精细的特点，正如广告中说，既可以满足读者了解战势的需求，也可以为抗战研究提供宝贵的参考资料，对鼓舞军民坚持抗战的斗志能起到一定的作用。

全面抗战时期的《大公报》所推荐的报告文学作品既有国内的也有国外的，

---

① 大公报（汉口）[N]. 1938 - 4 - 17 (1 - 1).
② 大公报（汉口）[N]. 1938 - 8 - 7 (1 - 1).
③ 大公报（重庆）[N]. 1939 - 11 - 22 (1 - 1).

报告文学的特征就是它的真实性，作家没有虚构，没有大而无当的议论，出现在文本里的关于时间、人物、事件的描写都有据可查，有据可考①。战时报告文学源自前线的生活，真实地记录了战时的过程、事件。1941 年 12 月 7 日，日寇偷袭珍珠港，太平洋战争爆发，为了让读者更清楚地了解珍珠港事件，《大公报》抓住时事热点，介绍 50 年代出版社出版夏威夷大学克拉克教授著的《珍珠港突袭目击记》，之所以选择此书是因为它的纪实性，"作者事变时亲身参加救护工作，并会访许多官兵和居民，它告诉我们事变的一瞬间……被遗忘的小岛土人怎样表现出惊人的功绩，美兵又怎样仓皇应战，而将日寇击退，它是一串忠实的记录，也是一些动人的故事"②。1942 年 6 月 22 日，《大公报》广告中出现苏联军民英勇反抗德国法西斯匪徒侵略战争中的短篇报告文学《天方夜谭》，"报道着可歌可泣英勇坚韧的故事，以及侵略者的野蛮，残酷，无耻的本性"③。该书图文并茂深刻地揭露了德国法西斯的凶残，歌颂了感天动地的民族抗战精神。

战争报告文学《波兰沦亡记》④，英国隐名女作家著，买午译，书里充满了国破家亡的愤恨情绪，书里报道些悲壮雄伟的抗敌故事，描写现代战争的凶残，高呼波兰人民的希望，堪称一本战时好书。法国素称欧洲的强邦，去年经希特勒的闪击进攻，四十七日后即告屈服，其失败的原因，《法兰西的悲剧》⑤ 当为留心国际问题人士所亟欲追求，本书选译美国杂志中研究法国失败原因之文字 10 余篇，详述德国攻势开始，以迄停战为止法国内幕情形均为局外人士所不知的史实，其余各篇就政治或军事或经济各方面分析，可互为考证。《沦陷后的缅甸》⑥ 时代生活出版，缅甸沦陷已一载，自去年 5 月以后，其国内实际情况与外界已隔绝，此书问世可使吾人所得首次引导，作者是缅甸之青年革命领袖，日缅之勾结经过，日本之食言，日寇之暴行，以及缅人希望和幻灭均本人亲身

---

①　薛继先. 南洋作家自选集 繁华迷眼的变奏 [M]. 郑州：大象出版社，2016：214.

②　大公报（重庆）[N]. 1943 - 4 - 21（1 - 1）.

③　大公报（重庆）[N]. 1942 - 6 - 22（1 - 1）.

④　大公报（重庆）[N]. 1943 - 5 - 1（1 - 1）.

⑤　大公报（重庆）[N]. 1941 - 5 - 24（1 - 1）.

⑥　大公报（重庆）[N]. 1943 - 5 - 27（1 - 1）.

经验，本书可视为日本占领缅甸的经过之内幕。别国的抗争经验就像一面镜子一样，和自己国家的境况进行比照，从中汲取经验引起反思。

三、剧本、诗歌广告中的爱国主义情怀

抗战戏剧、诗歌在《大公报》广告中经常见到。抗战以来，戏剧运动得到了更大的开展，这一方面是由于抗战影响戏剧，另一方面也是戏剧配合了抗战。但如何使戏剧从消遣品及艺术品的地位解放出来，为抗战建国而效力，完成时代使命，这需要戏剧界做出更大的努力。《抗战与戏剧》适应这一时代的需求，特将抗战以来戏剧的理论与实践相结合，以供抗战工作者之参考。

九一八事变后，东北民众自发组织了民众武装抗日，东北学生抗日救国会中的苗可秀就是义勇军分队中的骨干力量，他组织学生请愿团，成立东北学生抗日救国军，创立少年铁血军，与日本侵略者展开英勇斗争，1935 年 7 月，壮烈牺牲。1939 年 1 月 22 日，生活书店出版了吴祖光的剧本《凤凰城》，书刊广告称它为"抗日英雄苗可秀的殉国壮史　赵侗将军纵横东北的杀敌实录"①，并建议读者走进国泰大剧院观看话剧《凤凰城》。旧关地处太行山中段，冀晋通衢冲要，历来为兵家的必争之地。1937 年 10 月 16 日，日军攻入旧关，战斗非常激烈，双方伤亡惨重，最终我军的英勇奋战使得娘子关战局有所改观。1938 年 2 月，由生活书店出版，左翼联盟戏剧家、西北剧社编剧宋之的戏剧本《旧关之战》出现在《大公报》的书刊广告中，据广告中介绍这本书包括两个独幕剧，《黄浦江边》和《旧关之战》、前者是讲述淞沪抗战中，上海居民怒沉日本米船，包围日军，配合淞沪战场大败日军的故事，"曾在郑州、洛阳、西安等地上演受到广大观众的好评"②；后者展现了陆军三十八军教导团，军民奋战迫使日军投降的过程。广告主通过观众的口碑把书刊好评传递给读者。一是，希望读者认识到广告的真实性，树立广告主的良好形象。二是，希望该剧得到更广范围的传播，吸引更多的读者关注，让军民团结抗日的精神感染更多的人。

---

①　大公报（重庆）［N］. 1939 - 1 - 22（1 - 1）.

②　大公报（汉口）［N］. 1938 - 2 - 27（1 - 1）.

　　抗战时期，日本诱降和生存的需求使一些抗日意志不坚定的人，抵制不住诱惑，认不清日本侵略的真面目。1944 年 11 月 18 日，《大公报》选择日新书店发行的抗战三部剧《玉麒麟》，在广告中提炼了剧本中塑造的人物形象，"名伶玉麒麟为人端正豪爽，且富有爱国思想，虽一时屈服，实出于不得已，但敌伪的加深迫害使玉麒麟再不能苟安下去了，他不得不用他以糊口的武术，报了公私大仇，家人救出了，而他也正式投入抗敌队伍"①。广告选取了既有反抗精神又被迫为日军服务的具有双重性格的小人物，在日常生活中具有典型代表性，读者通过阅读广告简介，对照检点自己行为，认识到只有奋起抗争才是对付日本侵略的唯一办法。中外出版社出版，苏凡著的国防四幕剧《敌忾同仇》，也是描写了一个革命青年在抗日救亡中，从自甘堕落走向大义灭亲铲除汉奸，团结周围群众抵抗日本侵略者的故事，告诫青年大敌当前应丢掉对敌人的幻想，积极拿起手中的武器加入抗日洪流中。

　　淞沪会战打破了日本 3 个月灭亡中国的美梦，尽管日本政府一再掩饰自己的侵华罪行，蒙蔽民众，长期的战争致使日本国内的政治经济状况发生了变化，国内民众产生了厌战情绪。根据 1938 年 5 月 7 日《福建公教周刊》报道，"早稻田大学，学生教授具有反战思想者，占 75% 以上，并与台湾朝鲜的革命党联络，组织严密，成为日本军阀的心腹之患"②。1944 年，日本反战组织在华北有 13 个支部 223 人③，反战士兵成为作家笔下的描写对象。1938 年 8 月 7 日，《大公报》介绍生活书店的新书丁玲著的《河内一郎》三幕剧，广告介绍了主要内容，"为日本俘虏河内一郎的觉悟，河内一郎受尽了日本法西斯的折磨；现在由我们优待俘虏的恩惠，终于回国了。他呼喊日本劳苦大众，联合起来打倒日本法西斯，全剧情景深刻动人，反映敌军厌战恐怖的心理"④。河内一郎的举动告诉我们，他不仅代表日军中的反战士兵，更代表了具有反战情绪的日本民众，这种新颖的视角会足以促使读者产生一睹为快的愿望。

---

①　大公报（重庆）［N］. 1944 – 11 – 18（1 – 1）.

②　福建公教周刊［N］.（时事特辑第四第五号）［N］. 1938 – 5 – 7.

③　马宇平，黄裕冲. 中国昨天与今天［M］. 北京：解放军出版社，1989：519.

④　大公报（汉口）［N］. 1938 – 8 – 7（1 – 1）.

抗战时期，诗人们运用"手中的枪"投身到抗战的洪流中，为抗战救亡摇旗呐喊，把爱国的英勇事迹传遍了每一个角落，1942年10月10日，《大公报》介绍了人间出版社出版，张泽厚创作的七千行叙事长诗《花与果实》："本书第一部《鲜血染赤了白山黑水》是描写九一八事变及事变后，日本法西斯强盗的血腥统治面目，以及我东北同胞被剥削被践踏的凄惨生活，举凡马占山之孤军抗日，各地义勇军奋起，团结一致反抗法西斯的政治统治与汉奸的卑鄙无耻，则为第一部歌咏的主要对象，至于长白山与安岭黑龙江之壮伟，辽河松花江的富庶，东北四时风光，居民的习俗，莫不表现于此书中，作者积十余年诗歌努力的经验，以雄壮的韵律，朴实的语言，清新的风格作成此长七千行之巨构，堪称抗战文艺的重大收获。"① 充满爱国激情的诗歌脍炙人口，易于流传，在抗战期间起到了非常重要的作用。

四、艺术作品广告中的反侵略教育

歌曲可以宣泄情感、交流思想，调动情绪、烘托氛围，1937年11月30日，《大公报》推荐了蛇山书店出售的《民族救亡之歌声》时，称其是为了"提高抗战情绪"② 而出版；1945年8月17日，《大公报》极力推荐重庆教育书店总发行，联营书店分别营销的，由李士钊译词，五线谱简谱合刊中英文对照的《联合国歌》，期待读者唱响世界和平之歌。1945年8月22日，《大公报》再次为此书刊登广告，认为："胜利庆祝大会必须唱歌、人人必须会唱"联合国歌"③，浓烈的爱国情感和对世界和平的渴望寄托在歌曲中。

抗战时期，以图像为主文字叙述为辅的画报、画刊，"以活跃的姿态揭露战地面目 用真实摄影传递火线情报"④，形象直观地记录战事发展，图像弥补了文字的晦涩难懂，能使信息传播接触到更广泛的民众。1926年创刊于上海的《良友》画刊在抗战爆发后，在战火中遭受严重的损失，几次被迫停刊迁址，但它

---

① 大公报（重庆）［N］. 1942 - 10 - 10（1 - 4）.

② 大公报（汉口）［N］. 1937 - 11 - 30（1 - 1）.

③ 大公报（重庆）［N］1945 - 8 - 22（1 - 1）.

④ 大公报（上海）［N］. 1937 - 9 - 20（1 - 1）.

坚持以抗战宣传为己任，宣言"我们是中华民族的子孙，当不能屈辱于暴力之下"①。日军悍然进攻卢沟桥之后，1937 年 8 月 1 日，《大公报》力荐良友图画公司经售的《卢沟桥事件画刊》，以"拼全民族生命以求国家生存"② 为画刊广告的标题，称七七事变为"华北大战之序幕"③，告诫读者华北形势危急，唯有全民抵抗才有生的希望；在《抗战画刊》④ 广告列举主要内容，"陷在泥沼的野兽、放下锄头拿起枪来，工作起来吧、战时的国画、放下自杀的枪等内容"。《战时图画手册》广告阐释了战时图画的作用，"图画是战时宣传的利器，它能代表实物现象来说明一切，它具有文字和语言所不能表现的一种深入民间的力量，本书制图 67 幅，组合小图有三百数种之多，不仅可以供战时宣传工作之参考、战时学校图画之教材，同时也可灌输民众现代基本兵器常识，全部图版印刷非普通木刻版本可比"⑤。认为它的最大价值在于便于抗战宣传教育。在抗战的艰难岁月中，中国人以自己坚强的毅力支撑了世界反法西斯战线中的关键环节，赢得了国际社会的尊重，重新确立了世界大国的地位，1945 年 7 月 1 日，良友图书公司出版《联合国高级将领照相册集》广告中讲到"联合国胜利即在，在东西战场主持军事之高级将领除四大领袖外，余者只在报纸上时见，其勋功伟绩，然庐山面目苦未认识，更无缘得真迹照片，以资随时瞻仰。本公司顷集联合国高级将领照片，最近所摄半身人像十六幅编成一集，完全真迹照片精裱于布纹厚卡之上，附有中英文全名，极合悬挂瞻仰之用。不特为一有历史价值之艺术品，且有宣传及教育意义，乃抗战期间一大精美贡献。"⑥。这则广告给读者提供了近距离地了解战斗英雄、领袖人物的可能，建立读者对他们的崇拜与好感，激发一睹为快的看画刊的欲望。1945 年 7 月 10 日，《联合国领袖暨各战场名将相片》⑦ 的广告同样是在介绍大国领袖，其中自然寄寓了国人恢复大

---

① 良友（影印版）[N]. 上海：上海书店，1986（138）.
② 卢沟桥事件画刊 [J]. 良友图书印刷出版，时事图书出版社，1937：8.
③ 大公报（上海）[N]. 1937 – 8 – 1（2）.
④ 大公报（重庆）[N]. 1939 – 4 – 7（1 – 1）.
⑤ 大公报（重庆）[N]. 1938 – 3 – 22（1 – 1）.
⑥ 大公报（重庆）[N]. 1945 – 7 – 1（1 – 4）.
⑦ 大公报（重庆）[N]. 1945 – 7 – 10（1 – 4）.

国地位后的自豪感和自信心。不言而喻，无论是战事画刊还是领袖人物画刊都是反法西斯联盟的正义化身，向尚处于法西斯侵略奴役下的国家宣告正义必定战胜非正义，反人类的罪行必将被全世界和平力量打败。

　　漫画是一种幽默的艺术，轻松戏谑中蕴含着深刻的道理，抗战宣传中漫画是常见的方式之一。1931 年 11 月 31 日，《大公报》推荐上海抗敌后援会漫画界救亡协会主办《抗战漫画》①发挥抗战漫画的作用，"集合全国优秀漫画家之力作 是对敌人恶宣传的强大打击"②。抗战艺术作品广告通过听觉、视觉符号的复杂、多样、多义性，传达给受众各种信息，在吸引更多读者了解画刊的同时，唤起中国人保家卫国、抗战到底的斗志。

第三节　政论类书刊广告蕴含总体战思想

　　七七事变后，日本疯狂地加快侵略的步伐，中国人应怎样认识日本侵华，这是关注抗战形势的爱国人士亟须得到解答的问题，按照全国报刊索引统计，1937 年间报刊上发表了 72 篇关于如何看待日本侵华的文章。事实上，日本侵华战争的侵略性、长期性、非正义性决定了中国人必须在认清战争形势，认识到中日经济、军事实力差距甚远的现实状况下，集中一切力量进行全民族持久抗战是最正确的战略。但是如何引导民众理解认知总体战从而积极投身到抗战洪流中？《大公报》根据读者潜在心理需求，从各个角度，选取相关书籍，精心设计广告文案，列举图书的特点，向广大读者推销此类书籍。

一、聚焦研究中日战争类书刊

　　一·二八事变中，十九路军和第五军的密切配合致使日军损伤惨重，侵华进展缓慢，中国军民的顽强抵抗精神也被中外各大报纸竞相报道。"谁谓我国不

---

①　大公报（汉口）[N]. 1937－11－31（1－1）.
②　大公报（汉口）[N]. 1937－12－19（1－1）.

堪一战，请以最近上海之战绩观之谁能否认"①，1932年2月8日，《大公报》在《征倭论》的广告中指出本书充分论证"倭寇如纸老虎绝对不能作战战亦必败"②，告诫国人，"时逢春节国难当头敬请爱国人士用此书赠馈亲朋好友俾使人人咸知倭人之野心及其虚中之事实也"③。建议读者，国难中与亲朋好友庆祝节日的方式可改为互赠《征倭论》，让更多的人了解日军并不是坚不可摧的，帮助国人树立抗日的信心。抗战形势下，广告主利用国人话亲情、叙友情之际，给受众推荐了新颖的祝福节日方式，既想达到书籍畅销的目的，又想通过阅读加强民众对日军军队实力的认知。1932年11月18日，《大公报》专门声明"《征倭论》低价普及"，"业经售罄而各方购买仍络绎不绝"④，为满足读者需求，《征倭论》由作者龚德柏自行重版印刷，据《救国日报》记载，"各大都会销售十余万册"。⑤ 这都足以说明，该书需求量较大，间接得知它在读者群中产生了一定的影响力。

日本单方撕毁《九国公约》打破凡尔赛—华盛顿体系，悍然发动侵华战争，对中国各地民众进行无差别轰炸，公然违背《国际法》与人道主义。1938年6月4日，《大公报》介绍由中山教育书馆编印，郭长禄著的《论日机轰炸之违法》的广告中，建议读者拿起法律的武器向世界控诉日本的罪行，从五个方面，"一、引言 二、国际空战法规立法史的问题 三、欧战列强之轰炸方针及其案例 四、日军轰炸之我国法律问题 五、结论"⑥，旁征博引，痛斥"日寇空军对于我国各地之文化慈善机构以及平民住宅，滥施轰炸，本非法律与人道所为"⑦。广告中肯定了该书的价值，"抗战以来就国际法立场驳斥日寇空军暴行之第一篇文字"⑧，以它研究问题的创新性赢得读者青睐的可能性。1940年3月8日，《大

---

① 大公报（天津）[N]. 1932 - 2 - 8 (1 - 1).
② 大公报（天津）[N]. 1932 - 2 - 8 (1 - 1).
③ 大公报（天津）[N]. 1932 - 2 - 8 (1 - 1).
④ 大公报（天津）[N]. 1932 - 11 - 18 (1 - 1).
⑤ 救国日报赠送征倭论 [N]. 国难专报, 1933 (6)：7.
⑥ 大公报（汉口）[N]. 1938 - 6 - 4 (1 - 1).
⑦ 大公报（汉口）[N]. 1938 - 6 - 4 (1 - 1).
⑧ 大公报（汉口）[N]. 1938 - 6 - 4 (1 - 1).

公报》在为独立出版社出版，杜呈祥著的《日人海盗行为的重演》① 刊登广告时，认为"历史上的倭人，时以海盗行为扰害我国沿海的地方，现在又来重演一下"，从历次日本侵略中国的事实说明，日本侵华不是偶发现象，而是侵略成性，蓄谋已久，但把日本的肆意侵略简单等同于"扰害"，对日军侵略行为没有深刻的认识，从另一个侧面也能引起读者对日本侵略加以辨析，加以深度思考。

淞沪会战后，日本 3 个月灭亡中国的美梦破灭，战争的走势将是什么？《大公报》着力推荐各种关于分析日本侵华战争的书目。1938 年 6 月 3 日，《大公报》根据时下热点问题，向读者介绍了世界知识战时丛刊郑森禹著的《日本经济能否持久作战》，客观地分析了日本帝国主义经济财政脆弱的现状，"它在经济方面，资源的贫乏，财政的困难，贸易依赖于国外市场，这种弱点在长期战争中特别容易暴露出来，而且在最后必将促成它的崩溃"②，论证了日本并不具备打持久战的优势，为处在恐惧、焦虑、迷惘中的读者树立持久抗战，抗战必胜的信心提供帮助。曾在苏联风行阅读的哈耶马原著《日本论》③ 也列入《大公报》书籍广告所推荐的书目当中，他认为，"抗战进入新阶段，我们不应只注目于军事上暂时的胜负，同时更要注意政治经济，看到底是谁有持久以作战的能力，尤其是对于敌国的内情，应该有正确的估计和认识，所谓知己知彼才能百战百胜"④。书中的观点与毛泽东提出的持久战略不谋而合。

1940 年 1 月 15 日，《大公报》为正中书局出版，黛如朴著《日本对我国侵略之剖视》⑤ 一书做广告，通过分析日本之军政、财阀及财政现状等，得出日本必败中国必胜的结论。1940 年 3 月 8 日，《大公报》为独立出版社出版，潘公展著《以不变应万变的抗战原理》⑥ 做宣传，广告中围绕"合乎正义者胜，背乎正义者败"⑦ 的规律，指出日本的侵华战争的非正义性，得道多助失道寡助，

① 大公报（重庆）[N]. 1940 - 3 - 8（1 - 1）.
② 大公报（汉口）[N]. 1938 - 6 - 3（1 - 1）.
③ 大公报（汉口）[N]. 1938 - 6 - 18（1 - 1）.
④ 大公报（汉口）[N]. 1938 - 6 - 18（1 - 1）.
⑤ 大公报（重庆）[N]. 1940 - 1 - 15（1 - 1）.
⑥ 大公报（重庆）[N]. 1940 - 3 - 8（1 - 1）.
⑦ 大公报（重庆）[N]. 1940 - 3 - 8（1 - 1）.

中国人应据此相信，无论国际局势如何变幻莫测，正义的战争必将赢得全世界爱好和平人士的支持。1940 年 7 月 5 日，《大公报》为中国文化服务社出版，朱云影著《日本必败论》做广告，广告中"我愈战愈奋，愈战愈弱""必胜"①中心词专门加引号标注出来，醒目、简洁、好理解、便于识记。除此之外，在广告内容中点出本书的特点"从来研究敌情的著作，多作片面观察，本书则从各个角度，将敌我形势综合研究，举凡敌我军事经济政治社会及国际形势各个方面莫不有详细地分析"②。最后，说明阅读此书的目的在于"必能增强必胜的信心"③。

二、介绍探究战略的书刊

总体战的术语来自法文"total"，其原意为总体的、全面的、全体的，后引申为全民的、全面的战争。④ 第一次世界大战的大规模、长期化的态势催生了"总体战思想"。"一战"后，欧美军方人士开始讨论总体战，法国莱昂·道迪首次提出整体战的概念，现代化战争不仅是军队之间的战争，要动员各方社会资源和社会力量参与到战争中来。真正把总体战发展成为战略理论并加以全面系统论证研究，是德军总监鲁登道夫，总体战思想集中体现在 1935 年他创造的《国家总体战》一书中。

1. 总体战理论阐述

1936 年，张君劢把《国家总体战》译为《总体战》，这是总体战思想在中国最早的传播，而后，杨杰、蒋百里等人纷纷著书立说，把总体战思想与中国抗战的实际情况结合起来，对战时国内政策的制定产生过一定的影响，相关的书籍也不断出版。1937 年夏天，蒋百里的《国防论》经上海大公报社刊印，《大公报》连续一个月都在为其刊登广告，广告中首先介绍了该书的特点，"专攻六大国军事考察之结晶，站在中国国防立场上对于古今中外的经济政治宗教

---

① 大公报（重庆）[N]. 1940 - 7 - 5（1 - 1）.
② 大公报（重庆）[N]. 1940 - 7 - 5（1 - 1）.
③ 大公报（重庆）[N]. 1940 - 7 - 5（1 - 1）.
④ 姚有志. 20 世纪战略理论遗产 [M]. 北京：军事科学出版社，2001：291.

艺术与宗教艺术观之总体检讨!"① 借鉴西方的军事理论,结合中国国防实际情况而作。接着,说明书中内容的前沿性,"有世界国防之新趋势"。最后,以畅销、脱销诱导读者尽快购买。"本书脱稿之际,各界要求订阅之数达到2万余册,预料初版出书,必然供不应求,读者如欲先睹,务请及时约定。"② 《国防论》的广告也提醒大家要加强国防建设。读者朱季武在评蒋百里先生的《国防论》中说:"《国防论》这部伟大的书,我重读它已经有三次了,远在两年前,我第一次看到它,我被它警钟般的字句吸引了……我们可以想象到本书的蒋百里先生是怎样大声地唤醒我们啊……"③ 可见,《国防论》对知识分子的影响是非常之大的。

1938年2月5日,《大公报》推荐大时代丛书之一,李浴日的《空袭与国防》,在广告中肯定了现代战争中防空的重要性,"在立体战争中,空袭与防空是极严重的问题。要明了防空当先要明了空袭"④,指出了对空袭知识的掌握是防空的先决条件。概括了主要内容,"对于空袭部分如军用飞机的种类和性能,空军根据地,空袭的意义,所投的弹类等叙述非常详明,对于防空部分说明实践与种类,积极防空和消极防空,并附插图多帧"⑤。本书作者为民国时期著名的军事理论家,对孙子兵法研究很深,他的《千机毁灭日本论》一文运用古代战术对中国空袭的功能、可能性有深度论证,非常受读者的欢迎。广告主要采用作者的影响力"软广告"的方式进行,从广告心理学上讲,类似于书评之类的软广告相对容易被读者接受,助力读者对图书需求的判断和认定。1938年5月14日,《大公报》推荐了上海杂志无限公司发行的李鸿琼著《国防基本兵器讲话》,广告强调了,"现代新兵器实在日新月异种类繁多,我们要使用它,必须懂得它的性能与用法"。⑥ 在全民族抗战时期,兵器的使用范围不仅限于军队和军人之中,"在伟大的抗战中,每一个中华儿女,都要起来为保卫民族而斗

① 大公报(天津)[N]. 1937-7-7(1-2).
② 大公报(天津)[N]. 1937-7-7(1-2).
③ 朱季武. 评蒋百里先生的《国防论》[J]. 今天,1938,11.
④ 大公报(汉口)[N]. 1938-2-5(1-1).
⑤ 大公报(汉口)[N]. 1938-2-5(1-1).
⑥ 大公报(汉口)[N]. 1938-5-14(1-1).

争，所以每一个优秀的国民都要明了现在国防所有的基本兵器是什么，本书除详细的介绍外，更每种附以插图，说明它的种种构造"。广告试图改变，国防只是军队的事情的狭隘观点，期待更多的人了解、使用国防基本兵器，拿起武器保家卫国。

2. 经济抗战

抗日战争阻碍了中国现代化的进程，给积贫积弱的中国以沉重的打击，调动起一切尽可能的因素进行全民族自卫战是非常必要的。《大公报》刊登的书刊广告总揽抗战与粮食、体育、工业、天气等关系的著作，贯穿着对全民族抗战的阐释，目的在引导国民认识抗战的艰难性，做好打持久战的准备。

中国是农业大国，粮食生产是农业经济的命脉，战时粮食生产还兼负战略物资的需求，不仅供给军民的衣食，而且是后方工业生产的原料来源。然而，抗战爆发后，中国的农业经济遭到极大的破坏，粮食生产量骤减，据统计1937—1938 年全国稻麦种植面积损失达 38%，产量损失为 22%①。日本 "速战速决" 的战略失败后，继而实行以战养战的政策，变本加厉地征集粮食。农村经济不断地萎缩甚至破产，抗日战争进入相持阶段后，《大公报》介绍 23 种关于粮食问题的书籍，其中反复做广告的书籍有，1939 年 4 月 30 日，《战时粮食问题》，广告直截了当地指出粮食对战争的重要性，"战争不败于军事而败于经济，最重要的是国内粮食不足"②，引起读者对粮食问题的关注，而此书对抗战时对于粮食问题及目前粮食问题有完善的解答。对现有粮食如何进行有效管理，1939 年 10 月 2 日，《大公报》推荐《粮食管理篇》③，这本书内容理论与实际并重，作者在量化分析的基础上对战时中国粮食管理政策提出切实可行的意见，介绍粮食管理之基础知识，对读者认识战时国内粮食资源的现状大有裨益。近代中国的工业本来就很薄弱，主要集中在沿海地区，卢沟桥事变爆发，抗战军兴，各重要工业区相继沦陷，按照日方统计，淞沪会战后，上海被毁的工厂有

---

① 董长芝，李帆. 中国现代经济史 [M]. 长春：东北师范大学出版社，1988：159.
② 大公报（重庆）[N]. 1939 – 4 – 30（1 – 1）.
③ 大公报（重庆）[N]. 1939 – 10 – 2（1 – 1）.

2270 家①，对于工厂内迁后，如何建设工业更符合战时环境，满足战时需求，《大公报》推介了一系列与工业有关的书籍，指导大后方建设。

3. 文化抗战

文化抗战也是总体战的重要组成部分。上海杂志无限公司认为作为文化出版工作者"自卢沟桥抗战发动后，本公司同人深感文化救亡之职责，即从事战时新闻之编印"② 及时出版适合战时所需书籍是自己的职责所在，《战时文学》《文化战线》《怎样动员农民大众》等都是它们出版的战时书籍。1941 年 2 月 21 日，《大公报》推介夏衍先生的力作《心防》，③ 广告中也强调了文化抗战的重要性，"当国军在津沪平地上抵抗疯狂的敌人，坚持了三个月，粉碎了敌人征服中国的梦想，我们的文化战士在国军西撤时，在孤岛上在敌人和汉奸的围攻之下苦撑着，到今天还没有撤退，他们坚持了一条防线，文化防线我们不能放弃永远不能放弃，这是上海五百万人心中的防线，为什么能坚持到现在呢？不是武力不是金钱，而是文化，筑起的文化堡垒，有人说上海作家报纸足抵二十万大军，这不是夸耀的"，号召上海作家用自己的作品筑起文化抗战堡垒。1938 年8 月 2 日，新闻界的老战士以其历年斗争经验和学识配合当前的抗战政策，呕心的作品《战时新闻学》的广告中讲述新闻宣传对现在战争的重要意义，它说："现代战争不是单纯的武力战而是全体战，它包含武力战外交战经济战至宣传战，新闻战尤其是宣传战，新闻战是争取国际同情和援助的唯一。但是这在我国自抗战以来是被忽视而现在不得不整饬阵容发挥威力的。"④ 建议"要培养大批大批的战时新闻战士我们要扩大战时新闻宣传，配合抗战政策作为抗战的一支生力军因此战时新闻便成了一个特殊体系"⑤。战时文化工作者们坚持创作，参与形塑抗战文化形态，他们对抗战文化的反思与建构也为当时处在迷惘中的大众指引了方向。

---

① 朱斯煌. 民国经济史 [M]. 郑州：河南人民出版社，2016：244.

② 大公报（汉口）[N]. 1937 – 11 – 20（1 – 1）.

③ 大公报（重庆）[N]. 1941 – 2 – 21（1 – 1）.

④ 大公报（汉口）[N]. 1938 – 8 – 2（1 – 1）.

⑤ 大公报（汉口）[N]. 1938 – 8 – 2（1 – 1）.

4. 其他抗战方式

在抗战时期冲锋陷阵，流血牺牲是直接为抗战做贡献，个人努力锻炼身体，增强身体素质，随时做好后援准备，既能改变个人精神面貌也间接为抗战做贡献。1938年6月4日，《大公报》在介绍《抗战与体育》①时，引用英前首相路易·乔治"以三等体格之公民不能造成一等之国家"的话语，尽管非常武断地把强健的体格看成造就强大的国家决定性因素，但是表达了国民体格之关系与国家地位者何等重要。本书以抗战与体育为题，笔者本其教学之经验，对于各国体育在战时之贡献，以及抗战时期我国民众体育军事体育学校体育与儿童少年体育之实施办法，讨论详尽。凡民众训练和体育教师不可不读。重庆多雾天气形成天然屏障阻碍日本的空袭，提醒民众利用天时地利之便进行抗战是确实可行的。1939年4月18日，《大公报》介绍《抗战与天时》，"书中分析天时对于抗战的影响、现代战争的重视天时、我国的气候和天气、战时国民对于天时应有的注意，如保守气象秘密，协助我军利用天时留心天气避免损害等。由天时论我抗战必胜。著者为地修学专家，本文所述可以增加国民对天时的认识，可以提供军事当局作定计决策的参考"②。

总之，就像1944年11月21日，《大公报》力荐《国家总力战论》时，在广告中分析的一样，现代战争是国家总力战争，国家间战争者为经济战、政治战、武力战、思想战、技术战，提醒"举凡各国国民，明了此书，明确自己岗位，对抗战各尽所能，获得最后之胜利"③。

三、推荐分析国际形势类书刊

南进是日本称霸亚洲和西南太平洋的战略计划部分，1936年8月，广田内阁出台了《国策基准》，将向南方海洋发展正式定为国策。七七事变后，日军在中国战场陷入长期的泥潭，日军战略资源日趋枯竭，企图以南洋的物资支持长期抗战。1938年，陆军大臣杉山元提出解决中国事变，只有向南方伸出脚。

---

① 大公报（汉口）[N]. 1938 – 6 – 4（1 – 1）.
② 大公报（重庆）[N]. 19394 – 18（1 – 1）.
③ 大公报（重庆）[N]. 1944 – 11 – 21（1 – 1）.

1939 年 2 月，日军占领海南岛，被称为太平洋之九一八，3 月日军占领南沙群岛，夺取了南中国的制空权和制海权，对印度支那安全造成威胁①。1939 年 3 月 31 日，《大公报》向读者推荐陈石孚等主编的《中国抗战之国际意义》②，广告肯定了中国抗战的国际意义，以及对世界和平和世界前途也起到了决定性作用。1939 年 4 月 18 日，《日本南进与太平洋形势》在独立出版社的新书广告中，占据 1/3 的版面。广告提出了中日战争所牵涉到的英美大国在华利益，分析了国际关系的变化，它说："日本先后占领了中国南海中的主要军略据点，如东沙群岛、金门、厦门、南海、广州、海南岛以及最近的巴特莱岛均是，此举对于英法美荷在太平洋的领土权益，不消说是一个重大的威胁，今后是英法美荷退出远东呢？还是大家联合起来共同对付日本呢？是我们同感关切的问题③"。本文著者首先暴露日本独霸远东征服世界的雄心论述，日本南进与太平洋霸权的争夺，最后详细剖述受日本威胁下的英帝国领地香港、新加坡、印度、澳大利亚、新西兰，美领地菲律宾、夏威夷，法属越南，荷属东印度各地在太平洋中所处的地位及其国防准备情形，搜罗宏富，议论透辟，堪称研究远东问题的佳作。

1938 年 10 月，日本政府发表建设东亚新秩序的声明，企图建立日、满、华政治、经济、文化等方面的"连环互助"关系，在日本的诱降下，国民党汪精卫集团公开走上叛国投降之路，此举公布于众后，引起全国一片哗然，国民政府要员陈克文在日记中就表示费解"汪先生的议和主张到底弄到国府下令通缉了……我们以往对他敬佩的人，到此除了心痛之外，还有何可说？他的行动似乎找不到一点理论的根据"④。

为了揭穿日本灭亡中国独霸亚洲的阴谋，1939 年 4 月 30 日，《大公报》在独立出版社半月新书推荐中，介绍杨云竹著《所谓〈东亚新秩序〉》一书："敌人最近号召的所谓东亚新秩序是灭亡我国的阴谋，领袖首先对于此予以痛斥，

① 王绳祖. 国际关系史［M］. 武汉：武汉大学出版社，1983：52.
② 大公报（重庆）［N］. 1939 - 3 - 31 (1 - 1).
③ 大公报（重庆）［N］. 1939 - 4 - 18 (1 - 1).
④ 陈方正. 陈克文日记（上册）［M］. 北京：社会科学文献出版社，2014：409.

全国各界人士亦复有严正的批评，本书系社编制而成，读此足以加强抗战意志增进必胜的信念，中等学校特种教材非常时期特殊教材之用。"① 从简短的介绍中我们就可以看出，这本书先是包括了政府、社会人士痛斥"东亚新秩序"的言论，从多个角度表明民众抵制日本诱惑，坚决抗日的决心，建议可塑性较强的中学生可以作为课堂使用教材，帮助他们通过日本友好的现象看其侵略的本质。日本根据东亚新秩序的侵略计划，1940 年 8 月 1 日，提出了大东亚共荣圈，"以解放殖民地，互相尊重彼此为口号"，在驳斥大东亚共荣圈理论的众多书刊中，1942 年 10 月 3 日，《大公报》推荐了中央宣传部国际处编译的《日本觊觎中的东亚共荣圈》，广告中说："日寇抱着侵略野心提出所谓'大东亚共荣圈'的口号。觊觎着整个远东的土地资源，敌国的杂志报纸竞相认为其属于大东亚共荣圈内的各地经济资源状况，列举越南泰国马来半岛荷印澳洲新西兰印度等地的经济概况，便是根据其所揭载的资料编辑而成，对各地农产地产贸易方面都有详尽的数字统计，凡研究国际政治经济者实不可不备。"② 从广告内容中，我们就可以看出，这本书详细地分析"共荣圈"内的国家所拥有的丰富的经济资源后，揭露了日本所谓"共荣圈"并不是为了"共荣"，真正的目的是想把东亚各地丰富的资源据为己有，为下一步南进扩张储存资源，提醒读者认清楚"东亚共荣圈"的本质，免受蛊惑。

第四节　社会教育类书刊广告突出国防教育诉求

近代中国国民的国防观是在国防危机中逐步形成的，鸦片战争以及随之而来的"夷夏"观念，促使思想界感受到前所未有的挑战和危机；洋务运动时期，越来越多的人感受到"三千年未有之变局"的危机；甲午中日战争之后，国人明显意识到中华民族面临"亡国灭种"的危机；抗日战争是近代中国所面临的

---

① 大公报（重庆）[N]. 1939 – 04 – 30（1 – 1）.

② 大公报（重庆）[N]. 1942 – 10 – 3（1 – 1）.

最严重的民族危机，面对强敌入侵，动员全民族众志成城，团结一致抗击侵略者是战胜强敌的唯一出路。在当时文化水平并不高的近代中国，以通俗读物的方式普及国防军事知识尤显必要。投身于救国运动中的出版界致力出版以普及国防教育为目标的书刊，生活书店申言"以大众的立场为立场，以人民的利益为前提"①，全身投入抗战出版事业，从1937年到1940年年底3年半的时间，它出版了杂志8种，书籍600余种。② 其中也包括"黑白丛书战时丛书""战时大众知识丛书""世界知识战时丛书"。七七事变后，通俗读物编刊社连夜编印了《血战卢沟桥》5万册，向全市军民散发。③ 战时编者和出版商的国防教育诉求在《大公报》的教育类书刊广告中表现较为突出，而《大公报》除了在社评中呼吁民众树立国防意识，专门划出大面积板块，用来推荐国防书刊，阐述新的国防价值观，透露着编者和广告商对国防问题的思考。

一、安全自卫教育书刊广告

抗战爆发后，日本开始对中国狂轰滥炸，"大后方在日军空袭威胁下跑警报、躲警报，犹如家常便饭"④，仅湖南一省，抗战期间，先后遭到日军空袭680余次，每次少则1架，多至100架，共炸毁房屋6.66余栋，炸死炸伤2.82万余人。⑤ 空袭使民众的财产、生命安全受到极大的威胁，为满足读者对防空知识的需求，最大限度地覆盖读者目标，《大公报》针对不同的读者群体，推荐了相应的国防教育类书刊。

1. 防空书籍

为了让普通民众深入了解防空的必要性，初步把防空知识正确地运用到实

---

① 生活书店史稿编辑委员会. 生活书店史稿 [M]. 北京：生活书店出版有限公司，2013年：84.
② 生活书店史稿编辑委员会. 生活书店史稿 [M]. 北京：生活书店出版有限公司，2013年：95.
③ 周勇. 大后方出版史 [M]. 重庆：重庆出版社，2015：18.
④ 高杨. 民国第一现场 [M]. 武汉：华中科技大学出版社，2014：20.
⑤ 湖南省地方志编撰委员会. 湖南省志 军事志第五卷 [M]. 北京：中国文史出版社，1994：764.

际生活中，在敌军的轰炸机下进行自我防卫，1938 年 6 月 4 日，《大公报》推荐了中山文化教育馆编印的，作者朱晨根据自身实战经验而写成的《民众防空论》，广告从三个方面介绍书籍，"一是充实民众防空知识。二是民众必须有自身防空设备。三是提出关于民众防空之困难问题"①。这本书突破了以往防空研究只关注城市防空的空间局限，"文中对于以往专重都市防空之不足以解决全部民众防空问题，特加指出籍促各方注意"②。认为无论城乡，民众的防空自卫问题都要引起重视。抗日战争进入相持阶段以后，民众需要掌握的防空必备知识也越来越多，1939 年 10 月 2 日，《大公报》介绍正中书局出版的《防空篇》。按照广告中的简介，书中汇总了"各种轻航空器和重航空器的花色，炸轰弹和化学弹的性能，高射火器和防空仪器的威效，防空监视和识别敌机的办法，防空警报和灯火管锥的重要，军用毒气的普通性状和遇难工事的构造，防护剂和消毒剂的性质，防毒面具和防毒衣的功用，未来空袭和未来特种兵器等，无不有详尽论述"③。广告给读者提供了该书丰富的信息，让读者在寥寥数语中就能认识书籍的全貌与它特有的价值，为读者节约挑选图书的时间，很可能促成读者的购买行为。

部分书籍旨对青少年学生普及防空知识，1942 年 8 月 15 日，正中书局出版，航空委员会防空总监部民防处编写的《中学防空读本》广告中阐明了编写的目的"旨在学生明了空中战争之威力，防空之重要，以促进防空知识之普及，防空建设之发展"④。"内容共分引论、航空器、防空仪器，防空情报、防空监视、飞机识别方法、防空警报、交通管制、灯火管制、消防、防爆、救护、避难、疏散伪装与烟雾、工程、配给等二十二章，以普及国防知识为原则，专供一般中等学生研究国防战争之便利。"⑤ 目录式书刊广告帮助读者了解全书概要。正中书局出版的《高小防空读本》与《国民防空读本》衔接，适用于"高

---

① 大公报（汉口）[N]. 1938 - 06 - 04（1 - 1）.
② 大公报（汉口）[N]. 1938 - 02 - 05（1 - 1）.
③ 大公报（重庆）[N]. 1939 - 10 - 02（1 - 1）.
④ 大公报（重庆）[N]. 1942 - 08 - 15（1 - 1）.
⑤ 大公报（重庆）[N]. 1942 - 08 - 15（1 - 1）.

级小学生之用，目的在使小学生对防空知识及防卫技术做进一步了解与增进以期有益于实际应用，文字力求浅显，极能引起儿童的兴趣，编制采用单元编制"①。从其内容简介上看，既有专业性与普及性国防知识并重；从受众对象看，照顾到文化知识水平的差异。1943 年 10 月 15 日，《大公报》力荐中华书局出版的著名的国防理论家杨杰的《国防新论》广告中②就犀利地指出，"时代是战斗的时代，世界是战斗的世界，生活在这个时代的人们迫切需要的，除了了解生活还要了解战争，无论武装同志们还是在校学生，不论是公务人员还是学者商贾，都要做一个现代的国民，要适应这战斗的时代战斗的世界，将来中国的建国重心"③。总而言之，现代化的战争要求国民必须掌握基本的国防现代化的知识。

2. 防毒书籍

卢沟桥事变爆发后，日本大本营立即向中国派遣了化学战部队，研究、试验化学武器。自淞沪战役开始，日本频繁在中国战场上使用毒气，"日本侵略者在全面侵华战争中实施毒气战，其持续时间之长，用毒种类之多，毒袭范围之广和手段之残恶、行动之诡秘以及对使用毒气罪行之掩饰、狡辩、抵赖，都是人类历史上罕见的"④。战争时期，毒气灾害的中心地区是中国大陆，死伤人数为 940000 余人，其中死难者含军人和普通群众 10000 余人（是中国研究人员暂定的数字）。战后，中国研究人员确认了部分因接触日军遗弃的毒气武器而死伤者有 2000 人以上。现在受其后遗症及生活困难之苦寻求救济的人仍有很多。国民政府军遭受毒气伤害最严重的一次是 1938 年 8—11 月间的武汉会战，受毒害者至少 1350 人，其中死亡者最少也有 450 人。八路军方面，在 1940 年 8—12 月的"百团大战"中，有 21182 个受害者。东北地区乃至全中国，被作为毒气活体实验对象的受害者约有 1 万人。⑤ 民众深受毒气之害。

---

① 大公报（重庆）[N]. 1942 – 09 – 12（1 – 1）.
② 大公报（重庆）[N]. 1943 – 10 – 15（1 – 1）.
③ 大公报（重庆）[N]. 1943 – 10 – 15（1 – 1）.
④ 纪道庄，李录. 侵华日军的毒气战 [M]. 北京：北京出版社，1995：1.
⑤ 纪道庄，李录. 侵华日军的毒气战 [M]. 北京：北京出版社，1995：381.

为了对毒气及防护措施有基本的了解，增强其自卫意识，1937—1945 年期间，《大公报》向读者介绍毒气及防护知识读物，1937 年 7 月 19 日，《大公报》将新文书局《国民防空自卫》及《国民应付战争》合订本，以"国难临头人人必备"① 为广告标题，"为城市及乡间战事前的准备和国民应尽的义务，各项防空之重要，毒气弹防卫"做宣传，并在广告中表示，"宁愿牺牲普及公众预付邮费一角"，采用降低成本的营销策略普及国防知识；② 又如，非常时期的读物《毒气与毒气战争》详尽地介绍了"举凡各国制造毒气之秘密及经过以及迭次战争中使用毒气状况及防御办法"③；《防毒概论》④ 用简明的文字说明毒气的性能，防护防毒训练和中毒后救护等问题，当兹敌寇猖狂，凡前后方军民均应防其施毒，本篇材料切实，有人手一册的必要；《毒气与防护》⑤ 首述各种毒气与烟雾之性状、成分，次叙述防护方法，叙述简明扼要，堪称战时教材的补充。根据广告的介绍可以看出，这些防空读物内容集中在防护上，简明扼要，基本上是面向大众的通俗读物，便于文化水平不高的读者增加自卫知识。

关于描写国外抗敌卫国故事的书籍也被《大公报》在书刊广告栏目中广为宣传。1941 年 5 月 20 日，《大公报》推荐了《欧美抗战故事》，包括欧美抗战故事 16 篇。其中如希腊马拉松赛跑的起源，三百斯巴达人抗敌忠勇殉国，罗马的长期抗战，苏格兰的复兴，法国女英雄贞德，英国复仇舰队的一次奋斗，美国罗兰生夫人历险记，美国革命，纳尔选之死，提灯之女奈登格尔，凶猛的求婚者加里波底，以及第一次欧战中比利时的保卫战争，足予我人以抗敌御侮之激励，原作者如劳力、司格德、苏塞、豪艾斯尔和模特利等人，均为英美第一流作家，"故此书为爱国精英之反映，战时生活的写照。敌后不特可做抗战的借鉴，亦可会进文学上修养"⑥。这则广告巧妙地运用了心理学共情的理论，把中国的抗战故事与欧美抗战共识联系在一起，启发读者思考事情的本身，理解抗

---

① 大公报（天津）［N］. 1937 – 07 – 19（3 – 10）.
② （日）宫崎教四郎，赵忠侠译. 日军侵略中国及毒气战 ［J］.《博物院研究》2006（1）.
③ 大公报（天津）［N］. 1937 – 11 – 27（1 – 1）.
④ 大公报（重庆）［N］. 1943 – 02 – 20（1 – 1）.
⑤ 大公报（重庆）［N］. 1943 – 05 – 08（1 – 1）.
⑥ 大公报（重庆）［N］. 1941 – 05 – 20（1 – 1）.

战的艰巨性和重要性。广告中还列举了欧美战争史作家群担负起宣传启蒙的作用，为中国战时作家所承担的角色提供了借鉴。

二、普及军事教育书刊广告

游击战是被压迫民族反抗帝国主义侵略中采用的主要战略，毛泽东在讲到抗日战争的游击战略时，认为，中国是一个大而弱的国家，被一个小而强的国家所攻击，但是，兵力不足，在占领区留了许多空虚的地方，游击战略就显得重要了。战时军事战略类书刊也颇受读者的欢迎。

1. 战术普及读物

《大公报》也多次向读者推荐关于研究游击战略的书籍，像《游击战术讲话》广告中所讲，"避实就虚，声东击西，出奇兵以制敌不备，使敌人疲于奔命，无疑的这是目前抗战过程中将起着重要的作用，本书把前人从血的斗争中获得的真实经验加以有系统地整理，对游击战争的发动、组织、训练等作战方法都有分章详细说明"①。从简介中可以看出这本书系统地总结了游击战争的特点，阐明了游击战略的重要意义。1938年2月1日，《大公报》以"要争取全民抗战的最后胜利，必先从武装大众的头脑做起"② 作为生活书店《游击战术的实际应用》广告的标题，强调战时民众教育的重要性。之所以推荐这本书一是，源自它的实战经验的总结，"作者是一位参加战争的战士，凭他在血肉斗争中的经验，写成这个册子。"③ 加之，"它是一本名副其实的游击战术实际应用书，内容共十九册，关于游击队的组织训练，武装与给养，作战的方法，以及对敌对己的政治工作和教育工作，都有深切的讲述。这些实际应用的知识，不但适应在十人百人的游击队中，就是上万游击队中也是一律适用"④。实用性、适用性都很强，适合推荐读者阅读。1939年1月3日，《大公报》介绍的《抗日游击

---

① 大公报（汉口）[N]. 1937 – 11 – 17（1 – 1）.
② 大公报（汉口）[N]. 1938 – 02 – 01（1 – 1）.
③ 大公报（汉口）[N]. 1938 – 02 – 01（1 – 1）.
④ 大公报（汉口）[N]. 1938 – 02 – 01（1 – 1）.

战争的战术问题》①包含游击战术的十个问题，基本要求、侦察调查、破坏、袭击、行军宿营、供给卫生、地方戒严、坚壁清野、队员休息，从介绍中就能看到游击战术的基本环节。号称拥有百万读者的上海杂志无限公司出版的通俗读物《游击小丛书》《游击队的政治工作》《游击队的交通与通信》《游击队的警备与侦察》《游击队的射击训练与爆破技术》②等书刊广告中也在《大公报》上反复刊登，给受众持续、反复刺激，增加读者对它的记忆和关注度。

闪电战和夜袭战术也在《大公报》的广告简介中有所体现，《夜间攻击之研究》核心思想是出奇制胜，它汇集"积两年经验认为夜间杀敌的唯一手段是前方各高级将领纷纷具申意见，陈述夜间的重要性。本社为适应战时需要起见特请候志联上校将其在陆大研究之精髓及抗战事实之经验编成书为杀倭制胜之一助，其内容除阐明夜间攻击一切要旨外，更进而探讨利用地形步炮兵迂回等之应用，可谓，尽以正会以奇胜之能事有志杀敌致果之袍泽当必以先睹为快"③，是从实战中总结出的作战方法。1939 年 10 月 18 日，《闪电战》广告推介关于闪电战的著作，重点在于推荐闪电战术，"闪电战名词，虽已甚嚣尘上，但关于具体战法，尚少记述，本书为西班牙战役起经此次大战至现在止，所获作战经验教训之结晶品，见解正确，内容丰富，理论与战例同举，战术与技术并重，关于闪电战之起源发展以及反闪电战之战役战术上之研究，与现代军队应用新兵器所采之新编制之而生之新战法等诸问题，均阐述极详细，誉为近代兵学界的杰作"④。陈孝成编著《抗战军事记略》被《大公报》在广告中称为，"出钱救国者不可不读 出力救国者不可不读"人人必读书目。由于书中详细介绍了"有山地战战法、有河川战战法、有开阔战战法、有湖沼战战法、有阵地战战法、有运动战战法、有游击战战法、有空军之战法、有海军之战法、有陆海空军协同作战之战法、有步炮飞机协同作战之战法"。⑤针对不同的作战环境提出相应

---

① 大公报（汉口）[N]. 1939 – 01 – 03（1 – 1）.
② 大公报（重庆）[N]. 1940 – 10 – 11（1 – 1）.
③ 大公报（汉口）[N]. 1939 – 10 – 18（1 – 1）.
④ 大公报（重庆）[N]. 1943 – 6 – 19（1 – 1）.
⑤ 大公报（重庆）[N]. 1940 – 10 – 11（1 – 1）.

的战略。

2. 兵役宣传教育

如前所述，抗战爆发后，国民政府在逐步规范兵役制度，《大公报》广告也积极宣传兵役，1938 年 4 月 1 日，《大公报》介绍《兵役宣传特刊》所刊登的文章①《推进兵役办法》，《送出征勇士歌曲》，《全国同胞应踊跃服兵役》，号召国人踊跃参军；1939 年 4 月 1 日，《大公报》又推荐了用于训练士兵及壮丁的书籍《抗日战士读本》② 内容包括军事、政治、自然科学、和历史地理等常识，是抗战军队中一般士兵所应知道且易于了解的一些问题。最适宜连队中文化程度较高的士兵作为识字课本或作一般壮丁训练的常识教材。兵学书店《投考陆大的指南》《加强步兵团应用战术》《兵役法令汇辑》《战斗纲要释要》《军人读训诠释》③ 这些书刊广告语通俗易懂，既传播了兵役知识，也普及了初级的军事知识。

三、书写历史英雄人物的书刊广告

从历史发展的角度看，英雄人物扮演着重要的角色，它既是民族精神的化身也是文化精神的载体，时代对它的建构取向差异决定了它的内涵有所差别。抗日战争时期，民族危机面前，史学家、文学家等在民族英雄记忆的基础上建构起战时英雄谱系，国内外民族英雄事迹都纳入其中，以报纸书籍为载体进行解读、宣传，对动员民众抗战、凝聚民众向心力，团结一致抗战到底起到推动作用。

（一）搜集民族战斗英雄的故事

抗日战争时期，无论是政府还是知识界人士都非常重视民族英雄的建构。1938 年，教育部民众读物编审委员会编著《非常时期民众丛书》，收录有韩世忠、岳武穆、文天祥等古代民族英雄的故事，以此向广大民众宣传民族精神与

---

① 大公报（汉口）[N]. 1938 - 4 - 1（1 - 1）.
② 大公报（重庆）[N]. 1939 - 4 - 1（1 - 1）.
③ 大公报（重庆）[N]. 1943 - 5 - 18（1 - 1）.

民族气节。① 1933 年，江苏省教育厅编审主任著的《中华民族英雄故事集》作为江苏省各中等学校国语、史地教材及学生参考书，指定其为必读物。② 1938 年 5 月 14 日，《大公报》在广告中介绍书籍《梁红玉》③，广告中说："在胡骑踏遍大河南北，宋室无抵抗南渡后，韩世忠统率忠勇的健儿，在黄天荡获得很大胜利。他的夫人梁红玉就是当时的万众钦仰的一位女元帅，现在局势比当时更危急，欧阳予倩先生所以特将此故事改编新歌剧演出后已获得很好的效果。"梁红玉的身上已经隐去了女性原本弱势、依赖性强、被压迫的形象，单一的抗战就是英雄的全部特征，鼓励女性不要固化自己的身份，走出家庭为抗战做贡献。

（二）汇集国外军事家的事迹

关于记述国外将领的事迹也刊登在《大公报》广告中，与国内的民族英雄故事叠加在一起，互为补充，进一步增强读者对英雄事迹的了解，以它们的事迹激励读者，激发爱国主义精神，鼓舞军民抗战的信心。德意志帝国首任宰相俾斯麦，以"铁血宰相"折服世人，他一手打造了德意志帝国，1941 年 12 月 12 日，《大公报》在宣传《俾斯麦传》时说："俾斯麦一生是战斗的一生，一年当中有过二十七次的决斗，作代议惊倒全会场，作大使，和奥国大使力争，作首相，以全国政治家为敌，作德意志人，对全欧各国挑战，当我们读了俾斯麦的生涯时，足以改正易于脆弱下来的心，鞭策将要消沉的意志，而会被鼓起勇往前进的精神，本书材料正确，描写细致，非只是一部为青年修养的良好读物，而且可以作为一部德国近代史读物。"④《俾斯麦传》能传递给读者披荆斩棘奋勇向前的动力。拿破仑是法国伟大的军事家，法兰西第一帝国的缔造者，在众多的作品中，拿破仑被冠以"较之秦始皇忽必烈或冒相似，但拿破庾翁乃为霸

---

① 教育部民众读物编审委员会. 非常时期民众读物［M］. 南京：正中书局，1938.
② 中华民族英雄故事集［J］. 军国民杂志，1933（7）：59.
③ 大公报（汉口）［N］. 1938 - 5 - 14（1 - 1）.
④ 大公报（重庆）［N］. 1941 - 12 - 12（1 - 1）.

中之魁也"① 的形象输入中国，早在 1903 年，益新译社发行了《拿破仑传记》，《译序》中写道："古今之英雄，孰不推拿破仑为第一？稍知学问者，无不震之于拿破仑之名。"② 1944 年 11 月 27 日，《大公报》在广告中高度评价了美国作家卢德威德的《拿破仑传》③，广告中说这本书以拿破仑传奇的故事带给读者"神灵一般的启示"④，值得阅读，对军人读者在价格上八折优惠。

此外，《大公报》在广告中批判出卖民族利益的卖国行为。1938 年 10 月，广州、武汉相继沦陷后，在日本的诱降下，汪精卫等主和派走上叛国投敌的不归路。1939 年 10 月 1 日，《大公报》在头版头条刊出独立出版社出版段龄郊所著《照妖镜下的汪精卫》，痛陈汪的卖国行为，"汪精卫通敌卖国，罪大恶极，早为国人所唾骂……暴露其一生丑行，对其卖国阴谋，言之其详并载有国际批评之一般言论，篇末复根据事实，证明汪逆为古今第一大汉奸"⑤。《大公报》借助此书所塑造汉奸形象及行为对民众起教育作用。

英雄人物及其事迹在抗战时期的政治效果要更强烈一些，他们的事迹唤起国人向往拯救国家于危难之际的民族英雄，帮助读者树立对未来民族国家的信心，对建构现代民族主义和中华民族精神发挥了重要的作用，且树立英雄的高大形象把汉奸形象挤到狭小的空间中，使他无地可容，对加强国人爱国主义教育起到很好的作用。

小结

书刊广告是出版商向读者及时提供新的信息，是沟通出版社和读者之间信息的一座桥梁。古典文学家钱伯城先生在看报时，把阅览好的书刊广告当成欣赏艺术品，他经常建议年轻的编辑，"留心各种书刊广告，养成浏览、储存的习惯，因为可以从中获取大量的出版信息和学术动态，相当一部分知识可以通过

---

① 黄时鉴. 东西洋考每月统计传 [M]. 北京：中华书局，1997：263.
② （日）土井林吉. 拿破仑·译序 [M]. 赵必振译，上海：益新译社，1903：1.
③ 大公报（重庆）[N]. 1944－11－27（1－1）.
④ 大公报（重庆）[N]. 1944－11－27（1－1）.
⑤ 大公报（重庆）[N]. 1939－10－1（1－1）.

这种方法积累起来"①。书刊数量极多，庞杂无序，而书刊广告是书刊的快速缩影，为读者提供丰富的书刊广告内容。

战时出版业不仅是战事的感应器，而且直接催生了报纸的书籍广告。无论是官营还是民营，在抗战爆发后，都顺应形势发展，借助广告平台，宣传自己的政治立场。几乎所有的战事线索都能从书刊广告中找到踪迹，"抗战就是一切，一切归抗战"② 成为战时知识分子的共识，代表了时代的心声。

在一个大变动时代，出版必定和政治联系在一起③。出版业的附属品，书刊广告也必定和政治紧密联系。《大公报》的相对客观和绝对的完整性决定了它可以视为近代出版业缩影，《大公报》书刊广告既得益于近代经济的繁荣发展，又得益于近代思想文化的演进，而又阑入于战火纷飞中。如果说，近代出版业是近代思想的主要媒介的话，书籍广告几乎与其同步共生。

战时出版业为离散的自由文人提供了聚合的生存空间，同时知识分子的精英文化或自由文人又创造和推动了商业性的出版业、广告业，彼此相生相克，表现了现代文化的最基本形态，即精英文化和商业文化的互补④。由于出版者的努力，同时由于近代城市生活的兴起，阅读书报刊成为中国人的一种新的近代生活习惯。报刊上刊登的书籍信息，一方面为读者提供信息选择。报纸的书刊栏目汇聚当前最新书籍，及时推荐给读者，详尽的书籍介绍和目录排列如同图书馆，为读者在最短时间内找到所需信息提供了便利；另一方面，大量的书刊广告宣传煽起读者对于书刊的需求，出版市场得以膨胀，出版商们也试图挖掘新的读者，使得报纸广告栏目热闹非凡，如生活书店，每周都通报新书。时任生活书店总经理的徐伯昕为推广书的宣传，亲自设计广告。

书刊广告的内容丰富，体裁多样，广告的数量可观。缘于在抗日救亡的推动下，各地刊物雨后春笋般成长，大城市尤其是出版重镇。抗战初期，像上海的《抗战三日刊》《抗战画报三日刊》《战线五日刊》《救亡周刊》《文化战线》

---

① 范用. 爱看书的广告 [M]. 上海：生活·读书·知识三联书店，2004：169.
② 大公报（汉口）[N]. 1938 - 4 - 21（1 - 1）.
③ 王建辉. 出版与文明 [M]. 郑州：河南大学出版社，2006：9.
④ 王建辉. 出版与文明 [M]. 郑州：河南大学出版社，2006：12.

《救亡漫画》等，南京的《抗敌周刊》《时事类编特刊》《东北月刊》，武汉的《战时旬刊》《祖国》，重庆的《吼声》《抗战文艺》《全民抗战》《抗战之路》等刊物非常有影响力，武汉、广州失守，桂林、重庆成为出版中心，战时由撤退到桂林的文化界人士集资创办的出版社有 220 家，印刷厂上百家。据民国 31 年（1942）统计，重庆市共有书店 151 家，① 抗战书刊因此大量增加。有的期刊为了加快战讯的传播速度，满足更多读者的需求，特地进行改版。卢沟桥事变爆发后，《时事类编》特刊在发刊词中说，期刊内容由原来重点为"内容尤重说明世界政治经济与学术思想各方面的现势和介绍各国杂志报章的舆论意见"转变为"而编行一种纯事宣传和阐述和抗战有关的各种与抗战有关的特刊"，受众对象也由"仅限于研究世界问题和国际问题的知识阶级"扩大为"希望普及到全国知识分子和一般民众"。改版后的期刊要达到"使它成为有力的对内宣传抗战的读物"②。期刊的灵活性、出版周期短、价格便宜的特点，深得读者喜爱。如战时邹韬奋主编的《抗战三日刊》"每逢三、六、九日发行，每份两张，零售一分"③。八一三事变后，上海租界还出现进步人士钱纳水等手抄《战声壁报》，遍及全上海，宣传抗战救亡，当时上海一般市民阶层，不花钱就可以看到它。④ 正是这些改变，书刊广告能够在《大公报》广告中所占比重较大，出版商和读者对它比较认可，间接推动抗战救亡运动。正如马歇尔·麦克卢汉所说："印刷术改变了人们的意识和思维结构，目光仔细地在页面上一行行移动，一个人也可以用同样缜密、线性的方式来思考问题，如此，脑海中的各种想法就被逻辑地连在一起。"⑤

---

① 叶再生．中国近现代出版通史［M］．北京：华文出版社，1996：41-42．
② 时事类编特刊［J］．1937（1）：2-3．
③ 抗战三日刊［J］．1937-8-19（1）．
④ 中国人民政治协商会议湖北省江陵县委员会文史资料研究委员会．《江陵文史资料》第2辑［M］．荆州：翔羚印刷有限公司，1986：118．
⑤ （美）劳伦斯·格罗斯伯格著，祁林译．媒介建构：流行文化中的大众媒介［M］．南京：南京大学出版社，2014：40．

第五章

休闲娱乐广告营造抗战氛围

　　如果说报纸书刊广告需要受众一定的阅读能力，电影、展览等娱乐广告相比书刊广告内容传播的障碍要小得多，它们的传播不受文化水平限制，传播对象可适性更强。书刊广告给人带来更理性的思考，更合理的选择。而娱乐广告则更感性，通过图像的传播，直观地给受众带来视觉上的冲击。抗战时期，《大公报》的文化娱乐广告互为补充，相得益彰，形成一定张力，在相辅相成中聚合为战时文化，帮助建构民众对全民抗战的认知，共同建构文娱广告场域。

　　休闲娱乐是民众生活中的文化消遣活动，与社会环境和经济发展水平密切联系。它与社会发展相始终，同时具有自己鲜明的时代特征，具体表现为不同的时代，休闲娱乐方式各有特色，同一时代不同社会阶层的休闲娱乐方式也是各有差异，不同空间中的休闲娱乐方式也有迥异之处。这在《大公报》的休闲娱乐广告中同样有所体现，通过分析抗战时期《大公报》中的休闲娱乐广告，可以见到当时大众化休闲娱乐方式以观影看话剧为主，参加舞会、观赏音乐会和体育表演、欣赏画展影展为辅。这两种休闲娱乐方式互为补充，共同组成了战时民众的休闲娱乐生活，这两类广告也是抗战文化的组成部分。

第一节　休闲娱乐广告的量化分析

　　抗战爆发后，国民政府尽可能扩大宣传动员民众参战援战，电影、画展、摄影展不自觉地成为"负载一种民族形象，文化精神和意识形态图景的文化载体"①。《大公报》在此类广告中融入战争元素，期待创造出强烈的感官刺激，从而变成一种政治符号语言，宣传抗战。

休闲娱乐广告就是指引受众在闲暇时间，放松身心，缓解压力，愉悦身心兼具宣教功能的广告。休闲娱乐广告数量的多少取决于社会环境氛围，消费者的闲暇时间，城市的都市化程度，广告的设置议程。抗战时期的休闲娱乐广告随着战事的变化数量增减明显，通过分析图 5-1 得知。

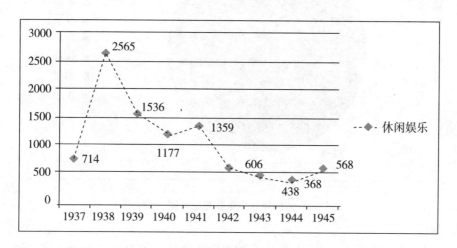

图 5-1 休闲娱乐广告数量统计图（按年份）

1937 年 7 月 7 日到 1945 年 9 月 3 日《大公报》刊登的休闲娱乐广告共 9331 则（包含重复广告），1937 年的广告数量的统计起止时间为 1937 年 7 月 7 日至 1938 年 1 月，5 个多月间，广告数量为 714 则。随着日本的侵略，很多影院遭到轰炸，电影设备被破坏，编导陆续随政府迁至武汉和西南后方。1938 年，大批影剧工作者聚集武汉，在侵略者的炮火中深入前线，创作出许多抗战影片，再者汉口、武汉等地属于沿海口岸，开放得较早，社会风气开化，对新式的音乐会、舞会等休闲娱乐方式接受较快，1938 年的《大公报》发布的休闲娱乐广告日均 7~8 则。1942 年之后广告数量急剧递减的原因是，广告整体版面在缩减，抗战初期《大公报》版面为 16 版，1938 年之后递减为 4 版，电影广告很难见到

---

① 尹鸿. 世纪转折时期的中国影视文化 [M]. 北京：北京出版社，1998：97.

1937 年时整版的情况。尤其是，1944 年，《大公报》娱乐休闲广告日均 0.5 则。当然，最主要的原因还是战事报道内容越来越多，挤占了有限的报纸版面空间。

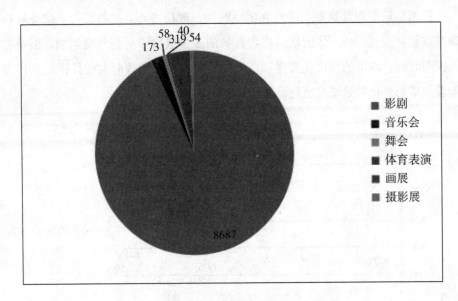

图 5-2　休闲娱乐广告数量统计图（按内容）

　　全面抗战爆发后，《大公报》的休闲娱乐广告共 9331 则，包括电影戏剧广告 8687 则，音乐会广告 173 则，舞会广告 58 则，体育表演 40 则，画展广告 319 则，影展 54 则。在近千则的广告中，中外战争片、抗战纪录片等与抗战有关的影剧有 6158 则，占到了该类广告总数的 2/3 多。宣传抗战、呼吁援战的非主流时尚娱乐广告也占到其总数的 1/3 多。究其缘由，一是，看电影、话剧是传统的休闲娱乐方式，雅俗共赏，对观众的专业水平要求并不高，而像舞会、音乐会对与会的专业水平要求高，画展也需要参观者拥有一定鉴赏知识才有兴趣参与。二是，宣传影剧的电影院远比举办画展、影展、舞会、音乐会的主办方要多得多。三是，舞会、音乐会这些新式的休闲娱乐方式，在一般人眼里对它们的认识还是很肤浅的，认为它们是贵族娱乐方式。

第二节　传统休闲娱乐广告指导战时休闲生活

抗战对中国来说不仅面临着生存的危机，精神的紧张，情感的折磨，心灵的创伤，更是中国人民族凝聚力向心力坚固形成时期，其中，日常休闲娱乐中的艺术传导起着不可忽视的作用，在战争剧、民族剧的表象之下涌动着剧作家对时代、民族和底层人民生命的关怀，战争也为戏剧和现实生活提供了契合的机会，战争借助话剧、电影等媒介传播着抗战的力量。抗战影剧广告主题大致可以分为以《木兰从军》为代表的反映英雄人物保家卫国的历史经典片、以实地拍摄记录战事为内容的抗战新闻片、围绕抗战为题材的故事片，还有境外战争片。

一、电影广告

抗战爆发前，中国新闻纪录片只是作为故事片的配角，因而不可能形成自己独特的审美意蕴和影像风格。① 抗战爆发后，影剧创作被纳入为战争服务的轨道，多数作品都烙上抗战的痕迹，影剧创作娱乐作用让位战时教育宣传。纪录片创作的兴盛和纪实内容在故事片中的凸显，成为战时影剧的两大特征。

（一）题材各异的电影广告内容

抗战爆发前，上海是中国电影业的基地，聚集中国多数的电影制片厂，1938 年 1 月 29 日，中华电影界抗敌协会在武汉成立，会上就"国防电影之建立"得以展开讨论，呼吁国防电影应遵循"一切有利于煽动民众组织民众，教育民众抗战和暴露日寇暴行作为题材的影片，我们都应该予以最高的评价与广大的宣传。……我们要制裁一切胡闹的醉生梦死的与抗战无关的电影作品！我

---

① 江兼霞. 评《活跃的西线》和《我们的南京》[J].《国民公报》（星期增刊），1938 –
　3 – 27.

们要扑灭一切抗战不利的、反战的、会引起人们悲观的作品！"① 正是在这种抗日救亡的呐喊声中，1938 年 1 月到 1940 年 10 月，大后方的影业基地，共拍摄15 部以抗日救亡为题材的故事影片及若干新闻纪录片和宣传卡通片②。如果说上海时期的抗日救亡戏剧电影是抗战电影的预备阶段的话，那么，武汉时期的抗战电影拍摄活动则标志着大后方抗战电影的正式开始。尤其是，1938 年 4 月，国民政府军事委员会政治部第三厅在武汉成立后，直接领导抗战文艺工作，组织了声势浩大的抗战宣传工作，话剧、电影、画展都是主要的宣传形式。

八一三事变后，上海失陷，制片厂沦为战区，影院的机械设备遭到严重破坏，上海的电影工作者也被迫流转到武汉、重庆等地坚持拍摄，电影工作者们走出摄影棚，走到前线和民众中，用自己的镜头把抗战的精神传递给观众，对其思想观念及行为方式产生一定的影响。仅 1937 年一年间，从南京迁到芜湖的中国电影制片厂就拍摄了《卢沟桥事变》《淞沪前线》《空军战绩》《爱国歌唱》《前进》《教我如何不想他》六部八本新闻片。③ 这在当时极其艰难的条件下实属不易。

1. 战场纪录片

纪录片一向被人们视为"非虚构的电影"④，纪录片强调的是对现实进行客观的展示，很好地还原事件发生的现实。抗战爆发后，电影在创作实践上，兴起一股制作新闻纪录片的潮流。1937 年 11 月 5 日，《大公报》刊登军事委员会政训处电影摄制，上海今日大戏院献映《抗战特辑续集》⑤ 广告以"焦土废墟、壮烈光景、惊天动地、鬼神哭泣⑥"为标题，从纪录片影像的"复现"功能出发，在广告中一一列举，淞沪抗战、平型关大捷、武汉、广州保卫战，最后体现出影片的中心思想"起来我们过去做了一个没出息的子孙，起来现在我们要

---

① 弃扬. 今后的电检与影评 [J].《抗战电影》创刊号，1938 - 3 - 31.
② 李道新. 中国电影文化 [M]. 北京：北大出版社，2005：132.
③ 李道新. 中国电影史（1937—1945）[M]. 北京：首都师范大学出版社，2000：86.
④ 刘洁. 纪录片的虚构——一种意象的表达 [M]. 北京：中国传媒大学出版，2007：3.
⑤ 大公报（汉口）[N]. 1937 - 11 - 5（1 - 1）.
⑥ 大公报（汉口）[N]. 1937 - 11 - 5（1 - 1）.

争取前进中的一线光明！人神共愤，寇韬日餒，齐心协力，灭此朝食"①。1937
年11月26日，《大公报》为世界影剧院《抗战特辑续集》刊登广告，广告词为
"北战场我军出奇制胜　一寸国土　一寸血肉！这是民族国家的光荣战事写真使你
急欲一看，使你不得不看，使你看了再看②"广告主反复使用看字，引起观众
的兴趣，加深对此片的印象。纪录片广告中的言语内在的画面感较强，中央电
影摄影场特派摄影师飞湘采摄《湘北三次大捷》的广告内容有"湘北大捷之图
解战争状态，我军制敌之各重要据点，如浏阳河等以及湘北视察团之战区，巡
礼长沙全貌及遍野之敌尸与战利品等"③。广告词以语言组成画面，不由自主地
在建构一个与湘北战场的"同时性"场景，它使我们把对湘北战场仅有的零散
碎片记忆拼接起来，使之成为一个整体，以便提高我们的认知。

　　纪录片广告中所介绍的拍摄时的宏大场面也是"吸睛"的一种方法，1938
年1月20日，《大公报》在《粤桂军全面抗战实录》广告中说明拍摄过程的艰
辛，"动员摄影师十余人辗转火线二月摄影全国抗战以生命换来抗战之权威片
两广军民总动员　南京城血战，朝阳门肉搏！本片包括东西南北三战场及两广情
形，为其他抗战片所无"。④ 记录真实的场景也是纪录片的特点之一，1938年2
月9日，《大公报》推介世界影戏院上映"美国环球公司当场摄影之重要时事
片，震惊全世界的倭寇暴行"⑤，《敌机轰炸美号军舰》。除此，加映《八百壮
士》《淞沪战景》《南京空战》《南市焦土》。上海大戏院《日寇暴行　轰炸广
州》⑥ 新闻影片，中央电影摄影场最新摄影《中国新闻特号》片内附有敌机滥
炸武汉及长沙文化机关，一尺一格都可以证明暴敌残杀我无辜平民的真凭实据。
这些纪录片在广告中把日本侵略者的种种罪行暴露无遗，吸引观众走进影院，
目的在于激发中国人的爱国之情，同仇敌忾。

　　第二次世界大战爆发后，战争进程和国际形势的变化引起众人关注，民众

①　大公报（汉口）［N］. 1937 - 11 - 5 (1 - 1).
②　大公报（汉口）［N］. 1937 - 11 - 26 (1 - 4).
③　大公报（重庆）［N］. 1942 - 1 - 18 (1 - 4).
④　大公报（汉口）［N］. 1938 - 1 - 20 (1 - 4).
⑤　大公报（汉口）［N］. 1938 - 1 - 20 (1 - 4).
⑥　大公报（重庆）［N］. 1938 - 6 - 22 (1 - 1).

不仅对中国抗战表现出普遍的关心，对世界反法西斯战争进程也十分关心。1940 年 1 月 4 日，《大公报》为国泰无敌大贡献《第二次欧战新闻》做广告，称该电影为 1939—1940 新闻第二次国际动态，"以最迅速敏捷手腕将西线东线前方后方战时状态一一摄入镜头"①。如果说枪是士兵抗敌御侮的武器，那么活跃于前线的摄影机就是影剧工作的武器，以此告诫民众抗敌的方式不只冲锋陷阵一种。

抗战时期，纪录片的广告语铿锵有力，句句力透纸背。建构主义者认为，语言的信息激活读者的认知框架，唤起语用者大脑中与之相关的东西，共同建立起一个与当时情景和语意一致的心理表征②。如，1937 年 12 月 1 日，《空军战绩》在世界影剧院上映，广告词，"空战剧烈杀得天昏地暗 云里争遂顿使鬼号神泣！"③《淞沪前线》的广告词为："杀至一人一骑，半步不退 虽余一枪一弹 寸土犹争"④。1937 年 12 月 15 日，《大公报》推荐世界电影戏院上映的《精忠报国》广告词中写道："奔炮台 袭敌营 掷头颅 洒热血 一鼓作气 掘地道 炸战机 血肉横飞 为祖国而生，须为祖国而死，撇开儿女私情，共向火线上去，掩护本军前进，父子争先殉国，启示爱国健儿踏上光荣之路，军事委员会特备此片作为教材！价值可知！"⑤ 广告描写形象逼真，饱含爱国主义情感，很容易激发受众观看的欲望，带领他们走入影院。1938 年 1 月 28 日，《大公报》为电影制片厂广告⑥，广告中声称军事委员会训政处电影股摄制之《抗战特辑》，第三集在上海大戏院上映后，观众席位紧张以至于产生了"观众十分拥挤，向隔退出者日有数百人"的现象，广告商试图运用刺激受众逆反心理的方法，引发他们购票的欲望，吸引更多的人走进影院感受前方战士英勇抗敌的"真实"场面。

另外，一些国外战争纪录片也在《大公报》电影广告中也会呈现给受众，如 1941 年 2 月 22 日，国泰大剧院上映的《苏芬之战》，《大公报》介绍该片的

---

① 大公报（重庆）［N］. 1940 - 1 - 4（1 - 4）.
② 李勇忠.《话语叙事中喻性思维》［M］. 北京：中国社会科学出版，2017：65.
③ 大公报（汉口）［N］. 1937 - 12 - 1（1 - 4）.
④ 大公报（汉口）［N］. 1937 - 12 - 1（1 - 4）.
⑤ 大公报（汉口）［N］. 1937 - 12 - 15（1 - 4）.
⑥ 大公报（汉口）［N］. 1938 - 1 - 28（1 - 1）.

拍摄背景是"摄影者冒弹雨拼性命实地摄来，雪地冰天卫国效命飞战喷降，弹雨枪林，痛惩敌军机舰火落①。1941 年 2 月 26 日，民众大戏院上映的《英德大战》战地摄影队"以生命换来 冒险摄影 保证全部真景。"② 1941 年 1 月 24 日，唯一大戏院《1940 欧洲大战总记录》广告标题为："轰炸机千百成群 坦克军陷阵冲锋"③，这些广告对影片的介绍留给观众丰富的想象空间。1941 年 4 月 8 日，《大公报》推荐陪都青年馆电影部四月八日开幕献映，美国作战部会同雷电华影片公司实地摄制战争巨片全部国语对白《进攻》称："观众完全了解身在后方无异于观战前线描写太平洋进攻太平洋日寇根据地之英勇壮烈故事"④。战争影片广告中较强的画面感给人以冲击力，鼓动观众走进影院，期待共情共鸣。

正如 1938 年 1 月 27 日，《大公报》社评《看抗战特辑》中写道，"这抗战的影片，却真实把战争搬到我们的眼前，看飞机的轰炸火焰的汹涌兵士的奋战，难民的流离，每一尺每一寸都有我们中国人的血肉，每一片每一面都震动着我们国家的命运。"⑤ 这些电影广告浓缩了影片的主题精华，鼓动性极强的广告语充满了对侵略者的憎恨，力图聚拢受众，使其具有"在场感"，从而和千里之外的人们建立情感上的联系，产生誓死抵抗的共鸣，它的价值就在于把宏大的场面转化在特定的时空限制内，呈现给观众最有价值的信息，兼具社会教育与宣传电影的说教功能。

2. 历史故事片

抗日战争时期，历史故事题材的电影广告刊登的次数较多，占据一定的版面。抗战语境下的，编导赋予《木兰从军》《花木兰》《小木兰》这类古装题材的电影根据古代民歌《木兰诗》和明清两代关于花木兰的传奇故事改编而成，在传统文化意义的基础之上，添加了新的时代蕴含。1940 年 4 月 6 日，《大公报》在推荐陈云裳等主演的《木兰从军》时，认为，"花木兰改扮男装替父从

---

① 大公报（重庆）[N]. 1941 - 2 - 22（1 - 4）.
② 大公报（重庆）[N]. 1941 - 2 - 26（1 - 4）.
③ 大公报（重庆）[N]. 1941 - 1 - 24（1 - 4）.
④ 大公报（重庆）[N]. 1944 - 4 - 8（1 - 4）.
⑤ 大公报（重庆）[N]. 1938 - 01 - 27（1 - 2）.

军正是爱国女儿的模范"①。广告中所言及的花木兰故事，不仅是父慈子孝故事，也不是简单的拼杀疆场奋勇杀敌的壮举，而是转化为中国传统伦理价值观中的核心"又忠又孝"②。在炮火硝烟中，在反复刊登的广告上突出"忠孝"观念，进一步明确"忠孝"之含义，"女扮男装代父充军、从军是孝，奋斗沙场为国杀敌是忠"③，点出此片"发扬民族精神裨益抗战 尽忠尽孝又合固有道德"④的精髓所在，寥寥数语可以看出，个人命运和民族命运紧密关联在一起，家、国的命题再次引起国人的思考。1944 年 12 月 12 日，《大公报》公布夏声戏剧学校初演梅兰芳亲自执导的歌舞剧《花木兰》，广告中直白"一寸山河一寸血 十万青年十万军"⑤，期待通过花木兰忠心报国的事迹，号召青年积极参军。广告主围绕"花木兰"议题，以"忠孝"为中心，弘扬传统美德，引导受众从故事的表象深入思考，同化道德力量，最后转化为参军行动，层层叠加，使受众产生危机感，感受到抗战语境下个人强烈的使命意识，最大限度满足消费者需求，提高其情感介入程度，增加观众对电影的认同度，达到电影娱乐"软控制"⑥的目的。

《大公报》充分利用广告中的广告——"影评"，观众的影评扩大了影片里固有的意念，融入自己的思考，蕴含着对生活的理解和演绎，直接影响观众的影片选择取向。1940 年 4 月 10 日，《大公报》在《木兰从军》的广告中，转载了《大英夜报》⑦ 读者，无冤、徐丽、陈力三先生对影片合作影评，他们认为，"在客观环境如此艰苦的条件下的孤岛能够看到这样一部沉着有力的杰作，是不该吝啬介绍的词语，郑重地推荐给读者们的《木兰从军》，剧作者透过了极准确的历史观点，去感受教训，那就是说，党国多难的时候，不但男儿应当投身报

---

① 大公报（重庆）[N]. 1940 - 04 - 06（1 - 1）.
② 大公报（重庆）[N]. 1940 - 04 - 07（1 - 4）.
③ 大公报（重庆）[N]. 1940 - 04 - 10（1 - 1）.
④ 大公报（重庆）[N]. 1940 - 04 - 08（1 - 1）.
⑤ 大公报（重庆）[N]. 1944 - 12 - 12（1 - 4）.
⑥ 詹庆生.《欲望与禁忌——电影娱乐的社会控制》[M]. 北京：清华大学出版社，2011：72.
⑦《大英夜报》又称《大众晚报》（1938—1949）[N].

国，闺女孩儿也应一样的，像花木兰一样投入战场，去保卫他们的国家了。剧作者由这一个唐代的巾帼英雄身上，去加强全剧的主旨，集合了全国人民的力量，坚强地把番贼杀光，那才会有真正的和平与胜利，对于一切和奸细们妥协的分子，是赞成一致肃清的"①。评介中体现了影片借古喻今，呼吁民众国难当头，匹夫有责，齐心协力，抗战到底，坚决反对对敌妥协投降的思想和行为。次日，《大公报》又刊登了《申报》白华先生的影评，"在敌人处心积虑向中国电影事业进攻的时候，在周围环境严密的现在，我们怎么从极端的苦闷的环境中打出一条生路，使用电影及这武器所要担负起的责任，因此，我们不得不对欧阳先生表示最高的敬意。……②"他借生动感人的剧情，道出三四十年代，中国电影界应当具有的国家民族自觉。同年4月14日，《大公报》借助《大美晚报》微微先生的影评，"《木兰从军》的故事能够流传至今，其着力之点是在一个孝字……更可爱的是木兰从军中明显的有三种典型人物……目前战事紧张，哪有自己人杀自己人的道理……"③ 剧透式的影评，真实的感受说出团结御侮的道理。《大公报》从不同的角度选取各种不同的影评，引导消费者从舆论道德评判，国家民族意识的高度透视影片的实质，把影片中反映的内容和自己的实际生活经验联系起来，去影片中发现自己的影子。1939年2月，《木兰从军》在上海上映时，曾引起孤岛电影界的轰动，并在孤岛电影界创下连映85天的票房纪录，影片抵运港澳、东南亚及中国大后方也受到热烈的欢迎和一致好评。④

　　南宋抗金将领岳飞，血战沙场，精忠报国的故事家喻户晓，岳飞保卫南宋国土，抵御外敌入侵的抗金精神正为抗战时期全民族所提倡。1941年11月29日，《大公报》推荐类似的历史悲壮忠勇爱国巨片《岳飞尽忠报国》，"尽忠尽孝，为国为民，家喻户晓岳武穆尽忠报国。大丈夫——立功异域，抵御外侮直捣黄巢，还我河山 执干戈以挽社稷 诛国贼而挽危局"⑤。广告词中树立了"大

---

①　大公报（重庆）［N］. 1940 - 04 - 10（1 - 4）.

②　大公报（重庆）［N］. 1940 - 04 - 11（1 - 4）.

③　大公报（重庆）［N］. 1940 - 4 - 14（1 - 4）.

④　李道新. 中国电影文化史（1937—1945）［M］. 北京：北京大学出版社，2005：189.

⑤　大公报（重庆）［N］. 1941 - 11 - 29（1 - 1）.

丈夫"浩然正气，保家卫国的形象，在国破人亡的乱象中，无疑可以满足受众心目中的英雄情结，抚慰创伤后的心灵。电影的"镜像理论"表明观众在银幕上观看的实际上是自己的影子，主人公所实现的其实是观众所投射的自身的愿望与欲望①。诸如电影《文天祥》《史可法》《郑成功》②《尽忠报国》广告中的男英雄形象和《木兰从军》中的女英雄"武勇似赵子龙一身是胆，侠义如黄天霸抑强扶弱"③的形象一起，构成英雄群像，传递抵抗的力量，为处在轰炸恐惧中的民众，克服心理恐惧、激发斗志起到一定的作用。

3. 抗战故事片

故事片的广告中呈现出抗战纪实倾向。抗战影剧中，关于抗战真实事件的故事片几乎占出品总数的一半。④ 八一三上海抗战中，死守四行仓库的谢晋元团坚守阵地、誓不投降，抗战到底的悲壮事迹在抗战期间广为流传，1938 年 8 月 14 日，《大公报》把中国电影制片厂继《保卫我们的土地》《热血忠魂》后又一光荣伟构《八百壮士》推荐给受众，由军事委员会政治部监制，君不见八百壮士仍被困孤岛，君不见八百壮士不忘祖国。香港来电，今日八百壮士于中央大戏院献映，观众拥挤于途，购票不得，明日并出该院将全部收入购买救国债，我们敬仰八百壮士的勇敢，我们更要以它的精神保卫大武汉⑤。广告突出了抗战时期中国电影制片厂在抗战宣传上的贡献，军事委员监制说明影片的政治性很强，广告还从侧面说明了观众观影的热情，抓住人们趋同的心理，吸引更多的人走入影院观看电影。

在举步维艰的情况下，电影工作者们拍摄了一部既有战时新闻也穿插几个抗战故事的《北战场精忠录》。光明大戏院 1938 年 7 月 1 日放映《北战场精忠路录》，广告文案为："北战场的一位游击战士，他不但做了最后一滴血换取敌人最高代价，并临死不忘向国旗行最后敬礼。可爱！可敬！每场加映寇机狂炸

---

① 詹庆生. 欲望与禁忌——电影娱乐的社会控制 [M]. 北京：清华大学出版社，2011：44.

② 大公报（桂林）[N]. 1941 - 3 - 16（1 - 3）.

③ 大公报（重庆）[N]. 1941 - 5 - 20（1 - 1）.

④ 李道新. 中国电影史（1937—1945）[M]. 北京：首都师范大学出版社，2000：17.

⑤ 大公报（汉口）[N]. 1938 - 8 - 14（1 - 1）.

广州新闻片"①。广告主借助视死如归的战斗英雄形象，代表国家形象的国旗，向受众传播和介绍了电影的信息，激发受众对侵略者的愤怒，对为国家而牺牲的勇士们的敬佩之情。

影剧的通俗化、大众化是抗战时期电影工作者始终关注的问题，而中国80%的人口都是农民，影片编导史东山说："中国农民知识程度之浅，要动员农民大众，可必先做宣传工作，宣传工作，尤以电影为最好的工具。"② 1938 年 5 月 11 日，《大公报》利用第一张第一版的整张版面来介绍中国光明大戏院《保卫我们的土地》："每尺每寸都颤动着中国人的命运！每片每卷都凝结着中国人的精神，保证使你的全身血液沸腾，保证使你满腔热泪盈眶。本片讲述一个中国农民为着救亡图存而致死，亲生兄弟冒险混入日军阵地指挥空军目标，使日军与汉奸同归于尽"。显然，动员更多的农民参与抗战是该片所要表达的主题，"这是你的责任，我的责任全中华儿女们的责任请大家一致负担起来吧！彷徨在救国大道的人们，本片给你一个明确的指导"③，他将给予战争中恐惧无助的农民以指导。极其富有煽动性的广告语从感觉和心理上感染受众，观众在阅读之后的刺激下产生情感，进而到影院消费他们自己的感情，到达休闲娱乐"激发参与者的情感激荡"④ 的目的。

1940 年元旦，《大公报》又向受众介绍了第二期抗战中之新型电影，中国电影制片厂的伟大贡献，兵役宣传教育片，史东山继《保卫我们的土地》后又一杰作《好丈夫》：广告语为："父告子妻勉夫，大家上前线！兄率弟祖嘱孙，人人去杀敌，当兵杀敌无上光荣，荷抢卫国壮志凌云，全国成年壮丁都应一观此片。好汉要当兵，好铁要打钉。"⑤ 广告主通过通俗化语言，普及兵役知识，试图扭转民众观念中对"兵"的偏见，号召好男儿应当扛起武器，保家卫国。

《大公报》在制作广告时，多方取材，从多个角度揭露了日本侵略者在沦陷

① 大公报（汉口）[N]. 1938 – 7 – 1（1 – 1）.
② 史东山. 关于《胜利进行曲》的摄制 [N]. 国民公报，1941 – 4 – 20.
③ 大公报（汉口）[N]. 1938 – 4 – 10（1 – 4）.
④ 詹庆生. 欲望与禁忌——电影娱乐的社会控制 [M]. 北京：清华大学出版社，2011：38.
⑤ 大公报（重庆）[N]. 1940 – 1 – 1（1 – 4）.

区犯下的滔天罪行。《保家乡》①是何非光编导、郑用之制片一部故事新川军队农村教育影片。中国电影制片厂摄制、军事委员会政治部监制的日本民众反战宣传片，《东亚之光》的广告词中说："这是一部被感化的日本反战弟兄以真人真事作良心的供状、正义的呼声"②……富士山下 师兴孤注 扬子江边 无言凯旋……悲壮动摇的分子，提高物价的奸商，看了东亚之光都将激于敌国反战弟兄对我抗战热情，而自愧无地自容。"③参加演出本厂制片《东亚之光》之日本反战兄弟共四百人，其中重要演员二十九人，于开拍前在军政部第二俘虏所收容所预立誓言，作人类正义呼声，真诚表示自踊跃演出，向全世界人士作正义呼吁之反侵略，"以德报怨谋中国解放即东亚解放！化敌为友成为东亚之光亦中国之光！按照广告的介绍，《东亚之光》取材新颖，它没有按照许多影片一样，正面描写军民抗战场景，而是以"已被感化了的日本俘虏"的"良心的供状和正义的呼吁"④。上映之后，有评论称《东亚之光》"不愧为成功的片子"⑤，还有评论指出，《东亚之光》可算是一个纪录片，因为它完全是日本反战同志过去的经历的复演，可是由于导演手法的高明，把这些素材处理得非常恰当，而加重了它的人情味。⑥广告主采用敌国反战题材的电影广告更能突出日本侵略的非正义性。

《大公报》影剧广告中女性叙事和女性书写丰富了战时女性主体和女性意识的认知，对战时女性应有形象进行重新解读。1937 年 7 月 11 日，《自我牺牲》的广告内容为："美艳温柔世罕，为救国救民救社会愿舍己救人"⑦。影片讲述唯美凄凉的故事，广告把"美艳"和"救国救民"联系起来，女性的外在美和救国责任合二为一，勾起观众走进影院消费美，了解真正的美。1937 年 7 月 19

---

① 大公报（重庆）[N]. 1940 – 3 – 17（1 – 1）.
② 大公报（重庆）[N]. 1941 – 2 – 28（1 – 4）.
③ 大公报（重庆）[N]. 1941 – 1 – 1（1 – 1）.
④ 李道新. 中国电影史（1937—1945）[M]. 北京：首都师范大学出版社，2000：182.
⑤ 达辛. 漫谈《东亚之光》[N]. 新华日报（重庆），1941 – 3 – 7.
⑥ 子都. 人类史上的奇迹——《东亚之光》观后 [N]. 扫荡报（重庆），1941 – 1 – 11（1 – 1）.
⑦ 大公报（天津）[N]. 1937 – 7 – 11（4 – 11）.

日，《弹性女儿》的广告中介绍了一部舞女现形记，"当国难临头之日，妇女们梦醒吧，起来反抗压迫者淫威，争取自由，提高妇女职业问题，谋求妇女职业出路，请看弹性女儿所提出的严重问题"①。1937 年 12 月 3 日，上海大戏院《夜光杯》②广告也是述及一个舞女杀死大汉奸的故事。《大公报》推介边缘人物"风尘女子"故事影片，体现卑微人物在民族压迫下奋起反抗，从苟且生活到民族意识觉醒的过程。它反映的不仅是女性意识主体的存在和觉醒，更代表民众的民族反抗意识的觉醒。

十月革命胜利后，中苏两国于 1924 年 5 月建交，苏联电影开始在中国有少量的放映。但是持续时间短暂，大革命失败后，国民政府断绝与苏联的来往，禁止苏联电影上映。此时，各大报纸上并没有出现苏联电影广告。1932 年 12 月 12 日，中苏复交，苏联电影再次陆续引进中国。1933 年 2 月 12 日，《申报本埠增刊电影专刊》预告代表"苏联五年计划成功之代表作充满了活跃生命力的大众的影戏，指示和研究如何以求生路的整个大问题"的巨作《生路》上映③，2 月 16 日，上海大戏院上映《生路》。1935 年，南京国民政府为了应付日本侵略，缓和了中苏关系，中苏恢复邦交，中苏文化协会应中苏文化交流之需而生，对苏联电影的引进起过积极作用。1936 年 9 月，苏联电影界成立亚洲影片公司专门发行苏联影片。20 世纪 30 年代中期，上海影院已经成为播放苏联电影的大本营。抗战开始后，抗日民族统一战线的形成使苏联电影在重庆备受青睐，《大公报》影响较大的报纸上都能见到苏联电影广告，基本上是以战争题材为主的。

抗战时期苏联送给我们的适宜礼物《塞外风光》《爱护祖国》，"要知道日寇侵略中国用怎样的侵略计谋，国人奋力抵抗如何取得最后的胜利，不可不看此片。"④广告对面对强敌入侵的中国人奋起抵抗给予指导，勾起受众走进影院一饱眼福。联记新川影戏院苏联列宁厂出品曾获 1938 年荣誉奖章的《民族英

---

① 大公报（天津）[N]. 1937 - 7 - 19 (4 - 14).
② 大公报（汉口）[N]. 1937 - 11 - 3 (1 - 4).
③ 张伟. 都市 传媒 民国电影笔记 [M] 上海：同济大学出版社，2010：19.
④ 大公报（汉口）[N]. 1937 - 12 - 31 (1 - 4).

雄》是弱小民族反抗强权的显示，暴露了帝国主义恶辣的丑态！① 目的是激发国人民族精神，强化爱国主义教育。

1939 年 5 月 2 日，唯一影院公映苏联伟大空军国防示威巨片《粉碎敌巢》②，《大公报》用"迅雷的袭击，新奇的战术，活跃的姿态，高度的热忱"这样具有冲击力的语言表达，鼓舞受众粉碎敌巢的信心。1939 年 11 月 12 日，新川影剧院苏联特制具有雷霆万钧之日的空战片《粉碎敌巢》③ 翳天蔽日神鹰飞天 地裂山崩敌巢尽毁。1941 年 2 月 17 日，中苏文化协会响应出钱劳军运动放映苏联电影《血肉换自由》④。1941 年 5 月 9 日，《大公报》配合国泰大戏院宣传苏联战争片《还我河山》⑤。广告介绍了影片的主要内容："描写十七世纪时波兰入侵俄罗斯，俄全民奋起驱逐强寇，屡蹶屡起，终至扫荡敌氛，恢复故土的一幕悲壮史绩巨片。"广告号召"外寇入侵 全民奋起 驱逐敌暴 还我河山 为民族而战争是光荣的战争 为自由而战是伟烈的奋斗 流不完满腔碧血 毁不灭一点丹心"，号召大敌当前，为国家民族而斗争。最后的上映时间和票价划分"十二时半三时一元五角 二元，五时 二元 二元五角"，既区分出电影观众的社会阶层，体现出平民化，逐步扩散电影影响的趋向，满足大众需求，让更多的人接触到国家民族主义教育。

（二）电影广告中的插图分析

在媒体并不发达的年代，报纸电影、画展广告具有通俗易懂和大量发行的绝对优势，它们也是最为普遍的视觉图像传播方式，电影广告夸张的设计，带给受众强大的视觉冲击力，很好地吸引受众前去观看的欲望。

作为推广电影，吸引观众走入影院的广告，一般都以图文组合的形式呈现电影的重要场景、重要角色形象、电影主演、导演、名字、电影公司版权、电

① 大公报（重庆）[N]. 1939 – 11 – 10（1 – 1）.
② 大公报（重庆）[N]. 1939 – 5 – 2（1 – 4）.
③ 大公报（汉口）[N]. 1939 – 11 – 12（1 – 1）.
④ 大公报（重庆）[N]. 1941 – 2 – 17（1 – 1）.
⑤ 大公报（重庆）[N]. 1941 – 5 – 9（1 – 1）.

影上映时间、票价等，简洁明了甚至是夸张地表现电影的内涵。

　　抗战时期《大公报》的电影广告，风格呈现出由精细到粗糙，以画面为中心，以文字为辅助，广告的版面也在逐步缩减。一是，《大公报》几经搬迁工作条件简陋，五三五四轰炸后，《大公报》的办公环境"屋矮面积小，局促不安……一切都是筚路蓝缕，物质条件根本谈不上"①，报社设备也多遭毁坏，报纸整体版面一再缩减所致。二是，随着战事紧迫，电影广告版面被新闻报道所挤压。三是，电影摄影公司的摄影条件在战争的破坏下无法进行拍摄，产出电影的数量有限。尽管在简陋的条件下，电影广告主和广告商还是抓住有利时机，设计出各种利于营造抗战氛围的电影广告，我们通过以下具体影剧广告图片来说明。

图5-3　《抗战特辑续集》（《大公报》　图5-4　《抗战特辑续集》（《大公报》（汉口），
（汉口），1937年11月6日，第一张第一版）　　1937年11月7日，第一张第一版）

　　抗战初期，上述两张电影广告是《大公报》宣传，中国电影制片厂电影队奔赴前线各战区和后方采录素材，录制成的纪录片《抗战特辑》第1集和第2集。第1集记录了卢沟桥事变中中国军队的抵抗记录，第2集记录了1937年9、

---

① 陈纪滢. 抗战时期的大公报［M］. 台北：黎明文化事业公司出版，1981：123.

10月间敌机轰炸广州、上海抗战、平型关大捷的战况。这两张广告中都有轰炸机、手执武器冲锋陷阵的士兵、狂轰滥炸的场面背景，士兵—武器—战争相互匹配的战争符号，加上"焦土废墟　壮烈光景　惊天动地　鬼哭神泣"①的文字，以直观的形象视觉把"战争"引到了受众面前，展现日本的侵略罪行，唤起受众反对日本侵略的情绪，力图达到劝服受众走入影院切实感受激战场景的目的。

图5-5　《中国万岁》（《大公报》　图5-6　《好丈夫》（《大公报》（汉口），
（汉口），1938年6月16日，第一张第一版）　1939年12月31日，第一张第四版）

《中国万岁》是著名导演史东山的作品，它讲述负伤士兵们不怕牺牲英勇卫国的故事（图5-5）。广告称这是一部"融化文学电影音乐之大成，时代戏剧的一支洪流，新中国的面影"②，并附之极富诱导性的广告语："看！战场上凄切而悲壮的景象。看！从富丽的闺房中走出参战的贵妇！看！赴汤蹈火的青年！看！真理的现身，正义的炫耀。"背景采用画面感强的驰骋疆场士兵为背景，突出士兵前赴后继的战斗士气，增添了胜利的希望，从而减少战争带来的恐惧和失落感。这样，广告将醒目的标题与激扬的文字、厮杀的沙场背景叠加在一起，赋予原本静止的广告以特殊的活力，影响受众做出"我们应踊跃购票，为国家

---

① 大公报（汉口）［N］. 1937 - 11 - 6（1 - 1）.
② 大公报（汉口）［N］. 1938 - 6 - 16（1 - 1）.

增厚抗战的力量，当先为负伤的战士筹得充分的医药费"。

1940 年元旦，新川大戏院上演的兵役宣传片《好丈夫》是史东山导演继《保卫我们的土地》后的又一力作，1939 年 12 月 31 日，《大公报》在广告中为其宣传时，建构了两个场景（图 5-6），一个是观影现场，四个男士在义愤填膺，神情紧张地在影院谈论影片，其中一个摩拳擦掌有赤膊上阵的架势，旁白为"当兵杀敌无上光荣荷枪卫国壮志凌云"。另一个场景是拼杀疆场的士兵，两个场景组成将士杀敌，后方力量积极支援的意境，从社会学心理学角度来看，社会群体中，参加者很容易产生移情的心理，感情或行为也很容易从群体的一个参加者蔓延到另一个参加者……从而改变原有的态度、信念、价值等①，在广告的渲染下，很容易诱发受众的使命感，如果能对受众产生命令式的入伍召唤将是这则广告的最高诉求。

图 5-7　《前程万里》（《大公报》（汉口），　图 5-8　《胜利进行曲》（《大公报》
1941 年 1 月 3 日，第一张第一版）　　　（汉口），1941 年 4 月 16 日，第一张第四版）

《前程万里》是 1941 年由蔡楚生执导的香港战争影片，讲述三位普通的香港人历经艰难最终回内地参加抗战的故事。广告主体画面为三个信心十足的士兵，整体呈现出祥和的风格（图 5-7）。这种非"战争"风格的广告，带给人们对生活的憧憬和希望，给生活在战乱中的军民继续战斗的力量和决心，画面中的女性形象为人们提供了模仿的特定范式，满足消费者求同的归属需求，强调了女性在社会中的力量，目的是把个体引到战时轨道上来。按照广告所说，

---

① 刘泓. 广告社会学 [M]. 武汉：武汉大学出版社，2006：141.

该影片播放时，"重庆市万人空巷 新生路千头攒动"①，影片影响力很大。

《胜利进行曲》是由湘北前线高级将领数十人、国军民众 10 万余人及中国电影制片厂演员合力摄制而成，自称"湘北大捷的真实记录，国防影片的权威巨构"②，广告选取了战斗场景为插图（图 5-8），两个战士在看到战友牺牲之后，忍痛继续战斗，正如广告词所说："湘北大捷是生命换来的战绩，用鲜血写成的史诗。"③ 这些打动人心的画面，以其醒目的视觉冲击力吸引着受众的注意力，成为政府宣传动员民众抗战的有效方法。

二、话剧广告

上海等沿海城市的相继失守，给电影摄制带来重重困难，"当电影工作者们感到在各种或明或暗的障碍下无法开展工作的时候，他们大多数人不得不暂时离开影视界，不约而同地转向他们熟悉的而又受物质条件制约相对小一些的话剧领域"④。电影人大规模地转向话剧，成为上海失守前后中国电影界抗日救亡电影中的一大特点，电影戏剧工作者联合，创立了话剧的黄金时代，他们并肩战斗，共同为抗日救亡摇旗呐喊，奏响抗日救亡的最强音。

（一）话剧广告内容

抗战爆发，中国军队在卢沟桥英勇抗战的消息传到上海后，上海剧作家们多次集会讨论。1937 年 7 月 15 日，由上海剧作者协会扩大改组为中国剧作者协会，推举会员夏衍、张庚等 16 人，集体创作三幕剧《保卫卢沟桥》。1937 年 8 月 7 日，《大公报本埠增刊》预告了《保卫卢沟桥》在蓬莱大剧院首次公演的广告，广告中说这部话剧是"召集全沪剧人总动员之大演出，中国剧作者会员集体创作的抗战第一声的悲壮事实"⑤，观看此剧，"会使你精神奋发、使你热血

---

① 大公报（汉口）[N]. 1941 年 1 月 3 日（1-1）.
② 大公报（汉口）[N]. 1941 年 4 月 16 日（1-1）.
③ 大公报（汉口）[N]. 1941 年 4 月 16 日（1-1）.
④ 蔡楚生. 战后中国电影及目前的改进运动 [J]. 《文献》，上海：上海出版社，1939-1（4）.
⑤ 大公报（上海）[N]. 1937-8-7（3-9）.

沸腾、使你敌忾同仇、使你决心抗战"。剧作家们用优秀的抗战作品，感人肺腑的广告话语，希望唤起更多的人觉醒，认清楚日本的侵略阴谋，投身到抗战中去。当日，光明大戏院本日电影结束后，专门加映《卢沟桥新闻》①。8月8日，刊登在《大公报本市增刊》中的《保卫卢沟桥》的广告由大中华橡胶厂捐登。②8月9日、10日，由爱华制药社国货长城牌民丹充当赞助商。11日、12日，由上海话剧大本营卡尔登大戏院赠登，并在广告中说明应观众的要求，续演四天。在抗日救亡的浪潮中，作家、商人、明星演员合力打造，为该剧的上映锦上添花，原定6场演出，加演8场，14场演出场场爆满。8月13日淞沪会战爆发，正值《保卫卢沟桥》第三幕"全民抗战"演出，消息传至剧院，几十位演员和上千名观众一起加入抗日游行的队伍中。《保卫卢沟桥》的创作和公演，是电影界参加抗日救亡的一次重大举动，也是抗战时期电影界和戏剧界的首次合作。③

八一三之后，电影从业人员与抗日救亡戏剧活动同呼吸共命运。1937年8月17日，上海话剧界救亡协会成立，1937年8月20日，话剧救亡协会在卡尔登大戏院召开，会上把电影和戏剧工作者糅合在一起，决定成立13个救亡话剧队，分赴全国各地进行抗日救亡巡回演出。重庆社会服务处电影放映总队合办电影放映站"提倡正当娱乐 激发抗战情绪"，气壮山河，可歌可泣。社教大会堂。④。1937年11月16日，田汉、马彦祥创办了《抗战戏剧》半月刊，作为集思广益，讨论研究抗战戏剧的平台，目的就是"尽一切力量火速完成动员广大民众，组织广大民众，积极起来争取民众的抗战胜利"⑤ 1937年12月27日，田汉等又组织发起中华全国戏剧界抗敌协会，这标志着全国戏剧界统一形成，推动着抗战戏剧运动的发展。

1938年10月10日，第一届戏剧节在重庆拉开帷幕，四川旅外抗敌剧团、怒吼剧社、中电剧团、国立戏剧学校等25天联合演出活动，10月29日，四幕

---

① 大公报（上海）[N]. 1937 - 8 - 7（3 - 10）.
② 大公报本市增刊（上海）[N]. 1937 - 8 - 8（3 - 9）.
③ 李道新. 中国电影史（1937—1945）[M]. 北京：首都师范大学出版社，2000：17.
④ 大公报（重庆）[N]. 1943 - 6 - 19（1 - 4）.
⑤ 抗战戏剧 [N]. 1937（1），创刊词.

话剧《全国总动员》被搬上舞台，《大公报》在广告中评价该剧是"抗敌剧情之高水平剧"①。1939 年，为了纪念八一三，文化界人士把反映"抗战家庭生活，中国人解放斗争意志"②的夏衍的四幕剧《一年间》在重庆、香港、桂林巡回演出，同时为《救亡日报》募捐办报基金。话剧贴近百姓生活，痛斥了卖国求荣者必将得到众叛亲离的下场，号召民众"坚定抗战必胜的信念，棒击屈辱求荣的阴谋"③。当时在桂林《一年间》前后演出 9 场，观众达 1 万多人次。④ 1941 年，中华剧艺社公演陈白尘的 5 幕话剧《大地回春》，在港上演时得到观众的认可。1941 年 2 月 2 日，《大公报》刊登了一则《大地回春》观后感，记录了时人的感受，"《大地回春》的故事很平凡，场面也十分朴素，然而它有几点值得注意的：在平凡的故事中充分表现出战区民众的艰苦生活，并能在有意无意中发扬抗敌的精神；一本现实，不事浮夸，使观众易受感动"⑤。皖南事变之后，抗敌演剧社和中国剧社转战到桂林、昆明，同西南后方的戏剧话剧队伍遥相呼应、互相配合，共同为抗战宣传做贡献。1943 年 11 月，欧阳予倩、田汉积极筹备戏剧展览会，1944 年 2 月，西南第一届戏剧展览会在桂林正式开始。

（二）战时影院剧场的政治宣教功能

作为城市重要的休闲娱乐公共空间，电影院、剧场的政治功能在全面抗战时期得以重新定位、强化。抗建堂、国泰、大光明都显示出战时强大的抗战党员功能，这些公共场所献映抗战电影、组织抗战讲座、募集捐款。不仅丰富了战时民众的休闲娱乐生活，而且逐渐演变为大后方重要的政治空间。从电影海报上看，这些公共空间承担了政要讲话、政治文化会议、抗战义演，为后方民众坚持抗日提供了空间。

抗日战争期间，平津、南京、武汉、广州相继陷落，影院数量锐减，据统

---

① 大公报（重庆）[N]. 1938 - 11 - 9 (5).
② 史枚. 一年间及其演出 [N]. 读书月报，1939，1 (5)：42.
③ 大公报（重庆）[N]. 1939 - 4 - 12 (1 - 1).
④ 张殷. 中国话剧艺术舞台演出大纲 [M]. 武汉：武汉大学出版社，2008：289.
⑤ 敬豪. 看《大地回春》的感想 [N]. 大公报（香港），1941 - 2 - 2 (6).

计，战前全国共有影院294家，而1941年保存在非沦陷区内的仅79家，其他均落入日本人之手或毁于战火①。电影业中心的相继西移，大部分迁至川渝，中国电影制片厂、中央电影摄影场、西北影业公司、中华教育电影制片厂、农村教育电影公司的战时官营电影体系初步建立。②拍摄、放映抗战故事片主要由这些机构承担。迁渝人口激增也影响了战时影业的发展。留在沦陷区的"孤岛"影院，尽管在放映选择上仍表现出商业性很强的一面，但是仍在夹缝中担负起抗敌御侮、保家卫国的使命。

从大量的电影广告中，我们可以看出，抗战期间，以电影院为主的公共宣教空间不仅有单纯的娱乐休闲功能，它还经常被借作募捐场所、会议场地、话剧演出场所。1940年，中国电影制片厂第二摄影棚改建为礼堂，取名抗建堂，1941年4月1日礼堂落成开幕，国民政府主席林森题为抗建堂堂名，场内分堂、楼座席860个。中国万岁剧团于5日起首演《国贼汪精卫》，抗战期间该剧场共上演33场著名话剧，也是当时文艺艺术界的重要活动场所。③1943年的"六三"禁烟纪念大会在国泰大戏院召开，并函请义务放映电影以弘扬宣传之义，并假借影剧院放映募捐，组织公益活动。

1937年12月4日，平教会抗战剧团旅汉宣传抗日，连续三天假借大光明剧院公演四幕剧《战歌》。"异族间底冲突！侵略者底屠刀！正义感之矛盾！敌国人的悲哀！"④12月6日，平教会抗战剧团旅汉公演特辑敬告观众：全国抗战业已开始，伟大的时代业已临到，每一个国民在这时候都应起来抗战，前方的将士流血，后方的民众拼命，一齐收复失地，一起把中华民族复兴！我们是一群戏子，但我们不愿放弃我们的责任，我们今日应该是一队战士，平时剧场也许是消遣品，也许是象牙塔里的珍宝，但是在全面抗战的今日戏剧应该是武器，应该是枪炮，是宣传教育的有效武器，是组织民众训练民众最有力的工具。平

---

① 罗静予. 论电影国策——并呼唤迎接电影技术的大革命 [J]. 中国电影，1941 - 1 (1).

② 虞吉. 大后方电影史 [M]. 重庆：重庆出版社，2005：48 - 49.

③ 王洪华，郭汝魁. 重庆文化艺术志 [M]. 重庆：西南师范大学出版社，2000：483.

④ 大公报（汉口）[N]. 1937 - 12 - 6（1 - 1）.

时观众到剧场来为的是得着娱乐为的是欣赏艺术，但在全面抗战的今日，每一个观众也是战士，他们应参加剧团的活动，他们应实行剧团中所指示的一切。他们应该把剧中的精神灌输给他的亲友，不但自己要忠勇爱国，急起抗战，他更应该发动他的家庭和邻人忠勇爱国，争气抗战！① 号召全民抗战。为民族牺牲个人利益，为国家捐弃家庭幸福。

第三节　时尚休闲娱乐广告赋予战时特点

战火纷飞中，民众除了通过观看电影、话剧来消解战争给生活带了的恐惧、焦虑、压力之外，溜冰、舞会、音乐会也收到爱好者的欢迎。《大公报》投受众所好，刊登此类广告644条，画展广告尤其多，有319条，将近此类广告总数的1/2。音乐会广告175条，位居第二。按照本文的统计，这两类广告中重复的广告分别占到总数的2/3和1/4，这些时尚休闲广告内容中也会时不时地以特有的方式加入抗战内容。

一、溜冰广告

抗战时期，以"健身强种自卫御侮"②为目的吸引顾客溜冰的广告多见于香港版的《大公报》和桂林《大公报》，溜冰虽创于瑞典，流行于欧美，古代的典籍中就提及"北方溜冰之戏始自宋时"③，1931年3月24日，《时报》发表的《溜冰小道可观》中就写道：溜冰之戏吾国固有，朱竹轮《日下旧闻考》云，'大液池冬月陈冰戏，习劳行赏，以修国俗'，敦礼臣燕京岁时记记'溜冰鞋'。④ 近代由于中西文化交流加强，民风的开化，溜冰在北方京津一带很受欢迎，20世纪20年代前后，北京的北海、中南海公园都是年轻人溜冰的首选地，

① 大公报（汉口）[N]. 1937 - 12 - 4（1 - 4）.
② 大公报（香港）[N], 1941 - 6 - 15（5）.
③ （清）翟灏撰《通俗卷》38卷，无不宜斋齐刻本，1715：440.
④ 溜冰小道可观 [N]. 时报, 1931 - 2 - 24（5）.

1926 年，《北京大学日刊》上连日刊登北海溜冰广告。20 世纪 30 年代，溜冰在上海备受青睐，由于受到奥运冠军宋雅海妮的影响，溜冰风靡上海，1938 年，上海最为普及的两项娱乐，"第一为叉麻将，第二当推试下盛行之溜冰矣"。①时人甚至把 1938 年戏谑为"溜冰年"。

战时香港《大公报》和桂林《大公报》共刊登 30 则关于溜冰的广告，大部分是公布赛事时间、地点，通知式的广告。与抗战有关的有 7 则。1941 年 4 月 9 日，《大公报》刊登义赛赈灾的溜冰广告，"旺角弥敦道九龙溜冰场，定于本月二十六日正午十二时至下午十一时举行全港公开华人溜冰义赛及选举溜冰皇后，全场收入，概交香港新运妇女会振济伤难。义赛章程可向商务印书馆、中华书局、中国国货公司及九龙溜冰场等处索阅。深望各界热心踊跃，参加购券，使集腋成裘，成此义举"②。健身式溜冰广告较为常见，"近来港九经医务总监司徒永觉提倡防痨运动后，各界响应，雷厉风行，因此体育运动承时兴起，而最感人兴趣者，莫如溜冰。""……全港唯一户内户外两用之溜冰场一所，定名中华溜冰场，场址即旧日飞龙汽车厂所在，户内全场面积达二万余方尺，而户外场面亦达五千余方尺。计户内户外场面同一时间可容溜冰男女一千人以上，其场面之伟大，将为全港溜冰场之冠。"③ 溜冰运动在当时属于时尚的休闲娱乐活动，战争赋予它强身进而强国的作用，同时在特定的空间里通过募捐，感染和影响着战时民众的爱国情绪。

二、舞会广告

募捐式舞会广告在《大公报》中共有 26 则，音乐会 58 则，他们中也有连续刊登的情况，由于舞会时常伴随音乐会，这两类广告时常会混杂在一起。1939 年 4 月 21 日，《大公报》在香港妇女慰劳会为筹款救济伤兵难民舞会广告中，郑重声明："届时由该会会员分别担任招待，游艺秩序，则由本港名媛闺秀担任，同时敦请许地山夫妇，罗文锦夫妇，温源宁等为评判员。化装最特色者，

---

① 今日全市溜人大会 [N]. 时报, 1938 – 5 – 8（5）
② 大公报（香港）[N]. 1941 – 4 – 9（6）.
③ 大公报（香港）[N]. 1941 – 4 – 9（6）.

给以奖品。"①社会名流的介入舞会既有提升了舞会的品味也起到监督筹款去向的问题，显示舞会的严肃型，该舞会的主办方香港妇女慰劳会还专门发问强调"我们今次举行的跳舞会，不但不能看作一种寻常的娱乐消遣，而且应当认为具有特殊意义的救国活动"，举办舞会的意义救国大于娱乐。

1940年4月13日，香港中国妇女兵灾筹赈会在《大公报》上发布"经筹备多时之慈善餐舞会，各部进行，大致均已完竣，决定明（十四日）晚八时半假座半岛酒店举行，届时春光旖旎，俪影双双，连肩接踵，共舞华堂，定有一番热闹。查该会此次举办之餐舞会，不特纯粹为慈善之性质，且为中英两大民族合作之好现象……所得善款，除半数拨助我国难胞外，其余半数则由该会移赠英国战时慰劳会，转赈英国伤兵难民；盖英国为正义而战，与我国为国家民族及为世界和平而抗战，并无二致，故尤应互相协助，以竟全功"②。这场筹赈会的意义在于救助的范围由国内扩大到国外，显示抗战时期盟国间力量的联合，说明抗日战争的正义性，带给更多的人正义必将战胜非正义的力量和信心。

《大公报》上还介绍由盟国主办的舞会。1942年1月1日，中、英、美、苏共同签署了《联合国家宣言》，3月21日，中美签订协定，美国决定向中国提供5亿美元贷款，英国也答应向中国提供5000英镑的贷款，但迟迟未兑现③。民间对华援助也在继续扩大，1942年9月18日，《大公报》公布英国救援会克利浦斯夫人主持之联合援华募款运动，募款以音乐会的形式展开，"英国名钢琴家密拉汉绿夫人，将于九月二十日，在皇家爱勃脱厅，举行音乐会，大英广播公司，届时亦将播送特别音乐节目，诸项表演所有之收入，均充为克利浦斯夫人援华募款之基金。"④1943年，世界反法西斯战争局势发生了变化，苏德战场经过斯大林格勒和库尔斯克决战后，完全掌握了战争的主动权，西欧战场英美采取积极的军事行动。1943年9月，意大利被迫投降，中国人民在艰苦的抗战中歼灭了大量的日军，有力地配合了世界反法西斯战场。反法西斯胜利的曙光

① 大公报（香港）[N]. 1939 - 4 - 21 (6).
② 大公报（香港）[N]. 1940 - 2 - 13 (6).
③ 顾维钧回忆录第5卷 [M]. 上海：中华书局，1987：8.
④ 大公报（桂林）[N]. 1942 - 9 - 18 (2).

即将出现，含有胜利之意被盟国一直推崇的曲目在音乐会备受欢迎，1944 年 1 月 11 日，桂林英侨在社会服务处礼堂举行唱片音乐会，在广告中重点介绍了贝多芬所作 c 调短音阶第五交响乐，称"此曲在欧西，为各国人士所一致推重，盟国报纸最近曾提议宣布和平日之音乐广播节目，选择此曲者十居八九，盖此曲之第一个音符，在音乐上有表示胜利之意，而常用为战时音乐节目之前奏曲"①。各种舞会中都融入反法西斯的音调，奏响了世界和平之曲。

三、画展、摄影展广告

1939 年 8 月 13 日，淞沪会战两周年，抗日战争进入相持阶段，菲律宾援助抗敌委会借助《大公报》发布了画展的广告，"菲律宾援助抗敌委员会八月十三日为我国展开全面抗战之纪念日，同时亦为菲岛公共假期，故特定是日举行画展。会期四天参观踊跃⋯⋯当商请中国之友社、菲律宾民主与集体安全大会、菲律宾青年团、菲律宾民主保障大同盟、中华基督教青年会五团体主持画展，以增对外宣传之效力，由祖国运到画片中另选出一百数十幅，托此间华侨照相馆义务放大，并由侨擅长美术者承担油画若干幅，一切筹备就绪，即决定八月十二日起至十五日止在本埠市中心区之水晶宫举行画展四天，由五团体分别柬请美国驻菲海陆军军官及菲政界要人、各国领事，非教育界、商界、工界领袖参观，十日下午先邀请本埠中外各报记者，各通讯社如路透社、美联社、合众社等参观，并说明此次画展意义"②。画展达到了超出预想的效果，"每日上午九时起至晚九时止，无不十分拥挤，故决展期一天至十六日闭幕，截至十四日止三天之内，签名者已达两万两千名，该会原定十五日闭幕，现因参观人数众多"③ 只好以延长时间满足参观者的要求，更让人预想不到的是，"日本的反战力量，也赞同在禁止军火运日的请愿书上签名，不仅日本国内民众风起云涌，即日本旅外侨民，亦在酝酿之中；中国妇女慰劳会菲律宾分会以来宾既热烈同情我国抗战，必当踊跃捐助救济我国伤兵难民，故在会场出口处置一大箱，请

①　大公报（桂林）［N］. 1944 – 1 – 11（3）.
②　大公报（香港）［N］. 1939 – 8 – 21（5）.
③　大公报（香港）［N］. 1939 – 8 – 21（5）.

求参观人士自动解囊，计三日之中已得菲币二千数百元，约合国币二万元"①。从中我们可以了解到，画展得到各国爱好和平，反对战争的人们的一致欢迎，充分说明画展产生了良好的视觉表达效果，参观者络绎不绝，国际上更多的人了解了日本侵略的真相，向世人宣传中国人的抗战精神，激发更多的有正义厌恶战争的人们，支援正义战争，进而团结一切反法西斯力量，也促使中国在国际上加大抗日宣传力度。

1940 年 1 月 2 日，《大公报》为励志社举办的抗战书画展宣传，内容为："励志社抗战书画厅于元旦正式在新运总会开幕，计有大幅油画七十余件，风景油画数十件，中国画数十件，连画六百多，均系精彩杰作。又该社售出之冬赈券数目已甚大，购者异常踊，每券二十元，该展览会展览日期为一日至六日止，应明日更有音乐助兴，并由中国茶叶公司条茶食饷客。"② 参观者达四千人，空前盛况，为历届画展所未经见。1 月 6 日，英大使卡尔参观励志社主办之抗战画展，大使对该会作品甚赞许，谓此种画展，是中国抗战前途光明之表现；③ "中国画会及女子书画会发起之慰劳将士书画展览会、自开始征集作品以来、承书画界同人及书画收藏家之热心捐助、先后收到精美作品五百余件、兹已筹备告竣、决定于本月二十二日起、假座大新公司四楼开幕展览、欢迎各界人士参观惠购、该会将售资所得、悉数充作慰劳将士之用、该会于今日起、特发售抽签预约券、每张国币十元、欲购者可向虞洽卿路宁波同乡会四楼上海市慰劳委员会劝募接洽。"④ 1939 年，浙江省立金华中学学生祝健在参观完"双十节"抗战巡回画展之后，有感而发："嗟乎！巡览画展一周，令人感觉其'悲''惨''壮烈'具备，吾愿来岁庆祝凯旋之日，仍展此画以为胜利之纪念也。"⑤ 抗战画展的消息告示受众画展的内容浓缩了战时故事，抗战的精神，在有限的时间和空间内能传递给参观者更多的信息，并以募捐的方式劝告消费者为抗战贡献

① 大公报（香港）[N]. 1939 - 8 - 21（5）.
② 大公报（重庆）[N]. 1940 - 1 - 2（1 - 3）
③ 大公报（香港）[N]. 1940 - 1 - 7（7）.
④ 大公报（上海）[N]. 1937 - 10 - 15（5）.
⑤ 祝健. 抗战画展一览 [J]. 金中学生，1939（4）：90 - 91.

力量。

全国基督教青年会军人服务委员会粤港分会主办的抗战摄影展览，已由日前起在必列者士街青年会内公开展览，至廿五日止，廿六日在九龙青年会展览，直至下月四日始行结束。按此次所搜集的作品，计二百余帧，包括战时的前方与后方。前方所代表的，是英勇的健儿，武器的装备；后方所代表的，是捐输的活跃，民众的动员等。

在许许多多的名贵的作品里头，有×兵所最迷信和最信奉的《千人针》，但是《千人针》也没有效用，可怜×兵受军阀的麻醉，送到中国来送死。也有我军夺获《毒气》的照片，政治工作者把它公开向外国记者一一解释。《中国之友》是指出和说明友邦人士帮助救护的可贵；《再上前线》是伤兵再上前线的出发之影；《北战场》有广大和铺上雪层的原野，我们的士兵正踏着雪地前进，恣态英勇，雄心顿增；《我海军之行进》这一幅特别可贵，使人想到我们虽无海防，但这一幅是暗示我们一定要建设海军，保卫领海。其他如《铁翼雄姿》《学生上前线》《童军救护》《抢救伤兵》《工业建设》《慰劳》等，都浮现在照片中。①

战时摄影服务团自沪战爆发以来，在战地实施摄影工作。到 1937 年 10 月，据统计已摄有七百余张。除此之外该团为协助救济会筹募捐款、救济难民做出贡献给，1937 年 10 月 15 日，该团在《大公报》上刊发启事："特将所有该项战地摄影，挑选最生动而精彩之余张，借本市八仙桥青年会二楼自本月十五日起至十八日止，举行美术摄影展览会，门票一概不收。惟请参观人自动酌量捐助，救济难民款项由救济会将捐款箱封好，放在会场，以便捐款投入。俟解冻后，再行开箱公布。"② 摄影、画展通过生动的画面再现战事，充满艺术的画面感给人的视觉造成极强的冲击力，如身临其境。

小结

抗战时期的影剧广告从广告语到图像都在诠释抗战精神需求。它们有介绍

---

① 大公报（香港）[N]. 1939 – 6 – 17 (3).

② 大公报（上海）[N]. 1937 – 10 – 15 (5).

抗战卡通片的，也有推荐抗战特辑纪录片的，受众面广，满足各类文化层次的观众，从这些广告中，受众就可以了解到战时曲折的故事情节，部分广告还配以感人的插图，引起观众与电影人物甚至是现实中的人物同悲共喜的欲望。从中也可得知，20世纪三四十年代，观看电影话剧是城市普通市民最主要的休闲消遣方式之一，因为"电影是一种完备的综合艺术。它是立体的画面，又是活动的舞台，并且还有言语有音乐，那一切具体的面目，行动、声音都毫没有揣测的余裕，直接地在观众的感觉上发生作用"①。

---

① 魏孟克.关于抗战电影［J］.民意周刊，1938，（47）：6.

第六章

征募启事体现民众抗战责任自觉

全面抗战爆发后，各民族、各团体、各阶层都积极投入到抗战的洪流中来，以各种方式为抗战贡献自己的力量，《大公报》启事中刊登了民众捐款、捐物、参战援战的情况，激励更多的人参与到抗战中来，拼接这些启事，俨然构成一幅生动的全民援战图景。

七七事变之后，各界纷纷致电、上书政府积极抗日，目前典藏于台北国史馆的"各方呼请政府抗日案"，从七七事变到1944年，社会各界给蒋介石和国民政府的电报、书信汇总共8卷，收录近400份电文、书信①。各界民众慷慨陈词，表示愿做抗战后援军。《大公报》充分发挥各板块的优势，就运用大面积版面刊载了民众救护伤兵、献金运动、征集慰问袋、捐献书籍、征募寒衣等，报道来自各方的慰劳事迹，据笔者统计，仅1937年7月7日到8月1日，《大公报》共刊登来自西安、昆明、广州全国各地的慰劳报道62篇。抗战时期，捐募活动在海内外形成援战的热潮，它的规模之大、形式之多样、影响力之大和媒体的宣传密不可分。

---

① 转自王鑫宏，汪效驷. 民意诉求——七七事变后蒋介石抗日政策的推力 [J]. 民国档案，2017（1）.

第一节 启事的量化分析

抗战时期《大公报》的启事是指以团体或个人将自己的需求刊登在报纸上，广而告之。它包括团体启事和个人启事，团体启事主要包括团体征募、征文、征召和宗教团体的护法息灾启事，个人启事主要包括婚丧启事和个人募捐启事，如图 6 - 1 所示。

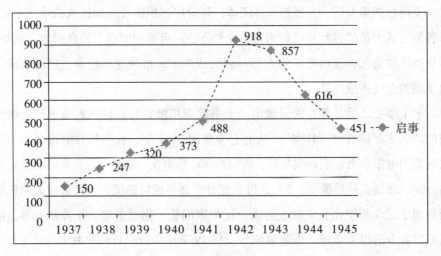

图 6 - 1 启事数量统计图（按年份）

抗战时期启事广告的数量统计图，我们可以看出呈递增的态势，这和近代以来社会中间力量的成长、抗战爆发后民众的援战热情有关系，也和国民政府对民间团体的态度分不开。1942 年之后，启事的数量之所以明显增多是因为结婚启事的比重占得较大，1942 年刊登在《大公报》上的结婚启事共有 831 则，而 1939 年刊登在《大公报》上的结婚启事只有 176 则。这两年的其他启事数量差距并不是太大。

上图显示了抗战时期《大公报》中的个人启事为 3700 则，团体启事为 720 则。个人启事居多的原因在于《大公报》中专门设置小广告专栏，刊登个人启事，像寻人、寻物、征集等琐碎信息等均刊登在此。再则，个人启事的受众面相对较广，广告费用可观。

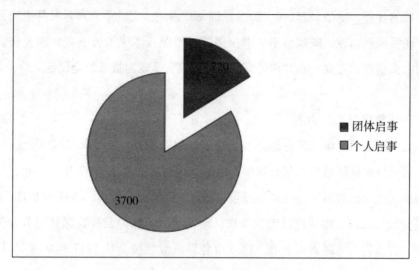

图6－2　启事数量统计图（按内容）

第二节　征募启事映射战时国民责任自觉担当

九一八事变后，以南京、北平、上海等地为中心的募捐活动，逐渐扩展到全国各地。一·二八淞沪抗战爆发后，上海市后援团体多次发动募捐劳军运动，全国各地的爱国人士，也踊跃捐献支持十九路军抗战。卢沟桥事变爆发后，在各界抗日的呼声中，各地民众自发组织捐助团体。八一三事变后，政府意识到社会力量对抗战的作用，着手组织、规范救亡团体，有秩序地安排民众捐献活动。1938年4月到1941年12月底为征募的高涨期，1942—1943年间募捐活动相对沉寂，直到1944年捐献运动再度兴起。

抗日战争期间《大公报》所刊登的征募启事，启事者既包括政府团体也有民间团体，启事的数量也随战时国内外政策的调整和战事的发展而有所增减，它以捐款、捐物、义卖献金、义演捐钱等形式宣传动员后方广大民众有钱出钱有力出力，为前线将士输出物质资源，精神食粮。此时，在《大公报》上刊登募捐启事者，既有官方团体也有民间团体，不仅有综合性的捐助也有专门性的捐助，还有变相捐助的义卖、义演的模式。《大公报》本身也担负了征募人和代收捐助的任务，抗战兴起，《大公报》即每日占用一定的版面来号召募捐或公布救护伤兵医药捐款、赈款启事、书报捐赠等情况，体现了天下兴亡匹夫有责的爱国主义精神、万众一心共御外侮的大局意识，呈现出抗战的全民性。

一、募捐启事的内容

七七事变后，国统区各地自发成立了抗敌后援会。见于汉口《大公报》启事中的汉口市抗敌后援会就是其中有名的组织，它成立于 1937 年 7 月底，与当时的湖北民众抗敌后援会共同组成当时湖北主要的征募机构，1937 年 9 月，《大公报》迁至汉口，继续进行抗战救亡活动。此时，淞沪激战，深秋时节，天气转冷，前方将士急需御寒衣物。汉口市各界抗敌后援会从 1937 年 9 月 24 日到 10 月 6 日期间，在《大公报》上连续刊登征募布鞋及棉背心启事："查目前抗战紧急，前方将士战场辗转奔驰，跣足作战，辛苦殊深，急需布鞋应用，且时届深秋，气候渐寒，前方抗敌及后方受伤官兵更需棉絮背心御寒，本会特征集布鞋及棉背心等物，希各界人士爱国仕女尽量捐赠，无限鞋衣，迅教本会代为转交。"① 反复刊登的募捐启事以支援前方抗战作为共识，提供了前方将士的公共需求信息，要求民众有意识地舍弃自我利益，在捐赠者和公共需求之间建立起紧密联系，尽力追求最大限度的募捐。除了报端刊登启事外，后援会还发布告民众书，请汉口市童子军转发并本市各童子军逐户散发，俾期普及宣传②。1937 年 10 月 1 日至 6 日，《大公报》头版公布了《汉口市各界救援会九月份收到捐款捐物名目》如"九月四日收到汉口市剧人劳军公演团捐款一千三百二十四元五角……九月三十日收到汉市一女中捐鞋二百双……等"，报纸上公开公布募捐结果的方式运用群体的影响释放能量，在救亡的压力下，社会道德责任的驱使下，个体一般会选择从众，通过募捐彰显个体的抗战价值，进而吸引更多的参与者捐助。为了答谢各界民众的支援，1937 年 9 月 24 日，军政部第五陆军

---

① 大公报（汉口）[N]. 1937 - 9 - 24（1 - 1）.

② 武汉市档案馆，武汉市政协委员会.《保卫大武汉》[M]. 1998（3）：90.

医院全体伤兵官士兵在《大公报》上发布启事申谢武汉各界慰劳，正如启事所言："各界同胞倭寇侵陵举国同仇同人等职司卫国，杀敌保土，分所当为，牺牲流血，身所应受，此次负伤深荷，各界关怀备切，慰劳有加，实增同人等无限感慨，全面抗战关系民族存亡绝非短期所能了结，尚望各界后方工作，作持久之努力，期获最后的胜利。同人等俟创伤稍愈，即当再回前线，以铁血洗涤国耻，俘彼顽日虏，还我山河，以尽军人之天职。"① 他们言辞恳切，铿锵有力地表达了誓死卫国的决心，军民互动启事道出了国难当头之际，军民团结一心，共御外敌的决心。

不过此时，在《大公报》上发布捐赠启事的主体大都是自发的团体，一方面是被前线将士誓死卫国的精神感染，自发为他们捐款捐物；另一方面，近代以来民众民族意识的觉醒激发了其社会责任意识。但是，散乱无序的民众抗战团体是抗战初期社会团体的整体特点，时人当时评述武汉的民众团体"听说武汉一处有九百个抗日团体，其中以抗战为名的也有几百种，所有的民众团体都应由政治部或党部分别核对，分别派赴前线或派入乡间工作……"②，亟须政府给予引导规整。民众团体在抗战中展示出的力量迫使国民政府放松对民众运动的管控，1937 年 10 月 1 日，国民政府军事委员会第六部制定了《各地抗敌后援会组织及工作纲要》，规定"各地抗敌后援会之设立，应由当地之党政军当局召集发起之。民众之自动组织者应得当地党政军之许可，各地抗敌后援会应接受当地最高党政军当局之指导，各地抗敌后援会为当地党政军民之共同组织。各职业团体、社会团体应按其性质加入各队工作，不得有性质团体之设立"③，着手有秩序地推进民众抗敌后援工作。

南京沦陷前，国民党虽宣布迁都重庆，但是财政、外交、内务等重要政要部门，集中在武汉，学生、厂区、商家为了躲避战乱陆续迁至武汉，武汉汇聚了来自四面八方的抗日力量，成为全国抗日运动的中心。1937 年 12 月 23 日，

①　大公报（汉口）[N]. 1937 – 9 – 24（1 – 1）.

②　王大芝. 动员武汉民众抗战团体 [J].《民意周刊》，1938（27）：16.

③　上海市档案馆编.《上海市各界抗敌后援会》[M]. 北京：档案出版社，1990：332 – 333.

王明、周恩来、项英、秦邦宪、叶剑英、董必武、林伯渠七人领导下的中共中央长江局成立。1938年4月，主管国民党宣传工作的军事委员会政治部第三厅成立，陈诚任部长，周恩来任副部长，郭沫若任第三厅厅长。陈诚就任武汉卫戍司令后，制定了根据"在使一切能利用以抗战者，虽必全体动员，任何牺牲在所不惜；而同时不应牺牲者，以及足资敌利用者，虽一草一木，亦不轻易放弃之"①的动员方针，焦土抗战的决心，制定了《武汉卫戍区动员计划纲要》，推动各地募捐运动。1938年4月7日到13日，政治部第三厅决定举行武汉第二期各界抗敌扩大宣传周。宣讲、戏剧、歌咏等方式被列为主要宣传方式，且每日都有一种主要的宣传方式，辅之以其他。1938年4月7日，宣传周的第一日，台儿庄的消息传来之后，武汉三镇的民众当街游行庆祝胜利大捷，各机关银行以白布抄写战讯高悬门首，各报社均发号外。4月9日，中国近代第一个全国性的外交协会，中国国民外交协会在《大公报》刊登了征募鞋袜慰劳前方将士启事②。这则启事，根据协会派赴前线慰劳致谢人员，温广彝返汉的报告，他目睹了"前线士气极为旺盛咸抱最大决心愿留最后一滴血"的为国牺牲的壮举，了解到士兵短缺鞋袜，根据前方急需物品，号召"后方人士发动募集，此次台儿庄音讯传来，凡我同胞更应踊跃捐输籍表慰劳之忱，兹规定每双折合国币五角计算，如承认捐现款，即请经送中央银行存储近日由该行登报公开采购于运赴前方慰劳谨此公布启事"。表示采取公开采购的方式，务必使每一份捐款达到前方将士的手中。

　　5月是近代以来国耻最多的月份，"日寇兽军占领我土地，屠杀我同胞，奸淫我妇女，尤为奇耻大辱……这耻辱要用铁和血来洗净"③。1938年5月间，国民党中央宣传部借助众多的纪念日决定开展"各界雪耻与兵役扩大宣传周"。5月1日，《武汉各界雪耻与兵役扩大宣传周筹备会筹备通告》④在《大公报》上刊发。2日，中国工人抗敌筹备会在《大公报》上发出了公告，表示自愿捐物

---

① 陈诚. 陈诚私人回忆资料（1935—1944）（上）[M].《民国档案》，1987（1）.
② 征募鞋袜慰劳前方将士启事 [N]. 大公报（汉口），1938 - 4 - 9（1 - 1）.
③ 韬奋基金会. 韬奋全集（增补本8）[M]. 上海：上海人民出版社，2015：434.
④ 大公报（汉口）[N]. 1938 - 5 - 3（1 - 1）.

捐钱出人出力抗战到底。5 月 10 日，援助八百将士捐款征募委员会在《大公报》启事中写道："因守上海四行仓库八百壮士忠勇抗战至今犹被困于上海租界，迄今六个月尚未释放，精神既感痛苦，现委托中国妇女慰劳会、大公报馆专款专用慰护国英雄，尽国民天职。"用专款专用的捐款方式表达对护国卫士的尊敬和感激。

抗战全面爆发的 1937 年秋冬易季之时，全国各地出现自发的给抗敌勇士捐献寒衣的行为。① 全国征募寒衣运动委员会在武汉成立并在各地设立支会和分会后，征募寒衣运动开始有了统一的负责机构，但其只起到一个全国统筹和调度的功能。具体征募寒衣的机构，除此外还有一些妇女团体、政府机关部门、抗敌组织机构、儿童团体、慈善团体等参与其间，例如，中央筹募慰劳总会、战区前敌总指挥部、赈济委员会、抗敌后援会、新生活妇女服务队、中国童子军总会等。1938 年、1939 年的两年时间，全国征募寒衣运动委员会募集寒衣 700 多万件，1939 年、1940 年两年的夏季全国征募寒衣运动委员会又组织人力物力缝制夏布暑衣 30 多万套，蚊帐 8 万多套，送给前方的将士。1940 年秋，考虑到"各地运输不便，寒衣配送颇多困难，且由各地分别缝制，质料与式样亦难期其适合"之故，全国征募寒衣运动委员会决议该年改募代金 1000 万元，其中国内筹集 600 万元，海外募捐 400 万元②。

抗日战争爆发后，广大妇女走出家庭，组织了募捐队、慰劳队、缝纫队、救护队、洗衣队等自发的组织，这些活动大多集中在城市当中。为了动员更多的人支援抗战，1937 年 8 月 1 日，宋美龄主导的妇女慰劳总会在南京成立，它是"全国妇女慰劳工作的首脑，完全是妇女自己的团队"③，之后，在南京首先发起献金运动，各省市响应组成分会。1938 年秋，妇女慰劳总会在汉口发起征募寒衣运动，9 月 10 日，中国妇女慰劳自卫抗战将士总会把征募棉衣启事刊登

① 中国国民党中央执行委员会颁发征募寒衣运动计划 [N]. 中央党务公报, 1939 (2): 403 - 404.

② 中国国民党中央执行委员会颁发征募寒衣运动计划 [N]. 中央党务公报, 1939 (2): 403 - 404.

③ 左玖瑜. "三八"招待抗属记 [J].《中国妇女慰劳总会专刊》, 1943: 44.

在《大公报》上，"时值新秋气候转凉，前方将士日夕在露天旷野中浴血奋战抗战急需棉衣御寒，本会特发起棉衣运动除已拨款制衣并分电各地方会努力征募外。窃年众擎易举集腋成裘欲求事功易竟仍赖各方努力，凡我爱国士女当能乐于捐输共成是举。一、来件请送汉口三教街十八号本会　二、种类 棉衣 棉背心棉被、布鞋、袜 三捐款由本会代制亦 四 本会收到衣款出制缝收据并送交经收机关汇转前方并在报章公布以召价值。"①启事中募捐对象锁定在制作御寒服装的"爱国仕女"身上，认为女性作为国民的一份子，理所应当贡献自己的力量。征募的内容主要以棉服为主，捐物和献金都是可以的，并会开出收据在报纸上公开表彰捐献行为，用道德和舆论来约束并吸引更多的募捐。1940 年 1 月 7 日，《大公报》报道了《妇女慰劳将士总会募足五十件棉衣，已分二批运送前线分发》②。在妇女慰劳总会的号召下，中国国民外交协会妇女工作委员会为前方将士征募寒衣举行游艺义卖大会征求义卖品寒衣启事，广告上说："为响应蒋夫人征集寒衣发起游艺义卖大会，伏念前方将士浴血抗战后方人民有输才输力之责，敬希各界人士广赐物品籍作义卖捐献寒衣以襄义举。"③希望带动更多的国人有钱出钱有力出力，齐心协力支援前线。1940 年 1 月 15 日，《中国妇女慰劳会紧急启事》④在陪都发起春节劳军运动时，慰劳总会的会员赶制军医、征募药品，进行义演，并收到了来自全国各地捐赠的物品。1940 年 5 月 13 日，《大公报》报道了蒋夫人把加拿大同胞捐献给总会的三千余条羊毛毯分发给战区的将领。1943 年 12 月，慰劳总会又进行慰劳空军运动。

抗战期间国内医疗体系惨遭破坏，国际医用物资运输通道屡次被日军切断，前线后方医务人员、药品极其缺乏，后方民众随着平津、上海的失陷，武汉、重庆等地聚集了一大批流动人口，卫生医疗毫无保障，亟需各方爱国志士积极募捐。1938 年 6 月 12 日，教育部第一社会教育工作团在《大公报》上刊登，《募集难民衣药启事》严肃地指出"自全民抗战以来我战区罹难同胞不甘屈服背

---

① 大公报（汉口）[N]. 1938 - 9 - 10（1 - 1）.
② 大公报（重庆）[N]. 1940 - 1 - 7（1 - 3）.
③ 大公报（重庆）[N]. 1939 - 9 - 27（1 - 1）.
④ 大公报（香港）[N]. 1940 - 1 - 15（2）.

井离乡逃来武汉辗转流离时值仲夏天气炎热现犹多无单衣，人多麇集时疫流行，病亡时有所闻而最近豫皖来汉者日见增多"①，鉴于卫生条件有限，鉴于流动人口容易引起传染病的现象，工作团建议："一面积极宣传卫生教育并筹备举行游艺扩大宣传外，加大力度募集难民衣药。"②，采取宣传卫生教育和征集医药同步进行的工作方式。1940 年 5 月，中国红十字总会反复发布《鸣谢启事》③，记录了海外华侨国际友好人士募捐的医药物资的情况，他们不仅积极贡献医用物品，还带来先进的医疗技术，对处境艰难的中国人来说是非常珍贵的。1941 年9 月 26 日，《大公报》刊登《全国慰劳总会义诊运动致谢陪中西药界》④ 启事赞扬医药界慷慨捐助药资，为抗战军人家属义务诊病及优待购药的义举。1942年 1 月 6 日，重庆妇女会以《重庆妇女会为征募药品及代金鸣谢启事》的形式在《大公报》上公布了征募明细，从中我们可以看出重庆妇女会也为募捐医药品做出了贡献。根据 1942 年 1 月 29 日《重庆妇女会两年之工作报告》，两年来共为前方将士征募药品及代金共得 50263．7 元，并得到中国妇女慰劳自卫抗战委员会及市党部荣誉奖状。⑤

　　1938 年，七七事变周年前夕，国民政府在全国范围内开展献金运动，武汉三镇衢搭建献金台六座，及流动献金台一座。五日间各界同胞献金之踊跃，就连乞丐收容所全体男女乞丐特自动向主任报告请求绝食一日，愿将所得之款计一百零五元八角二分献上献金台⑥，捐款阵容实为前所未有。《大公报》在启事栏目公布了武汉民众捐献的情况（见附录），几天内，武汉献金台收到献金金额数近一百万元，其他像长沙第一天献金就有六万五千元，重庆一天有四万多元。⑦

　　抗日战争进入相持阶段，1939 年，借新生活运动五周年之际，国民政府发

---

① 大公报（汉口）［M］．1938 - 6 - 12（1 - 1）．

② 大公报（汉口）［N］．1938 - 6 - 12（1 - 1）．

③ 大公报（香港）［N］．1940 - 5 - 19（1 - 1）．

④ 大公报（重庆）［N］．1941 - 9 - 26（1 - 1）．

⑤ 重庆档案馆，中国战时首都档案文献战时社会［A］．重庆：重庆出版社，2014：209．

⑥ 大公报（汉口）［N］．1938 - 7 - 7（1 - 3）．

⑦ 穆如．七七纪念民众踊跃献金［J］．半月时事，1938，6（6）：2 - 3．

起了"节约献金"，为了提倡节假日节约，新运协进社于1939年春节除夕，举行了募捐慰劳活动。1939年1月9日，新运协进社在《大公报》上公布了《新运协进会鸣谢捐款的启事》①，公募16505.7元整。南京国民政府迁都重庆后，重庆人举行多次劳军运动，出钱出力支援抗战，1940年2月10日举行春礼劳军。1941年1月12日，全国慰劳总会向海内外发出通电，发起了"出钱劳军"运动，国民政府对劳军运动极为重视，林森为此专门题词"鼓励军心 争取在胜利"②，《大公报》对其已进行多次新闻报道，劳军竞赛正式比赛之前，陪都文化界出钱劳军竞赛动员委员会就委托重庆市各报纸刊登征求捐献稿费启事。1941年2月13日，《大公报》也为其发布同类启事，启事中说："我文化界人士虽所入单薄，然杀敌情报国心切，平日鼓舞士风发扬正义，献身文化事业致力抗战宣传虽不敢云功比执戈将士，然亦有社会好评今……不敢后人，特发起捐献稿费劳军运动，凡我文化界同人，幸望踊跃捐输，以为社会楷模。征求稿费时期即日起至二十日止由本市各报代收交本会并逐日在各报披露以资征信。"③号召文化界人士尽所能支援抗战。1941年2月15日，《大公报》公布《陪都各界出钱劳军竞赛日程》④，"定于二月十七日至十九日止分三天举行，兹将参赛单位公布于后，敬希踊跃参加并慷慨捐输，争取竞赛胜利，以示热烈，而励士气，毋任感盼。采取各行各业竞争的办法，有钱出钱，有力出力"⑤，既向受众传达了竞赛委员会的承办劳军运动的消息也帮助参赛者了解竞赛的日程、所需注意事项、参赛程序。金融界、工商界、青年界、文化界、妇女界、农工界、党政、交通界都参与募捐，经过有序的捐赠，"三日来现金总额3，989，300元，超过预期的四倍"⑥。

1944年随着中国抗战形势的好转，全国慰劳委员会相继发动了祝捷劳军运动，1944年"七七"七周年之际，慰劳总会通电全国，举办七七扩大劳军献金

① 大公报（重庆）[N]. 1939-1-9（1-1）.
② 秦孝仪. 革命文献第101辑 [A]. 台湾："中央文物供应社"，1984：463.
③ 大公报（重庆）[N]. 1941年2月13日（1-1）.
④ 大公报（重庆）[N]. 1941年2月15日（1-1）.
⑤ 彭承福. 重庆人民对抗战的贡献 [M]. 重庆：重庆出版社，1995：185.
⑥ 秦孝仪. 革命文献第101辑 [A]. 台湾：中央文物供应社，1984：462.

运动。1944 年 7 月 2 日,《大公报》在头版利用近 1/3 的版面,刊登了题为"发扬民气鼓励士气"的《陪都各界七七扩大劳军献金节目》启事,公布了 7 月 2 日到 6 日的献金主体,如 7 月 2 日为一餐饭运动准行日,敬希全市各界,人人激发热情,每人节约一餐饭费捐献劳军。一餐饭献金运动由捐款人送请报馆或国家银行。① 7 月 4 日为献金列车,7 月 6 日为妇女界献金。到 7 月底,陪都各界七七劳军献金总数为 56, 967, 660.66 元。②

征集慰问信、书报从纪念七七事变一周年开始,也成为募捐活动的主要内容,为激发士气及民众抗战的情绪,鼓励前后方民众奋起反抗,1938 年 7 月 3 日,《大公报》公布了武汉抗战各界抗战周纪念筹备会启事③,筹备会本着"慰劳前线抗战将士鼓舞杀敌情绪""至盼武汉各界同胞踊跃捐输以增杀敌勇气而固国防力量"④,征募慰劳袋采取宣传队劝募和登报征募两种方式。规定长方形慰问袋小巧,便于携带,慰劳袋面可缮写或刻画漫画及抗日标语并可注明制赠人姓名或团体并绣上"英勇杀敌""奔赴前线"等鼓动性话语,建议内装且内可以装牙膏、钢笔、水杯、香烟等生活用品,普通救济药品通俗书报及慰劳信等慰劳品;捐赠的形式也是多样化的,倘若没有时间缝袋者可捐赠布匹如仅愿捐献慰劳品亦可;最后标明了捐赠时间,捐赠之件或交宣传队代收或于八号前送交汉口市党部本会慰劳组,慰问袋不只是后方民众支援前线的方式,更是军民万众一心的抗敌表达。青年救国团是 1937 年 12 月 28 日,在中共长江局和中共湖北爱工委的领导下成立的青年抗日救亡群众组织,是全国最大的抗日救亡组织之一。1938 年 8 月 2 日,《大公报》刊登了《青年救国团七七卢沟桥事变发起的募捐启事》,青年团发挥团员中的知识青年特长,"组成宣传队七十队,遵承筹备会指示举行街头宣传征集慰问袋"进行抗战宣传教育,各界同胞及友邦人士热烈捐助,收到代制 820.07 元还有其他物品,缝制慰问袋二千七百九十

---

① 大公报(重庆)[A]. 1944 – 7 – 2(1 – 1).
② 七七献金监审会限期催缴各界欠款 [N]. 新华日报(汉口),1944 – 8 – 6(3).
③ 大公报(汉口)[N]. 1938 – 7 – 3(1 – 1).
④ 大公报(汉口)[N]. 1938 – 7 – 3(1 – 1).

七个。①

1938 年 8 月 10 日，《武汉各界为纪念八一三保卫大武汉宣传运动委员会启事》② 通过《大公报》告知各界团体八一三到九一八举行纪念八一三保卫大武汉的运动，用实际行动来纪念八一三，胡绳在《全民抗战》中疾呼"八一三对于我们不仅仅是一个空洞的纪念而仍是一个行动的号召"③。8 月 17 日，《武汉各界纪念八一三保卫大武汉宣传运动委员会 武汉各界慰劳前线抗战将士委员会告各团体宣传队启事》④ 要求宣传队在更大范围内征集慰问信："一、各队同志须以身作则至少写五至十封。二、各宣传队于进行保卫大武汉之宣传同时宣传慰问信之征求办法。三、分别至街头等处向晚间乘凉之人宣传并征求。四、各文化团体及宣传队员尽力向要人名人分别征求。五、分别至各工厂商间厂方会同工会征求工友为信。六、各宣传队挨户征求。七、各队斟酌情形相互协定举行征信竞赛。"⑤ 还规定写信的内容："（一）向他们报告一些后方的国际及其他有利于抗战的具体情形或者告诉他们一些英勇的故事。（二）附送一些图画及照片或其他小礼物。（三）鼓励他们奋勇作战。（四）约他们经常做朋友通信，甚至于附给他们一些邮票信纸和信封。（五）问候他们健康和生活情形。"⑥ 形式："一、信封信纸要相当整齐美观，用颜色鲜明的纸，最好都用国货。二、用白话通俗的文字，不要写草字。三、说话要非常诚恳和蔼。四、不要写士兵向来禁忌的话。五、信函要用真实姓名地址最好加上一些亲热的称谓。六、不会写可以请人教。七、不识字的人可以请人代笔。八、不要封口。"⑦ 还要求征求三十万慰劳袋。在每个袋子里都装上一封后方同胞的慰问信，一方面表示后方民众对前线将士的关怀，另一方面也可以借此鼓励士气。战地文化服务社通过《大公报》刊登启事征募有关抗战书报什志歌剧画册转送将士，专司供应前方精神

① 大公报（汉口）［N］. 1938 - 8 - 2（1 - 4）.
② 大公报（汉口）［N］. 193 - 8 - 10（1 - 1）.
③ 胡绳. 纪念八一三保卫大武汉［J］. 全民抗战 1938，12：136.
④ 大公报（汉口）［N］. 1938 - 8 - 17（1 - 1）.
⑤ 大公报（汉口）［N］. 1938 - 8 - 17（1 - 1）.
⑥ 大公报（汉口）［N］. 1938 - 8 - 17（1 - 1）.
⑦ 大公报（汉口）［N］. 1938 - 8 - 17（1 - 1）.

食粮。希望借《大公报》动员社会各界输送宣传品至战地文化服务社。1940 年
6 月 4 日全国慰劳将士委员会总会借《大公报》发布为慰劳空军将士敬向各界
征求荣誉纪念品启事，查抗战以来我空军健儿英勇抗敌曾著有光荣伟大之战绩
兹为向空军将士表示敬意及激励士气起见，特激励全国各重要地区同时举行慰
劳大会爰向各界同胞征求纪念品，（一）荣誉纪念品以锦旗银牌银盾、书画及其
他富有纪念意义之物品等为准但形式应求简单及雅致。（二）各项纪念品一律从
即日起之廿日止送之两路大口本会"①。1939 年 4 月 28 日，青年运动周筹备委
员会在《大公报》刊登征募慰劳袋启事，"本会为慰劳抗战将士特征集慰劳袋一
万个……希各界人士慷慨捐助慰劳品及慰劳袋布料并希各界妇女踊跃缝制后交
本会为荷。一、慰问袋缝制办法（一）袋式如毛巾袋单层粗布缝制并用粗圆绳
圈套可以松紧（二）材料用不发光粗布或防雨布（三）尺寸底宽七寸中宽六寸
五上宽六寸（四）袋面如能刺绣图案字句姓名最佳 二 袋内慰问品毛巾牙刷牙粉
各乙件邮票五分铅笔一支 三、慰劳袋每个以现金五角折代由本会出给收据。"②
为供给前方以英勇将士与后方荣誉军人之精神食粮并提高一般民众文化水平起
见，军事委员会政治部 中央秘书文化驿站管理处共同发起征募书报运动："同
发起征募书报运动凡热心社会文化事业之各界人士书店报社及机关服务团体请
踊跃捐赠共襄义举兹定征募办法如次：一、凡下列各种新旧图书均可捐输 1 宣
扬是三民主义或记录革命历史之各种著述 2 富有民族意识之文艺作品 3 各种报
纸画刊 4 提高抗战情绪之通俗读物 二、凡本市赠书报者请送两路口政治部第一
厅牛角沱思维小学内中央文化。"③ 1945 年 1 月 28 日，中央周刊社发起订刊劳
军运动："近承前线将士函电纷投，现将本刊大量送达前方以慰战士精神上的饥
渴，同时此次十万从军青年于入营前后复多前来商请赠阅本刊无如本刊限于经
费不克尽如所期适于此时，昆明戴泽龙先生寄来钱款，认订本刊 312 份，除留
一份自阅外，余悉数捐前方将士本社于感奋之余决将此项义举扩大为订刊劳军
运动以征足五万分为目标拟定办法如下：敬请各界认订本刊半年捐赠将士刊费

---

① 大公报（重庆）[N]. 1940 – 6 – 4 (1 – 1).
② 大公报（重庆）[N]. 1939 – 4 – 28 (1 – 1).
③ 大公报（重庆）[N]. 1941 – 2 – 13 (1 – 1).

照成本收回七成每份实收 120 元。认订五十份以上的为社友，照社友优待办法办理。"① 慰问信、报刊的输入前方将士，给空闲时间的士兵提供了精神食粮，给予了温暖。而征集广告则拉近了前后方的距离，给每个人都提供了援战的机会。

商家义卖献金启事常常见诸报端。1944 年 12 月 14 日，康乐园食品公司在《大公报》上发布了销售商品的启事"本公司鉴于抗战最后关头国军长途跋涉驰赴前线不惜牺牲保卫国家湘桂难胞不受敌伪利用忍受饥寒惨苦，兹为聊尽天职起见特于十二月十一日起至十七日止门市廉价七天将本公司出品全部货品九折优待并在廉价期内所得营业收入再提百分之十慰劳过境国军及赈济同胞企盼各界人士利国利民之举，尚祈踊跃惠顾是幸。"② 1938 年 12 月 15 日，《大公报》刊发《新华日报》义卖献金启事本报定于十二月十八日举行义卖献金，该日报纸，丛书及广告全部义卖所得悉数捐献国家惟兹事体重要深望各机关团体、学习、商号、救亡同志读者诸君及各界人士踊跃参加，共襄盛举。③ 1938 年 7 月 1 日，云南日月大药房赠用救商药品不取分文启事："无论刀枪炮跌打重创伤倘用日月牌保险子白仙丹金刚散诸药内服外敷联合使用即可，治疗全面。为应求认识药效。促进救护效率起见。欢迎伤兵医院救护团体及前线部队（以在汉有办事处者为限）在商定范围内无代价试用不收分文。"④，1938 年 12 月 18 日，中法大药房义卖三天"所得全部献金敬祈各界惠临踊跃购买共襄义举"⑤；同日，大兴工业公司相应湘鄂劳军义卖献金，义卖减价是诚诚恳恳地优待主顾！献金慰劳是真真实实地报效国家！⑥；1944 年 1 月 15 日，大鹏肥皂 红狮肥皂纪念七七 大牺牲洗衣机皂角四万斤 照特价八折优待顾客，再提二成⑦；1944 年 7 月 5 日，为急救粤灾，驰名老牌柏林肥皂、金鼎肥皂、金塔蜡烛，卫生药皂一律八

①　大公报（重庆）[N].1945－1－28（1－1）.
②　大公报（重庆）[N].1944－12－14（1－1）.
③　大公报（重庆）[N].1938－12－15（1－1）.
④　大公报（汉口）[N].1938－7－1（1－1）.
⑤　大公报（重庆）[N].1938－12－18（1－1）.
⑥　大公报（重庆）[N].1938－12－18（1－1）.
⑦　大公报（重庆）[N].1944－1－15（1－1）.

折，优待，自八一三纪念日起①；1940 年 2 月 8 日，重庆商场响应春礼劳军运动，当日营业收入百分之十作春礼代金。② 中国民主同盟的创始人之一、著名的救国会"七君子"领头人沈钧儒就认为："义卖献金是后方民众报效国家的好机会。"③ 义卖献金效果明显，"七七"事变一周年之际，重庆市民举行义卖献金活动，三天共献金 18 余万元④；1939 年 2 月 26 日至 3 月 12 日，重庆各界群众在现金竞赛中捐款达 500 万元⑤。义卖是包括买卖在内的双向活动，缺失任何一方都难以促成它，众多的义卖献金活动体现了民众齐心支援抗战的决心，为抗战胜利奠定了坚实的基础。

文艺界义演献金也是征募启事中。1944 年 4 月 22 日，重庆市宪光剧社响应湘灾筹赈募捐平剧公演⑥《追韩信》《生死恨》；1944 年 2 月 3 日，大同乐会为筹募难童教养基金敦请《天上人间》夏衍先生的代表作；湘灾筹赈会为筹募赈款敦请中国胜利社公演四幕剧《喜相逢》⑦；1944 年 10 月 1 日，重庆体育基金筹募委员会敦请中国胜利社第三次公演《重庆屋檐下》⑧；1938 年 7 月 8 日汉口全体剧业剧人共同举行献金公演慰问出征军人家属受伤官兵了十二家歌剧戏院及二千演员职工敬告书"我们虽是渺小的戏剧从业者，可是也知道'匹夫有责'，七七抗战到现在除了演过四十八次劳军以及救济难民救济儿童公演外，今天又共同举行这个慰问出征军人家属受伤官兵公演，这次是我们十二家戏剧院经营者捐出防务开支，二千多大小职工演出捐出一天薪酬勉力完成的，请诸位鼓励我们这点赤忱，踊跃购票，多买一张票，就可以多慰问一位出征军人的家属或受伤官兵。"⑨ 1938 年 10 月 3 日，本埠七七少年剧团为响应寒衣运动，"在邦可花园公演，票价除最低开支外，扫数捐制棉衣，赠前方将士御寒，昨一夜

① 大公报（重庆）[N]. 1944 - 7 - 5（1 - 1）.
② 大公报（重庆）[N]. 1940 - 2 - 8（1 - 1）.
③ 沈钧儒. 沈钧儒文集 [M]. 北京：群言出版社，2014：270.
④ 李仕根. 四川档案研究 [M]. 成都：西南交通大学，2015：148.
⑤ 李仕根. 四川档案研究 [M]. 成都：西南交通大学，2015：148.
⑥ 大公报（重庆）[N]. 1944 - 4 - 22（1 - 4）.
⑦ 大公报（重庆）[N]. 1944 - 2 - 3（1 - 4）.
⑧ 大公报（重庆）[N]. 1944 - 10 - 1（1 - 4）.
⑨ 大公报（汉口）[N]. 1938 - 7 - 8（1 - 1）.

售价约五百元，场中情绪极热烈。一共演出四剧：《死里求生》《夜之歌》《太阳旗下》《流亡曲》，另外中华海员流亡儿童团参加歌咏"①。1940 年 2 月 7 日，中央电影制片厂响应劳军运动在《大公报》上发布了他们将计划进行为期一周的"全部收入捐献劳军"，启事鼓励观众"既观名片，由献春礼，一举两得，务请早临"②。中华全国音乐界抗敌协会主办为征募寒衣蔡序绍先生独唱会③。中华全国音乐抗敌协会特为伤兵之友举行春季联合音乐大会④。1943 年 2 月 11 日，中国电影制片厂中国万岁剧团响应文化劳军运动在抗建堂上映《虎符》⑤大光明戏院为出钱劳军及劝募公债，每票附加一元，售票一张即提出一元作为购买战时公债及劳军捐款。《豆蔻年华》。1941 年 4 月 29 日，抗建堂再度公演四幕剧《国家至上》⑥ 1941 年 12 月 4 日，唯一戏院《国家至上》广告中用"掷头颅争得最后胜利 洒热血取得无上光荣"⑦ 的广告语鼓励观众舍小家为大家，以国家利益为最高利益。普通的民众虽不能直接到前线参展，但通过这些义演、义赛的形式各尽所能，源于对社会的责任感和对国家的认同感。

抗战时期《大公报》刊登的团体募捐启事，呈现出形式灵活多样，各种形式的募捐都包括在其中，刊登主休从官方到民间、从妇女到青年、儿童团体，覆盖的范围较广，捐助空间上有从武汉到重庆、桂林大后方的移动倾向，时间上与抗战同步。众多的传播主与《大公报》抓住战时纪念日、战事顺利之时，利用血缘、业缘、地缘等情感纽带，以笔代枪，以歌当枪，以演为枪，街头巷尾都是他们的舞台，激发受众的共鸣，目的在于鼓舞士气，坚定了抗战胜利的信心，实现了传播效果的最大化。从侧面能反映出，民众募捐救亡运动是各种合力的作用的结果，创造了抗战史上民众募捐运动的奇迹。

① 大公报（汉口）[N]. 1938 - 10 - 3（1 - 3）.
② 大公报（重庆）[N]. 1941 - 2 - 7（1 - 1）.
③ 大公报（重庆）[N]. 1939 - 11 - 14（1 - 1）.
④ 大公报（重庆）[N]. 1940 - 3 - 16（1 - 1）.
⑤ 大公报（重庆）[N]. 1943 - 2 - 11（1 - 1）.
⑥ 大公报（重庆）[N]. 1941 - 4 - 29（1 - 4）.
⑦ 大公报（重庆）[N]. 1941 - 12 - 4（1 - 4）.

二、从募捐启事看战时社会力量的成长

从《大公报》刊登的团体启事可以看出，抗战爆发后，全国征募寒衣运动总会及各地分会、各地抗敌后援会、全国慰劳总会及分会、文化界救亡团体、基督教、佛教团体等借助《大公报》发布大量与抗战有关的募捐、征文、征召和息灾等启事，折射出社会力量在抗战中的成长，他们自觉担负起组织民众参战、援战工作，发挥了重要的社会功能，推动了社会向现代化转型。

社会团体数量增多，种类呈现多样化趋势。古代中国是不允许民间结党营私的。东汉的知识分子的学党，明朝的东林党都惨遭迫害。唐宋间的"团""行"限于商业界。甲午中日战争后，学会在官方的支持下在上海、北京等地成立。民国初年，民族资产阶级力量壮大，工商业民间团体参与、介入政治生活成为可能。抗战时期，在民族危机的刺激下，文化界、商业金融界、宗教界都成立了相应的救亡组织。1937 年 8 月底，仅上海文化界救亡协会的团体会员为73 个，个人会员达 251 个。① 9 月，据统计"已登记的团体会员有四十九个，未登记的有二十七个，总计七十六个。在未登记的团体会员中，出发到内地去和解体的有十七个，保持联系的仅有九个。这七十六个团体，大多数是文化性的"②；卢沟桥事变之前仅重庆一地就有各类妇女救亡团体多达 110 个③。1937年 8 月 1 日，中国妇女慰劳总会成立后，上海、湖南、四川、山西等省各界妇女的战地服务团相继成立，据台湾女学者梁惠锦统计，整个抗日战争时期各种妇女团体共有 570 个，若再加上已确知支队数目更达 819 个。④

从《大公报》团体启事可以看出，社会团体辐射范围广，区域分布不平衡，是其显著的特点。各社会团体大多都集中在上海、武汉、重庆、桂林等地区。这些不同地域在政治、经济、文化的发展程度为制约同类社团在发展程度上存

---

① 做了些什么，还要些什么？[N].《救亡日报》，1937 - 8 - 27 (2).
② 文救会组织部工作报告 本会发展经过及各团体近况 [N].《救亡日报》，1937 - 9 - 28 (2).
③ 邓颖超. 抗日民族统一战线中的妇女运动，蔡畅、邓颖超、康克清妇女解放问题文选 [M]. 北京：人民出版社，1988：30.
④ 鲍家麟. 中国妇女史论集续集 [M]. 香港：香港稻乡出版社，1991：379 - 380.

在差异的客观因素，一些主观因素也导致社会团体间呈现出发展程度不同现象，如相对受到商界、政界、学界及特殊个人支持的社会团体而言，在人员管理、组织管理及经费管理等方面则发展得较好，其影响力范围较广，辐射人群较多。

然而抗战初期，国民政府并没有对民众的抗战力量和抗战斗争予以充分的重视，限制了社会能量的释放，在一定程度上打击了民众抗战的积极性。对此现象，时人多有感慨，"民众个个热血奔腾，愿意为民族、国家贡献力量；但是工作之门却紧紧闭着，无由打开"①"自从抗战爆发后，各地方什么'抗敌后援会'之类的组织，不谓不少，但是这里都是一些空架子，在民众眼光看来，与他本身并无什么关系……"②，正面战场的节节失利，国民政府才意识到组织、动员社会力量抗战的重要性。1938 年，国民党临时代表大会通过的《抗战建国纲领》规定"发动全国民众，有钱出钱……有力出力为争取民族生存之抗战而动员……加强民众的国家意识"③，之后出台一系列的宽松的民众运动政策。宽松的政治环境激活了社会力量，像中国妇女慰劳总会、战时儿童保育会、各地慰劳会在抗战期间发挥了持续的组织功能，国家之间形成良好的互动关系。

口军的疯狂侵略促使国民政府不得不改变对民众运动的态度，逐步重视民众抗口力量，放松了对民众团体的控制，国民政府有目的发展民众团体也是战时民众团体发展的因素之一。

国民党在清党后，很长一段时间压制甚至是抛弃了民众运动，1927 年年底，蒋介石决定暂停民众运动，1928 年甚至取消了领导民众运动的五部，对仅有的民众运动，国民党也是心有余悸。九一八事变之后，1932 年 8 月，南京国民政府重新修订《人民团体组织方案》。1937 年蒋介石发表《庐山谈话》强调："地无分南北，人无分老幼，无论何人皆有守土抗战之责任，皆有抱定牺牲一切之决心。" 1938 年 8 月 13 日，国民政府为了有效指导监督和控制民众运动团体，国家总动员设计委员会民众指导组制定了《战时民众团体工作指导纲要草案》，

---

① 沙千．里抗战与民众运 [M]．上海：生活书店，1938：6.
② 莫湮．抗战中的民生问题 [M]．光明书局，1937：6.
③ 中国第二历史档案馆．中华民国史档案资料汇编 [M]．第五辑第二编：政治（一）[A]．南京：江苏古籍出版社，1998：152.

规定战时民众团体动员任务指导实施要领，包括精神和任务两方面。① 1938 年
10 月 4 日，为加强指导民众动员，国民政府军事委员会政治部制定《战时民众
动员指导纲领》，要求战时民众动员，以"有力出力，有钱出钱"为基本原则，
指导"各地动员委员会之指导设计工作，各地抗敌后援会之宣传慰劳、救济、
征募、侦察等工作"。1939 年 6 月 4 日，国民政府军事委员会政治部为加强民众
动员团体管理，要求"人民自动组织抗战团体工作方面须受所在地党政军机关
之指挥督监"。1941 年 9 月 21 日，行政院公布《非常时期统一社会运动办法》，
规定社会运动主管部门，中央是社会部，省是社会处或民政厅，在直隶行政院
之市为社会局，在县（市）是县（市）政府。1942 年 11 月 26 日，中国国民党
五届十次会议通过《三十二年度党务工作方针案》，宣传方面要求，对内应振作
民心，发扬士气，以求国家总动员之实效，其具体项目，为发展文化运动，奖
进新闻事业，继续编著及翻印各种书刊，并统一出版事业管理，加强书刊运售
力量，使宣传普及各地。1944 年 5 月 26 日，中国国民党五届十二次会议指出
"关于加强战力，民众应输财输力，一致动员，自军队而推及人民，由政府以至
于社会，事事皆当为战争而贡献，人人皆当为决战而努力"，要求"率全国国
民，一致贡献其能力，以实行国家总动员，庶几由民力之集中，而造成国力之
增进"。

　　战时政治空间拓展较明显的群体是广大妇女，这一点在征召启事中表现较
为明显，在中国妇女抗敌后援会、新运妇女指导委员会和中国妇女慰劳总会的
领导下，广大妇女积极参与到抗日救亡的活动中来，主要从事征募捐款、儿童
保育、战地救护、协助军队运输。妇女指导委员会与其他妇女团体在 1939 年 10
月，发动妇女完成 50 万件寒衣运动，1940 年春发动 20 万双军鞋运动。1939 年
3 月，妇女指导委员会重庆妇女界在一个月内募集现金 63 万余元。截至 1939 年
年底全国各妇女团体征募法币 1300 万元，加上药品与其他金银首饰，合计 5000
万元。② 妇女通过参与抗战募捐活动，为募捐做出自己的贡献，拓展社会参与

①　中国第二历史档案馆．中华民国史档案资料汇编第五辑第二编：政治（五）［A］．南京：江苏古籍出版社，1998：3.
②　杨慧．论国统区妇女界抗日救亡统一战线［J］．东南大学学报（哲社版），2001，s1.

空间，体会到自己在社会中的价值，也促使社会重新定位妇女的角色。1941年
1月到8月，新生活妇女工作队专门举办三期救护训练班，共培养学员155
人。① 而抗日救亡把广大妇女带到了更大的活动空间，参与到救亡国家的大事
件中来，在抗日根据地她们积极参政议政，努力转换自己的角色，也是使国家
政治生活中逐渐有了妇女意识。

战乱增加了社会人口的流动性。流亡在外的人们，一是由于对战乱的恐惧，
需要依靠集体力量寻求安全感。二是，对于身居异乡，漂泊在外，具有强烈乡
土观念的中国人，老乡集体中便于找到熟悉感、温暖感。很多人是因为地缘结
合在一起组成同乡会，而且同乡会组织规模越来越大。从社会心理学的角度讲，
"人们加入群体是为了满足某种需求，除了具体目标有关需求外，还包括寻求亲
和力、强化、认同和确证自身信念正确性的动机"②。

1938年6月28日，武汉广东同乡会在《武汉广东同乡会启事》表示，"暴
日肆意狂炸广州受害惨烈，兹经广东同乡慷慨解囊……尽交医院查收③"，捐献
医药费给医院，专款专用。1938年7月7日，《河北省旅鄂同乡会启事》④："本
会业于本月三日在汉口党部举行成立大会，并选举李石曾、张伯苓等为名誉会
长，本会誓言在最高领袖领导之下本国家总动员之原则，追随各省同胞之后参
加抗敌工作踏先烈之血迹为卫乡救国而奋斗。团结少年做抗敌之前驱，救抚老
弱妇孺誓为政府之后盾尚希各界贤达予以指导，更望我河北旅鄂同乡踊跃参加
本会，有钱出钱，有力出力，以图早日收复失地，救我被难同胞，以尽国民天
职于万一"。1938年10月1日，《河北省旅汉商号前为慰劳前方抗战将士启事》：
"曾联合捐助棉背心二千四百件，兹又经河北省旅汉同乡捐助西湖毛巾一千条，
送交本报委托代为转交，本报当即转致武汉各界慰劳前线抗战将士委员会，统

---

① 韩贺南，王向梅，李慧波. 中国妇女与抗日战争 [M]. 北京：团结出版社，2015：
176.
② （澳）迈克尔·A. 豪格（英）多米尼克·阿布拉姆斯. 社会认同过程 [M]. 高明华
译，北京：中国人民大学出版社，2011-1：126.
③ 大公报（汉口）[N]. 1938-6-28（1-1）.
④ 大公报（汉口）[N]. 1938-7-7（1-1）.

筹分配矣。"① 他们都在为抗战奔走呐喊，鼓励更多的人为抗战贡献自己的力量。1939 年 2 月 17 日，贵州旅渝同乡会在《大公报》上痛陈日机轰炸后的筑市："伤亡惨重，全城精华悉被焚毁。隆冬之际难民数万无家可归，哀鸿嗷嗷急待赈济"②，况且"黔地瘠民贫，遭此大灾"。呼吁远在他乡的旅渝游子为灾民贡献一份力量。1939 年 10 月 14 日，《安徽旅游同乡会启事》③ 此次大学生统一招生已录取，分发渝外各大学之同乡学生因怕资金短缺而滞留渝市者，本会拟酌予以资助以壮行色，希于十月十五、十六日携带考取分发证件赴中一路纪明坊本会接洽。实际上，抗战初期，分布在各地的参与募捐的救亡团体有很多，当时的《大公报》就刊登了有的团体会利用地缘、乡情，组织同乡会，捐助前方，帮助流亡难民，支持抗战的启事。如 1938 年 4 月 13 日，《江苏同乡会难民救济委员会劝募单夹衣启事》："启者现届暮春天气转热，各所难民大事缺乏单夹衣，换洗褂裤亦付缺，如为特登报敬祈，各界大善士及我族鄂同乡各慈善家慨捐新旧单夹衣裤及旧鞋袜以应急需而资救济如蒙。"④ 1938 年 4 月 19 日，河北旅渝同乡会⑤，借《大公报》发出号召："河北旅渝同乡一致团结参加抗战协助政府救济难民工作。漂泊在外的同乡人依地缘关系，以互助的精神号召大家共同解决所面临的困难，将分散在各地的同乡组织成一个互助的整体，并有章法地帮助更多的人，尽力聚合因为灾难而分散离析的力量，改变因战争的危机给受灾难民带来的恐惧、势孤力单的局面，运用同乡集体的力量共御战争危机，使处在煎熬中的民众看到一丝希望，乡土团体因此也让人感受到温情。同乡会还号召乡人赈灾，如宁波旅渝同乡会劝募米荒捐款救济启事⑥，宁波七邑因去丘歉收食粮恐慌达于极点，杂粮糖品视为珍品，草根树皮争食，灾情之重亘古未见，同乡诸君闻见之中，接沪同乡会迭次电，购办米以救济灾民，看协助乡里受难，披发衣冠义不容辞。又如河南省第七区黄灾救济委员会为灾民舆请急

① 大公报（汉口）[N]. 1938 - 10 - 1（1 - 3）.
② 大公报（重庆）[N]. 1939 - 2 - 17（1 - 1）.
③ 大公报（汉口）[N]. 1939 - 10 - 14（1 - 1）.
④ 大公报（汉口）[N]. 1938 - 4 - 13（1 - 1）.
⑤ 大公报（汉口）[N]. 1939 - 4 - 19（1 - 1）.
⑥ 大公报（重庆）[N]. 1942 - 3 - 15（1 - 1）.

赈启事"自倭寇肆虐开归沦陷，敌人于烧杀掠奸竟将中牟之花园口黄河南堤掘开欲嗜泛滥洪流或将我豫数百万民众漂没净尽，而就中受害最烈者为七区之扶西进太四县……全区被灾面积不至一万四千五百万平方公里，淹死民众五万二千余口，不计。待赈灾民约百余万淹没村镇九千三百余处，牲畜一万八千余头，损失财产约三千八百万元，灾情惨重亘古未闻，现值冰霜沍寒，百余万无衣食归宿之灾民终日瑟缩待毙，度日如年，共呼同人赈灾。"① 同乡会及时救济灾民难民，缓解了政府救济工作的压力，帮助濒临生命危险的难民灾民带来了温暖和希望。

第三节　征文启事推动战时公共舆论空间的建构

征文是征文发起处借助大众媒体，向大众公开征集目标作品或指定资料的活动。征文发起处可以是期刊主办单位也可以是征文筹备处，他们通过媒体刊登征文主题、字数、格式、体裁，上交的时间，之后经过筛选，刊登在相应的刊物或指定的地方。征文活动本质是与受众进行互动、沟通的形式。

英敛之时期，《大公报》上就出现了征文启事，1902 年 7 月 13 日，"……兹拟设题征文，广罗切时论说，不拘体裁，不限时日，籍以导同胞之思想，觇实学之进步……诸君有愿敬业乐群者，以文会友，惠之大箸，兴本报之旨也……"可以看出，征文启事和其办报理念是一脉相承的。

持久抗战要求国家、社会持续不断地补充人力物力，若使国民能自觉自愿地参加到抗战中来，必须加强社会教育、学校教育，激发民族意识，强化爱国观念，明确抗战责任。征文启事征集最新"社会热点"问题，有意识地引导民众关心当前社会问题，提高国民对抗战的认知水平。抗战进入相持阶段后，日本帝国主义在军事侵略的同时也加快了思想文化侵略的步伐，树立民族文化自信心，抵制奴化、妥协、投降教育的入侵也是《大公报》积极刊登征文启事的

---

① 大公报（重庆）［N］. 1939 - 2 - 9（1 - 1）.

原因之一。利用大众媒体刊登征文启事，试图将民众有关抗战写作、文艺作品通过刊登、公开发表，提供更多人接触和接受它的可能性。抗战时期，《大公报》的征文议题设置离不开"抗战"，主要有抗战文学作品征文、国际问题观察研究征文、艺术作品征集、抗战纪实征文。

一、征文启事的内容

一·二八淞沪抗战之际，日本在江苏浙沪一带进行无差别轰炸，国民政府震惊日军的航空力量之余，重提孙中山先生的"航空救国"思想，加大航空工厂建设，培养航空人才，对国民进行航空知识普及教育，相继与美国、德国、意大利签订合约，中国的航空事业取得了一定的发展，全面抗战爆发前，中国的飞机数量是 605 架[1]。日本的侵略打断了中国航空事业的发展，中国的空军必须边作战边发展。中国航空建设协会湖北省分会第二支会举办第一届武昌市中小学生航空论文奖赛，征文议题设置为航空建设，征文的作者指定为中小学生显然是为了普及航空知识，培养航空兴趣。1937 年 11 月 21 日《大公报》刊登航建征募武昌支会举办之第一届中小学生航空建设论文竞赛[2]揭晓，104 件作品获奖，高、初、小组各三名最优奖，奖励十元以下二元以上的书券，其余九十五名学生给奖章一枚；征求空军剧本启事[3]："本刊创刊二年有余，虽彻尽心力为创建空军剧本而努力，迄今也曾产生空军剧本数十种，奈以力量单薄，致未能有更多贡献，兹拟广向全国剧作家征求有关宣传建设大空军之多种剧本，如蒙见惠佳作，当以重金奉酬。航空委员会政治部神鹰剧团启。"1938 年 12 月 27 日，航空译刊社征稿启事[4]："一本刊为研究航空知识及学术起见规定每月出版月一期除特约撰述外凡世界各国，航空学术、航空消息、航空评论、航空法规、航空行政、航空教育、防空问题以及一切与航空有关之气象、医药、光学、化学等翻译文字与世界各国航空防空照片图画亦受欢迎。航空征稿采用有奖征文

---

① 马毓福.中国军事航空 1908-1949 [M].北京：航空工业出版社，1994：435.
② 大公报（汉口）[N].1937-11-21 (1-4).
③ 大公报（重庆）[N].1941-2-16 (1-1).
④ 大公报（重庆）[N].1938-12-27 (1-1).

的方式，激发受众投稿的写作动机，驱使其朝目标努力，直接或间接地扩充了投稿人的航天知识，视为航天教育方式之一。

　　文学作品根植于时代，反映了作者对社会问题的反思、体悟，帮助读者从新视角观察、思考问题。《大公报》的文学作品围绕抗战议题而设置。国民党党办期刊《妇女争鸣》主要刊登有关妇女解放的文章，为了呼吁更多的人有意识地理解妇女在战时的责任，1938 年 4 月 27 日，《妇女争鸣征稿启事》①："一、本刊将出战时劳工妇女运动，战时儿童保育特刊，希各界惠赐大作以供读者。报酬每千字一元至五元。二、本刊感前方将士浴血抗战，各方慰劳均以物资，于精神食粮尚未注意之本，社拟出慰劳专刊。内容文字并重。图画则取材各地战时状况敌军暴行及各地妇女慰劳工作。文字以浅显简短描写政治军事社会，小说歌曲以鼓励将士为原则。希各方热心诸君惠寄照片文字，以完成本社慰劳之意义为感。如惠赐各稿，当致厚谢。若却酬稿费尤所欢迎。"要求搜集妇女在抗战中的慰劳工作搜集日军暴行罪证。

　　为了加强战时社会教育，1937 年 1 月 20 日，国民党中央常务委员会通过第三十三次会议，讨论中央文化事业计划委员会关于规范民众读物的问题，认为"民众读物，乃训练民众之有效工具，世界各国莫不资利器而作系统之运用……步伐不齐，制作生硬，亦未能尽合目前之需要"②，1938 年 3 月 28 日，教育部颁布了《教育部社会教育工作团工作大纲》，规定"一切宣传工作，都要以发扬民族意识，激发民众的抗战情绪为主要题材"③。1938 年 9 月 22 日，《大侠魂》周刊在《大公报》为纪念同伴孙昭敬等刊登征文启事，启事中详细介绍了"同伴孙昭敬于七月二十九日率部力攻淇县车站，敌寇损失重大，死伤逾百，孙同伴身先战士，与其夫人伯瑜女士及该部张队长战斗，王队长被捕，陈队长殉国，同伴从死者四十余人，情事壮烈"④，号召受众"自当一掬真情，共挥热泪，各

---

①　大公报（汉口）［N］. 1938 - 4 - 27（1 - 1）.

②　荣孟源. 中国国民党里次代表大会及中央全会资料（下）［A］. 北京：光明日报出版社，1985：184.

③　教育部社会教育工作团工作大纲［A］. 中央战时法规汇编（下），1939：539 - 543.

④　大公报（汉口）［N］. 1938 - 9 - 22（1 - 1）.

抒情文，独标风义"①。以此弘扬为国献身的精神。

1938年12月27日，教育部征求各种民众读物启事②："本部为普及社会教育增加抗战建国力量特公开征求下列各种民众读物种目：一、自修读物（党义、公民与社会）、妇女与家庭、中外历史、中外地理、自然与卫生、伟人传记、战时须知。二、民众小说。三、民众故事、历史故事、抗战故事。四、民众歌词包括音乐、歌曲、鼓词小调及其唱词。五、连环图画。凡经采用者酌致酬金备有详细办法可直接或函电重庆川东师范内本部民众读物处索取此启。"教育部在发布征集的启事时，充当了信息传播中的"把关人"，划定了大众通俗读物的范围，引起人们对战时通俗读物的关注。

抗日战争时期，侨务委员会承担了国民政府动员海外华侨积极参与支援抗战的重要任务，为发扬侨民民族意识，提高华侨抗战情绪，1943年2月13日，侨务委员会在《大公报》上公布征求华侨抗战文艺启事，要求："描写华侨抗战实况之诗歌、歌曲、小说、戏剧、散文、木刻（木刻样张入选后由本会函请邮寄原版邮费由本会负担）等文艺作编作品编印华侨抗战文艺集分发侨民文化团体及侨眷藉广宣传以华侨抗战为中心议题，题材为戏剧、小说、散文每篇，小说戏剧散文每千字致酬二十元至三十元。"③

征求艺术创作。1938年3、4月间，中国空军支援台儿庄战役，屡次轰炸日军各据点，飞行员陈怀民与敌机同归于尽，表现得尤为壮烈。他们的壮举可歌可泣。1938年5月19日，为提高空军将士捍卫国家之精神，激发战斗情绪，陶冶性情并籍以增强作战勇气起见，航空委员会政治部征求空军军歌启事④："亟须空军军歌多种希望各方踊跃投稿征求办法于下："一、合格 凡词句简洁雄壮音调激扬寓意深远者。二、酬报 规定分甲乙丙三等 甲等法币一百元 乙等法币五十元 投来不取之作品 一律酬酌法币或中国空军若干册。三、截止日期 自六月一日起至六月三十日止。抗战爆发后，国军伤亡惨重，亟须兵力补充，1938

---

① 大公报（汉口）[N]. 1938－9－22 (1－1).

② 大公报（重庆）[N]. 1938－12－27 (1－1).

③ 大公报（重庆）[N]. 1943－2－13 (1－1).

④ 大公报（汉口）[N]. 1938－5－19 (1－1)

年4月颁布《宣传兵役大纲》，改进、完善兵役制度，如何引导民众正确认识服兵役的问题，动员更多的人自觉服兵役，口头宣传、街头演讲都被视作宣传方式。1942年2月16日，《大公报》刊登《军政部兵役署征求兵役宣传戏剧歌曲图画广告》："一、本署征求兵役宣传戏剧歌曲图画等作品。兵役剧本包括电影话剧、多幕剧独幕、改良旧剧三种。兵役歌曲包括军歌民歌鼓词杂曲等。图画包括中西画漫画木刻等。二、以上作品着重以一般国民及新兵作对象，文字力求通俗化外，必须含有以下条件 1 激发爱国观念 2 鼓励当兵勇气 3 提高士兵情绪 4 纠正逃避思想 5 宣扬兵役法 6 指示改进方针。"① 1943年3月1日，《大公报》为三民主义青年团中央团部宣传部刊载征求文艺创作启事②："一、本团为发扬民族意识，提高战斗情绪创造民族文艺鼓励青年起见特征求各种文艺作品。二、凡小说、戏剧、诗歌、散文以上述各项现实问题为题材者不拘篇幅长短概所欢迎。"广告通过征集图画、歌曲、戏剧的多种艺术形式，试图助力解决当下国民兵役观的困惑，彼此印证对兵役的共同认知，进而来传播国民应尽兵役的观念。

抗战事迹素材征集。1938年2月8日，《大公报》征求《敌军暴行纪事》："南北战区数千里，敌军到处烧杀淫掠，凄惨之壮令人发指，因交通弄不便，消息隔绝，战区真相传到后方者，恐不过前百分之一。"③ 分析交通不便，信息不灵通是日军烧杀淫掠真相为世人知之甚少的原因，身处"各战区同乡和军事工作人员不少得知战区敌军暴行的真相"，并建议各战区见暴行真相的人，撰写纪事，通过《大公报》刊发登报，揭露日军罪行，把真相披露于公众，坚定抗战的决心。1938年4月4日，征求军民抗敌忠勇事迹④："全民抗战展开迄今，军队民众种种可歌可泣之抗敌事迹，散在民间，湮没不彰，至足惋惜。本处今特广事搜集，兹定办法如下：一、专述事实，勿发空言。二、稿中务必叙明事件发生之地点日期以及所及人物之名姓。绝对要说实话，勿加虚构。稍有虚构痕

---

① 大公报（重庆）[N]. 1942 – 2 – 16（1 – 1）
② 大公报（重庆）[N]. 1943 – 3 – 1（1 – 1）
③ 大公报（汉口）[N]. 1938 – 2 – 8（1 – 1）
④ 大公报（汉口）[N]. 1938 – 4 – 4（1 – 1）.

迹即佳稿必割爱。三、来稿能附照片最受欢迎，照片当另致稿费。四、每稿以两千字为限。五、来稿请注明通讯地址并盖章以备为领稿费为鉴。六、来稿不录退回，录着就由本处分发通知单，凭单向本处领取稿费。七、稿费　每千字一元到五元。八、来稿请寄汉口旧日租界中街 125 号收转。

　　1938 年 5 月 20 日，军事委员会政治部为出版《日寇暴行实录》画刊通过《大公报》征求照片启事："日寇暴行罄竹难书兹为暴露日寇兽行真相激励全国军民更深刻地同仇敌忾奋起雪耻救国以，争取最后的胜利。本部奉命编辑日寇暴行实录一书，大批印发前线将士与后方民众，内容以日寇暴行照片为主，参以我军英勇抗敌之真迹，为使内容丰富精彩起见，特向全国党政军学机关民众组织，文化团体，各界同胞以及友邦人士，一　照片内容（甲）关于日寇暴行及其侵略事实（一）侮辱我党（二）轰炸文化机关　非武装区域（三）施放毒瓦斯（四）奸淫与掠杀人放火及毁掘我坟墓（五）日寇在东北之暴行（六）轰炸友邦生命财产及侮辱外侨事件（七）强占工厂商店农田民房税收机关等（八）强迫沦陷区壮丁当兵及服劳役等（九）贩毒走私（十）特务机关（十一）文化侵略　如制造伪教科书等（十二）其他一切暴行及侵略事实（乙）关于我国抗战之真迹（一）我军机械化部队、陆空军、游击队、壮丁队等阵容（二）我陆空军各主要战役之胜利（三）我将士忠勇之战绩（四）战利品（五）前后方民众之参战工作如军民合作及救护伤兵难民及儿童等（六）我民族仁爱和平之事实如优待俘虏（七）国际对我之同情　如慰问救济捐款　二　应征办法　来稿最好放大最小以普通三寸为限　小型底片如在战地不便放大可由本会代行放大　来稿附详细说明　来稿采用后酌致酬金　未用稿件声明必须退还者本会由本会附给相当材料保护费保留之。"① 虽是征集性广告也能看出日本在中国的种种侵略罪行，与国际爱好和平的人士合力反侵略形成鲜明的对比，也能看出日本侵略对中国政治、经济、文化等各方面都造成严重的伤害。

　　1938 年 5 月 16 日，中国青年救亡协会，中国学生救国联合会联合发表启事："世界学联前应本会等之请，组织世界学生代表团，来华考察，溯自抗战以

---

　　①　大公报（汉口）[N]. 1938 - 5 - 20（1 - 1）.

来前方后方艰苦抗敌，不乏可歌可泣之事迹，而日寇轰炸掠劫专事毁灭文化典籍及学识机关，尤属天人公愤，兹以世界学生带代表团不日抵华，特此登报求关于抗战中学生青年生活记录、前方战士英勇之事迹、后方救亡工作状况，各种漫画、照片、纪实文学。我方之学生抗敌御侮之高潮，昭示于全世界，必可增加爱好和平、主持正义之世界青年对我之认识，而予我以更大的同情，及物质之帮助，尚祈海内各学校、文化团及我兄弟姐妹们，广为搜集材料，共襄救亡之举，抗战前途实利赖焉……"《大公报》借助雪耻宣传周，刊登募捐启事，呼吁更多的人投入抗战。

　　徐州会战为抗日战争中重要战役，而徐州突围尤在抗战史上有划时代的意义，为广泛地记录徐州突围的经历保存此伟大的时代事迹，1938 年 6 月 7 日，徐州突围集体创作集征稿启事，兹将征稿条例公布如下："一、徐州突围各路官兵及其他战地工作者之实地经历　二、记述经历以有开战时政治经济社会文化民众情况为主，贵在能从经历中提出问题指示教训　三、记述事实务须记明有关人物时间地点　四、文言白话不拘　长短不论　但每篇字数最多不能超过五千字　五、欢迎有关徐州突围之照片 漫画 诗歌木刻信札等材料　六、本编辑委员会有取舍删改权 来稿概不退回。来稿寄徐州突围集体创作编辑委员会。"[①] 1938 年 6 月 25 日征求文稿图画[②]："中国妇女慰劳自卫抗战将士总会宣传部主办之特刊，以供给抗战将士之精神食粮为主，一、前线将士之英勇战绩的诗歌小说　二、后方民众援助抗战之纪实　三、寇兵之奸俘烧杀的报道　四、各地慰劳工作状况记述 在图画方面征求下列性质之照片　一、抗战将士之前线活动　二、口寇兵之暴行三、民众援助抗战活动　四、受伤将士之慰劳活动　显浅文字须 照片须清晰 一经登载将略致薄酬。稿照请寄汉口黄陂街四十五号本会。[③]"主办方多方征集战事，证实日本的滔天罪行，弘扬中国人不屈不挠的抗战精神。

　　1938 年 9 月 23 日，国立清华大学航空工程研究所征求我国空军史料启事：

---

①　大公报（汉口）[N]. 1938 – 6 – 7 (1 – 1).

②　大公报（汉口）[N]. 1938 – 6 – 25 (1 – 1).

③　大公报（重庆）[N]. 1939 – 8 – 14 (1 – 1).

"①本所为表彰我国忠勇空军将士拟编专书以垂永久凡空军将士参与空战之事实及殉战先烈之履历照片 平生表彰及遗著均在征求之列凡我空军将士家属及其戚友希望大量以翔实记录于两月之内寄到昆明大观画本以便汇总为幸。1939 年 4 月 29 日，中苏文化协会征集运苏抗战艺展资料启事"本会征集我国抗战文物运送苏联参加本年 5 月参加莫斯科东方文化博物院主办的抗战艺术展览会，特登报征求 漫画 造型美术 摄影 木刻 电影 戏剧"② 1940 年 7 月 21 日，《大公报》举办张自忠将军纪念征集委员会征文活动要求："将军自抗战以来累战敌寇，迭建功勋，不幸于本年五月十六日，襄河东岸之战殉国，统兵大员身先士卒至死不还，于此不独见将军个人人格之忠勇益足证我，民族抗战精神之伟大，同人等爱编辑张将军纪念专辑应征，各界纪念文字以期扬我民族精神而资国人之观感，如蒙赐撰不拘文言白话，诗文词曲篇幅长短均可。"③ 1941 年 9 月 21 日，国民政府国史馆筹备委员会本会征集下列史料："包括抗战殉难死节之行状照片。对策性征文。妇女合作运动双周刊征文启事本部所举办之《眷合征文奖金》各界妇女均可应征，征文题目为《妇女合作运动与抗战建国》字数不限，每人只限一篇，征文日期三十三年一月起，四月底止六月一日揭晓征文奖金共一万元，甲等一名，奖金四千元，乙等二名各二千元，丙等两名各一千元"④ 搜集为国捐躯的将士们的照片也是为了弘扬抗战精神，鼓励国人抗战到底。

　　成立于 1939 年 2 月 22 日的中美文化协会，旨在促进中美两国的经济文化交流，太平洋战争爆发后，美国需要利用中国军队进攻日本，通过输送援华物资，宣布放弃在华的领事裁判权租界及有关特权，签订平等新约，拉近中美之间关系。1943 年 4 月 28 日，《大公报》上揭晓中美文化协会征文比赛结果⑤，这次征文比赛以"战后中美关系"为题，"经数月受到络绎不绝的稿件，评定出一二三等奖各两名"。中法比瑞协会也举办过类似的征文比赛。从侧面反映出文化界

---

① 大公报（汉口）［N］．1938 - 9 - 23（1 - 4）．
② 大公报（重庆）［N］．1939 - 4 - 29（1 - 1）．
③ 大公报（重庆）［N］．1940 - 7 - 21（1 - 1）．
④ 大公报（重庆）［N］．1941 - 9 - 21（1 - 1）．
⑤ 大公报（重庆）［N］．1943 - 4 - 28（1 - 1）．

在通过征文的方式引导民众认识战时中外关系。1941年9月12日，中国国际联盟同志会搜求关于国际问题的征文。中国国际联盟同志会国际问题征文启事："（一）宗旨 本会征文目的旨在鼓励国人研究问题之兴趣（二）应征资格 凡对于国际问题富有（三）组别 征文类别（四）题目 征文项目解国际情势之演变并重视战后国际建设之途径之人士均得应会 国际经济及（三）国际法。请评经本会聘经组：第二次世界大战后国际可能之调查（三）国际法组：中日战争所引起之一般国际法问题各组题目如下：（一）国际政治组：第二次世界大战后国际和平组织应如何调整及建设……"① 庆祝陪都建立周年标语，这些征文启事运用排比句式，增强受众对广告语的记忆可能，传递出国际形势正在变化，特别是太平洋战争后，反法西斯的问题变为国际问题，中国不再是孤立无援，更多的国家将加入反法西斯阵营中。

出版机构为出版普及读物也在大量征稿，1938年10月10日，中山文化教育馆抗战丛书征稿启事②"本馆为供给民众战时读物曾编行抗战丛书小册十六余种，出版以来颇受社会人士之欢迎，现为集思广益征求国人抗战舆论加强民众抗敌情绪起见，决定酌收外稿兹将投稿简则列下尚希国人恩赐惠稿为幸（一）题目由作者自择 凡与抗战有关之国际政治经济教育军事妇女民众等种种问题均可。"1938年4月27日，战时文化社在《大公报》发布征集书志启事，③称："本社为推进战时文化，提高一般文化水平，以加强抗战力量而设。目前首要工作一在编辑战时文化半月刊，对一切有价值之抗战书志做系统介绍，一在帮助出版业者，使一切有价值之抗战书志得到有普遍的流通，前线后方不至感觉缺少精神食粮，兹拟先征集全国一切有关抗战之出版物，编目库存以备评介。除已分别函请书店与杂志社赞助外，恐有未周。特再登报征求，甚愿各地出版界及各界热心文化事业的人事均与本社成立密切之联系，源源以各种出版物见寄，以期共同达到推广文化之目的，实为至幸！"1939年8月16日，全国慰劳抗战将士委员会总会 三、民主义青年团中央团部借《大公报》登出，编印抗战士兵

① 大公报（重庆）[N]. 1941 – 12 – 9（1 – 1）.
② 大公报（汉口）[N]. 1938 – 10 – 10（1 – 1）.
③ 大公报（汉口）[N]. 1938 – 4 – 27（1 – 1）.

读物《征稿启事》："本团会为供给抗战士兵精神食粮激发抗战情绪 增强抗战力量 并纪念八一三两周年特于是日开始征集抗战士兵读物文稿并定于十一月十二日出版第一辑三十种分赠各部队各伤兵医院预计每一基本单位分赠一辑，以后陆续编辑分赠各单位，俾之组成简易图书室以供给抗战士兵阅读之用尚希望热心作家踊跃投稿任企祷此启。一、本读物在供给士兵精神食粮激发抗战情绪增强抗战力量计分六类若干种均欢迎投稿。1. 战时知识 三民主义浅说 领袖最近言论浅说 国军史略 日本史略 国际知识 中日实力比较 军民合作 抗战到底 铲除汉奸其他 2. 民族英雄传记 班超 张骞 岳飞 戚继光 文天祥 史可法 郑成功 成吉思汗其他革命先烈 3. 抗战纪实 八百壮士 台儿庄大捷 四二九武汉大空战 阎海文从容杀敌 范圣贤 门忠烈 现代花木兰 唐桂林 中条山大会战 鄂北会战及其他抗战故事踊跃将投军报国之抗战史实 4. 歌曲 抗战歌曲 民歌 抗战鼓词小调韵文等 5. 剧本 歌剧 川剧 越剧等 话剧 6. 图书 抗战漫画集 抗战连环图及有意义之插图。二、以上各类所举篇目作者得于范围内变更其姓名或增加之。三、来稿限用语体文务求感情丰富笔调生动词句通俗 来稿请用格纸（歌曲 图画可用白纸）以毛笔或者钢笔缮写清楚并加式标点符号。"① 征文面向大众，引导更多的人去思考与抗战有关的各种问题，积极参与到抗战中来，增强其责任感，同时普通民众借助媒体表达自己的思想，也是现代国民的权力。

二、征文启事对公共舆论空间的建构

从文化界发布的众多抗战救亡启事，我们可以看出知识分子在抗战中充当的"卡里斯马"② 角色，在民族危难之际以其学识、社会责任成为国人觉醒的引领者和启蒙者。抗战爆发后，深陷于民族危机中的知识分子，很难把自己关在书斋的象牙塔内，他们不约而同地走向社会，以笔为戎，街头巷尾都成为他们活跃的舞台，为民族摇旗呐喊，以唤醒大众救亡图存为己任。

普通的民众在战争中有了为国家服务的机会。抗战时期的征募启事为普通

---

① 大公报（重庆）［N］. 1939－8－16（1－1）.

② 马克思·韦伯著，康乐译.《支配社会学》［M］. 桂林：广西师大出版社，2004：3.

民众为国家做贡献提供了机会，征文启事虽然对投稿人的文化水平有所限制，但是投稿要求"不拘篇幅长短概所欢迎"①"文言白话不拘"② 会吸引更多的人参与进来，为抗战献言献策。征召启事为补充抗战力量大力宣传，吸纳更多的人加入抗战的洪流中。这些启事为普通民众投身抗战提供了各种方式，显示出抗战期间民众政治参与空间的拓展。

总之，征文的主办方借助《大公报》将自己的抗战观、激发民众民族意识、抗战情绪的想法告知受众，一方面配合政府传达政策以及实施的状况，另一方面也鼓动广大公众积极参与，尽力促成读者、媒体、征文主办方三者之间的互动实践。正如美国著名传播学家 M. E. 麦库姆斯和 D. L. 肖认为，大众传播具有为公众"设置日程"的功能，传媒的新闻报道和信息传达活动以赋予各种"议题"不同程度的显著方式，影响着人们对周围世界"大事"及其重要性的判断。③

第四节　征召启事指引国民践行责任

抗日战争时期，由于中日军事实力差距过大，中国军队的伤亡惨重，仅从 1937—1938 抗战防御阶段，中国军队伤亡人数达 1044268 人，平均每月达 10 万人以上。④ 前线的伤残士兵，需要及时救护，战地医护人员的需求量非常大。社会后勤保障也急需大量服务人员。

一、征召启事的内容

1937 年 11 月 22 日，《大公报》在《流动救护队》启事中，称中国红十字

---

① 大公报（重庆）［N］. 1943 - 3 - 1（1 - 1）.

② 大公报（汉口）［N］. 1938 - 6 - 7（1 - 1）.

③ 郭庄光. 传播学教程［M］. 北京：中国人民大学出版社，1999：214.

④ 浙江省中国国民党历史研究组编印. 抗日战争时期国民党战场史料选编（第一册）［M］. 内部编印无出版社，336 页。

会总会首都医院医生护士一千余人以战时后方急需救护人员特组织流动队共赴芜湖镇江无锡等地服务。该院第二批护士医生约三百人，已于日前到汉①。积极主动派遣医护人员援助前线士兵，服务于难民。

1938 年 7 月 24 日，《大公报》报道天津女同学会"筹组妇女救护队、拟赴保定伤兵医院服务、连日报名者甚为踊跃、日内可出发"② 的启事。1942 年 4 月 1 日，吉林省新运促进会妇女工作委员会在《大公报》上发出征召妇女工作服务启事③，主要是"为推进妇女工作服务社会起见，特设训导生产保育各组负责统筹妇女儿童救济事宜"④ 要求，"凡属东北籍初中以上文化程度之妇女，年满五岁以上十五岁以下之孤独无依或家贫无靠之儿童于本周三五两日上午十时下午三时到本会吉林驻渝办事处予以登记以便统筹救济"。启事中服务对象是孤儿，征召的对象是有知识有文化的女性，战争拓展了女性的社会活动空间，变相地为受过教育在社会上能发挥一定作用的女性提供了工作的可能性。

九一八事变七周年，武汉各界九一八七周年纪念筹备会征召青年战地服务人员，并在《大公报》上刊登《青年战地业余服务登记启事》⑤ 呼吁"武汉热血青年怀国难日国耻未雪踊跃报名共争胜利。为抗战建国而努力"。此次征召共需求人数业余服务五千人，战地服务五千人，服务项目"（一）业余服务由职业界青年公务员在不妨碍原任工作外每星期认定服务钟点其服务范围如下（子）为负伤将士代写信件（丑）看护（寅）制缝棉背心等（卯）供给正当娱乐（辰）教育讲话（巳）为难民代写信代探消息（午）诊病（未）协助保育难童（申）指导生产与疏散（酉）车船码头照料（戌）侦查汉奸防空指导及其他社会服务（亥）劳动服务及协助宣传工作（二）战地服务（子）救护（丑）宣传歌唱话剧等（寅）掩埋输送（卯）侦查及领导战地群众协助军队构筑工事（辰）指导战地群众防空防毒"⑥。多杂的服务项目既说明了战地生活的艰难也

---

① 大公报（汉口）[N]. 1937 - 11 - 22（1 - 4）.
② 大公报（天津）[N]. 1937 - 7 - 24（1 - 1）.
③ 大公报（天津）[N]. 1937 - 7 - 24（1 - 1）.
④ 大公报（天津）[N]. 1938 - 7 - 24（1 - 1）.
⑤ 大公报（汉口）[N]. 1938 - 9 - 18（1 - 1）.
⑥ 大公报（汉口）[N]. 1938 - 9 - 18（1 - 1）.

反映出抗日战争需要投入更多的人力。自愿服务的青年就近报名，待遇"业余服务全部义务 战地服务人员除供给伙食外并月给零用费"①。

按照武汉卫戍司令部政治部战时工作队组织法规定，要求成立青年宣传慰劳救护队，1938 年 8 月 4 日，《大公报》刊登《青年救国团征求战时工作队队员启事》："工作队欢迎各界男女青年同志参加，愿者请于每天上午八至十二时下午二至六时到武昌三道街三十九号汉口会通路义祥里五号交通路生成南里四十三号新闻公会报名，战局益迫热心的青年同志请踊跃前来共行紧急动员保卫武汉！"② 战乱引起大批的年轻人失学、失业流离失所，充分号召、组织青年的力量对社会秩序的稳定、战时后备力量的补充都是大有裨益的。1937 年 12 月 16日，上海青年建筑界战时服务团启事③："本团团员以前参加京沪线工作，因今沦散来汉请遂即携带本团团员证到汉口市各界党部内汉口市抗敌后援会登记以便分配工作。"计划把流散在武汉的青年建筑界人员组织起来，加入汉口抗敌救援会，发挥他们的作用。

著名的经济学家吴大琨于 1936 年回国后参加抗日救亡运动，他在《为军人服务》④ 一文中写道："抗战发生后，我就参加了全国青年军人服务部的工作，这个工作，使我兴奋、快乐，我们的工作简单地说，分成 3 个部分，一是供给伤兵们以娱乐机会的，二是供给士兵们教育机会的，还有一部分纯粹为士兵们做种种服务的，在供给伤兵娱乐机会这一点上，他不但可受到药物治疗，同时还可以得到精神上的许多安慰！伤兵们在情绪上总要好得多。在供给士兵教育机会上，我们尝试试编一种阵中读物，鼓励士兵自己创作；其他就是代军人购买东西，代他们接洽商店，代伤兵医院征求输血。"

日本在中国狂轰滥炸、掠夺焚烧，给中国的各级教育带来空前的灾难，战后教育部调查沦陷区 16 省，及京沪平津青岛 5 市，中等学校 2676 所，损毁

① 大公报（汉口）[N]. 1938 - 9 - 18（1 - 1）.
② 大公报（汉口）[N]. 1938 - 8 - 4（1 - 4）.
③ 大公报（汉口）[N]. 1937 - 12 - 16（1 - 1）.
④ 文摘 [N].《战时旬刊》第六号，1937 - 11 - 18.

1867 所，小学 206704 所，损毁 11863 所①。流入武汉的小学教师也非常多，汉
口市小学教师战时服务团启事②："窃本团成立九月有余，自始即本抗日之原则
在政府及蒋委员长领导之下参加一切救国工作但为慎重起见，凡为团体名义之
行动均须经本会决定未经本会通过者概不负责。"利用暑期空闲时间，组成服务
团，1938 年 6 月 14 日，《大公报》刊登《武汉小学教师计划组暑期服务团》具
体工作："普及民众识字教育及公民训练以扫除文盲之弊，帮助政府动员群众参
加抗战建国工作，在实地推行中研究战时普教理论及方法为增加团员本身知能
起见，拟请求政府开办短期训练班，教授防空防毒看护军事等必要知识技
能。"③ 暑期服务团承担了普及识字教育，提高抗战认识，宣传动员民众参加抗
战的任务之外，还看到加强国防教育的重要性，反映战时教育的紧迫性。

　　中国的绝大部分人口居住在农村，农民知识水平普遍低下，却是抗战中不
可忽视的力量。1937 年 10 月 11 日，致力于乡村教育的中华平民促进会，为激
发农民民族意识，强化农村抗战力量，实现全民动员计划起见，在《大公报》
上征集农民抗战教育工作人员，"征集志愿献身农民抗战工作之青年，第一届六
十名编制十队分配巡回各地，促进农民战时生产救护及国防文化工作，凡在大
学肄业或毕业的毕业生及或有农村工作经验三年者到本会参加农民抗战教育讲
习会"④。折射出知识分子在抗战期间启蒙激发民众的抗战意识起到了积极的
作用。

　　战争造成大批的人员伤亡，急需大批的医护人员。1940 年 5 月 1 日，鉴于
"本会负空袭受伤人民医疗救护之责，本年度根据过去经历及制订计划，业以做
必要之准备，惟此值抗战迫近胜利，敌机滥施轰炸，势所难免，为期集中医界
人力"⑤。重庆市空袭服务救济联合办事处医护委员会在《大公报》刊登启事，
要求全市署证各医师，如愿空袭后为受伤难胞服务，各自发挥专业特长，为遭

---

① 各省教育复员均感经费困难 [N]. 新华日报，1946 - 2 - 15.
② 大公报（汉口）[N]. 1938 - 9 - 18（1 - 1）.
③ 大公报（汉口）[N]. 1938 - 6 - 14（1 - 4）.
④ 大公报（汉口）[N]. 1937 - 10 - 11（1 - 1）.
⑤ 大公报（重庆）[N]. 1940 - 5 - 1（1 - 1）.

遇空袭的民众服务。1944 年 1 月 16 日，重庆慈云寺僧侣救护队在《大公报》刊登启事："本寺于民国二十九年三月由本人仰办，成立三年以来承屈委员长映光本寺显法，公热忱扶持及社会各界人士之不断指导得能继持至今，最近本队员十四人加入印军运输队出国为国效力仍本过去服务之志愿，故政府亲定拨给每人安家费五千元亦未敢领受，出发之日，承各界佛教团体惠赠锦旗及各项物品察情可盛特此登报。"① 从启事中我们可以看出，只要是有救护经验的人员都要求加入救护队伍中，救护也是抗战的重要方式，更难能可贵的是，重庆慈云寺僧侣救护队克服种种困难，参加国际支援救护工作，值得尊敬称颂。

二、征召启事中的国民担当

抗战时期，《大公报》的征召战时服务人员的启事，由学生团体、医护人员、教育工作者、宗教组织等发布，受众群体主要是有知识、有技能的人员，为战时协助抗战，宣传全民抗战，使人们集中注意需求和机会，整合社会资源，发挥有效的支援作用。个人对国家责任意识的真正觉醒也是在抗战时期，近代以来，在西学东渐的影响下，像龚自珍、林则徐、魏源等士大夫阶层率先考虑个人的责任，但是忠君的思想浓厚，"治国平天下"的意识，五四运动之后，在民族资产阶级的启蒙之下，更多的是自我意识的觉醒。时代真正要求个人为国家分担责任，承担义务是在抗日战争时期。《火线》上刊登了一封一位战地服务者的书信，他说："我们看到英勇的战士，坚固的工事，多整齐，多伟大，我们有这样充分的准备怕什么？敌人现在陆续地开来，我相信将来会断胆残肢地搬回日本去的，我们中华大中华民族的抬头，就在这里……"② 老舍写自己加入全国文艺界抗敌协会时写道："我没有什么特长，只希望这几个手榴弹打碎些个暴敌的头颅，我们已经准备好出发，生死有什么关系呢，尽好一个小卒的职责就够了！"③ 八一三事变后，罗卓英负责江苏嘉定指挥部队负责宝山、月浦、杨行、罗店、浏河方面的战事，让他感到激动的是"青年们不逃避战争反而积极

---

①　大公报（重庆）[N]. 1944 – 1 – 16（1 – 4）.

②　树陪. 上战地服务去 [N]. 火线, 1937（6）：100 – 101.

③　老舍. 入会誓词 [N]. 文艺月刊, 1938 1（9）：186.

要求参加到战争中来"①。民族危机引发更多的个人义无反顾地投身到拯救民族国家的伟大斗争中，奉献自己的力量，尽现代国民的义务和责任。

抗日战争的全民族性，要求政府适当给社会、个人以释放救国、爱国的能量空间，团结一切力量，汇成强大的凝聚力，同时，也对个人提出尽责任的要求，国家与社会、个人的良性互动，是战时社会力量健康成长的主导因素。

第五节　护国息灾、祈福及个人启事中的家国情怀

面对日本的肆意侵略，中国人焕发了前所未有的凝聚力，宗教界人士也不甘落后，主动担负抗战责任，纷纷发文怒斥日本的侵略行径，创办刊物宣传抗战，组织救护队支援抗战，为抗战做出不可磨灭的贡献。《大公报》的护国息灾、为国祈福启事记录了他们特殊的抗战方式。

抗战时期，个人启事种类众多，纷繁杂乱，其中部分婚丧启事中表达了个人战时日常生活方式，援战态度，展现了战时个人家国情怀。

一、护国息灾、祈福凸显战时关怀

抗战爆发后，日军的狂轰滥炸给宗教界带来空前的灾难，一些宗教活动场所被毁坏，教徒被驱逐，流浪在外。"据不完全统计，到 1938 年年底，北平一带有 700 万回教教胞遇害，3000 余所清真寺被炸毁或焚烧。"② 1939 年年底，天主教徒死亡 39 人。③ 面对日军的侵略，宗教界人士不得不奋起反抗。《大公报》以新闻、评论的形式报道了不少关于宗教界人士的反抗事迹，启事中也可窥到其援战的痕迹。

1938 年 2 月，在"基督将军"冯玉祥的支持下，中华基督教联合会成立。1938 年 4 月 15 日，全国基督教徒举行国难礼拜，将为复兴国家祈祷，他们认

---

① 劳动妇女战地服务团一周年 [N]. 华美, 1938 1 (11)：20.

② 回教文化协会宣言拥护抗战建国 [N]. 大公报（重庆），1938 - 12 - 19 (1 - 3).

③ 天主教徒 [N]. 大公报（重庆），1939 - 12 - 6 (1 - 3).

为，"在此强邻凶暴蹂躏之下，烈士殉国血渍之中，无量数民众惨遭屠杀轰炸，无量数妇孺，流离冻馁，哭声震天……求天主扶危解困……"① 中华基督教全国联合会在《大公报》刊登《全国基督教徒昨举行国难礼拜明日将为复兴国家祈祷启事》，认为"基督受难节正与吾国备受强寇侵凌，遭遇空前国难相仿佛；基督复活节，乃正义得申和平实现之表征，亦即我中华民族复兴之嘉兆。特于日前函请各地基督教会堂于十五举行基督受难或国难礼拜，十七日举行基督复活与中华民族复兴礼拜俾可唤起全体同道及同胞共同为国家民族独立自由及世界之和平正义而努力。"② 很明显，基督教徒把"基督受难""基督复活"宗教界独特的纪念方式与国家遭遇强敌入侵、国家民族独立联系在一起，已经超越了个人信仰和宗教的范围，把国家利益置于"祈祷"的首位，此时的"祈祷"除了纪念之外，包含对国家前途命运的关怀、对抗战胜利民族独立的希望。

护国息灾是佛教人士为国家前途祈福，为阵亡将士专门进行的法事活动。1938 年 7 月 6 日，汉口佛教正信会在《大公报》上刊登《七七抗战建国纪念护国息灾追悼抗战阵亡将士及死难民众法会启事》③ 启事，介绍了具体的日程安排，"本法会由汉口佛教正僧会联合武汉佛教同人共同发起自七月七日起至十六日会期十日其办法分五项，体式隆重规模宏大。一、延请一百位大德法师启建仁王护国法坛并请武昌佛学院代理院长韦舫法师主坛祈祷胜利。二、延请数十位蒙藏大德喇嘛缘度毋密法并请杂惟罗土法师主坛息灾免劫。三、延请数百位男女清修居士持诵六字大明心咒并请德清老和尚主坛慧泉法师领众追悼阵亡将士及死难民众。四、法会圆满日午夜分子时举行齐天法仪祈祷我军胜利。五、延请大德和尚于圆满日施放五大土烟口一台普度亡灵超拔苦海分电呈林主席蒋委员长及党政军各机关长官届时莅会拈香并欢迎各界参加。"④ 1938 年 8 月 3 日，《大公报》刊登《汉口佛教正信会讲经启事》："本会为抗战护国起见特邀请武昌佛学院代理院长韦舫法师主讲仁王护国经全部以唤起大众抗战必胜之信

① 国难祈祷文 [N]. 新南星，1938（4）10：22.
② 大公报（汉口）[N]. 1938 - 4 - 16（1 - 3）.
③ 大公报（汉口）[N]. 1938 - 7 - 6（1 - 1）.
④ 大公报（汉口）[N]. 1938 - 7 - 6（1 - 1）.

念并因此功德回向息灾。"①

1939 年 5 月 2 日，护国息灾法会在《大公报》刊登《护国息灾启事》："本法会现择五月二三四日等日，恭请饶嘉措大师丁杰格西修开光法三天，即于四日正式开坛，净土，坛讲经坛诵经坛密坛，同时敷座虔求抗战胜利护国济民并超度阵亡将士死难同胞因缘殊胜敬请各界共发宏愿乐输净财同圆功德无任盼祈。"② 事实上，"我们虽然相信护国息灾法事势不能'护国息灾'的，但是我们相信把'护国息灾'和'救国'融合在一起是可以劝服一切佛教徒努力救国的。"③ 护国息灾的宗教仪式中注入抗战内容后，把教徒的爱国主义精神用宗教的方式表达出来。宗教界人士以仪式的方式被政府吸纳入抗战的洪流中，同时也展示了他们需要积极抗战的诉求，政府官员的参与赋予护国息灾法师政治力量，借此也向大众宣布自身是一个团结一致的整体，"一致化的力量……就像万有引力法则一样"④。

抗日战争进入反攻阶段，胜利即在，1945 年 5 月 13 日，重庆基督教徒证道团在《大公报》上用启事的方式表达迎接胜利的喜悦，"庆胜利 求胜利 欧战胜利了，我们在此向国人和人类证道，战争的胜败全在乎耶和华！和平的胜利也要出于他全能的手！当今之日，我们感谢而仰望！因为他是满怀仁慈大有拯救的真活神！"⑤ 1945 年 6 月 13 日，《大公报》刊登《耶稣救罪人启事》："这是末世忠告的呼声人类都是罪人，圣经里面讲分明，日夜劳碌为口腹，到了食饱犯奸淫真心悔罪耶稣救。真神是爱，鬼是害。跪拜偶像无安宁……真神顶爱世人道成肉身，舍命在十字架上受死流出鲜血洗罪之道现我必相信，在这抗战时期需要天助自助者我请求各界诸公们谦卑，相信除了耶稣救以外，别无救法因为在天下人间没有赐下别的名，我们可以靠着得救。"⑥ 1944 年 7 月 7 日，重庆

---

① 大公报（汉口）[N]. 1938 - 8 - 3（1 - 1）.

② 大公报（重庆）[N]. 1939 - 5 - 2（1 - 1）.

③ 梦生. 救国息灾 [N]. 一般话 1937（1）：21 - 23.

④ （美）大卫·科泽著，王海洲译. 仪式·政治与权力 [M]. 南京：江苏人民出版社，2015：24.

⑤ 大公报（重庆）[N]. 1945 - 5 - 13（1 - 4）.

⑥ 大公报（重庆）[N]. 1945 - 6 - 13（1 - 4）.

基督徒正道团发布启事："七七慈爱拯救出于救赎主 得救恩蒙的众民哪，兴起，奉召做工的神仆啊，扬声！我们要为这多灾多难的中国切切祈求！好救回自己性命和国族命运的远近危机！"① 基督教徒把中国人民的流血牺牲换来抗战的最终胜利归功于"真神"的作用，这是彻底的唯心主义和宿命论，也是基督教虔诚信仰的外在表现，同时反映了基督教徒厌恶战争、反对战争、反法西斯渴望世界和平远离战争的迫切愿望。

抗日战争时期为国家祈福、护国息灾、诵经的等宗教仪式或许并不仅是超然自然事务神秘力量的表达，而是宗教界人士在抗战中积极援战的捷径外现，国家或团体组织通过仪式带给直接或间接参与者心理上的刺激，加深对抗战的理解，起到激发抗战情绪，鼓动人心的作用。《大公报》通过刊登这些庄严的宗教仪式，使"公众愿意从信息传播过程中看到自身的力量，提升自身的勇气和信心"②，坚定抗战决心。

二、个人启事中的家国情怀

《大公报》从 1937 年 7 月 7 日到 1945 年 9 月 3 日间刊登了 574 则表达援战意愿的个人婚丧启事，占总婚丧启事 2878 则的 19.94%，也体现出民族危机面前，个人的家国情怀。集中体现在婚丧启事中频繁出现"国难期间，一切从简"的广告语上，如 1939 年 8 月 28 日，《大公报》李之纯 王典则结婚启事，"我俩定于二十八年孔诞节在渝举行结婚国难当头一切从简谨此敬告"③ 1943 年 5 月 30 日，《大公报》刊登的一则结婚启事，"江苏无锡樊立之先生定于民国三十二年六月二日下午三时假座重庆民权路新生活俱乐部礼堂为少君世铮与高女士佩芳举行婚礼，先生将喜筵之资及亲友贺仪齐献国家，素念先生热忱爱国此次节约俭婚为战时所尚移与以仪献金开风气之先"④。如赵泽伦、杜绍兰的结婚启事

---

① 大公报（重庆）[N].1944-7-7（1-4）.
② 朱增朴.论现代阅听人[M].深水静流——复旦大学新闻学院教师论文集，上海：复旦大学出版社，2009：107.
③ 大公报（重庆）[N].1939-8-28（1-4）.
④ 大公报（重庆）[N].1943-5-30 日（1-4）.

"我俩于八月二十一日在顺庆结婚，已辱蒙各方或赐函电或馈隆仪。今回重庆，又辱承各师长各同学各亲友实相厚赠，实深感谢。惟今国仇未复何口私庆，又况天气正寒将士衣单，特将此数移捐寒衣，恐未能一一走拜，谨此登报鸣谢"。① 徐竹齐 孙芗林的结婚启事也表示一切从简，正像启事中所说的"朱口山、何民魂先生介绍，暨奉家长之命，在汉订婚。兹谨定于中华民国第二十八个国庆纪念日在重庆结婚。值此抗战建国期内，虚糜仪式全从简略，除经恭请徐季龙先生在婚书卜签名盖印证婚外，所有节约之结婚费用概行移作公益献金，谨启"。②

有的青年响应国家厉行节约的生活方式，尝试改变传统的结婚形式，在《大公报》上公开新式结婚仪式，旅行结婚是其中之一。如何培生、向万伦结婚启事："兹奉双方家长之命，于民国三十二年一月二十日在渝结婚。国难期间，仅赴北暗旅行以代婚仪，特此敬告诸亲友。"③ 尽管诸如旅行结婚的启事屈指可数，但是它打破了我国长期以来的传统婚礼束缚，节省了大量的人力、财力和物力，尤其是在物资极度匮乏的战争年代，简化婚姻仪式中的繁文缛节是值得提倡和效仿的。集体婚礼在结婚启事中也是极少数，如王毓标长子王鹤、丁欣复小女淑珍的结婚启事："谨几三十一年元旦日，参加万县新生活运动促进会主办之第一届集团结婚，特此敬告各地亲友。国难期间，诸从简略，隆贩恳辞。"④

还有的人表示为了国难可以直接省略结婚仪式，黄兰君、杨为的结婚启事："我俩基于共同信念与同一意志，誓愿结为终身伴侣，一心意贯彻始终为国家民族共谋福利，谨定于中华民国二十九年止月二十二日在南泉开始共同生活。时值国难，免除仪式，亲友惠礼一概恳辞，谨启。⑤ 启事既有响应国家"节约抗战"的因素，也有在民族大义面前集体主义、爱国主义精神。

---

① 大公报（重庆）[N].1940-11-10 日（1-1）.
② 大公报（重庆）[N].1939-10-10 日（1-1）.
③ 大公报（重庆）[N].1943-1-29（1-1）.
④ 大公报（重庆）[N].1942-5-5（1-1）.
⑤ 大公报（重庆）[N].1940-3-17（1-1）.

　　讣告启事中也能看出战时国人尽量简化仪式，节约援战的诉求。1938 年 12 月 25 日，《大公报》刊登的一则讣告，《潘府丧事移赙捐助孤儿保育院启事》："潘世经（仰山）兄之祖老太太周夫人生平慈善为怀怜孤恤曾力行不倦兹于 12 月 20 日寅时寿终渝寓享年八十有七遗命国难时期丧葬从简节省拨充善举凡属亲友自应仰慕，太夫人怀德有慰款拟请改转现金集成众数捐助孤儿保育院。"① 公开表示从丧葬费中节省钱财援助战时孤儿保育院。1939 年 8 月 28 日，《大公报》的另一则哀启中"显妣黄太夫人痛于民国二十八年八月十日寿寝享年七十五岁国难期间张仪从简"② 同样表达了普通百姓以国难为己难忧国忧民的情愫。

　　通过第二章《大公报》的受众分析，我们可以看出 20 世纪三四十年代《大公报》广告受众为城市阶层的有知识有文化的人，再者，能把结婚、离婚、同居、讣告之类的启事刊登在报纸上，公布于众，这和个人的经济、社会地位、思想观念都有很大的关系。

小结

　　启事具有广告的性质，它不仅是一种信息传播方式，还是社会活动的载体，具有明确价值诉求，也突出了"守望环境"功能，"募捐""征文"征召"等都突出了传播的预警性。通过预警对社会进行正确的引导，集中公共意志和公共力量，整合社会资源，实现"抗战"的共同目标。广告中也体现出个人、团体、国家在抗战中的变化，诠释了国家、社会与个人的紧张关系。

　　救亡把广大民众结合在一起，日本学者西村成雄就认为，"九一八事变使救亡意识表现出来，活跃起来，这是构成中国民族主义基础的民众主义意识"③，在抗战救亡的大磁场里，社会各个阶层都被新吸引进来，妇女走出了家庭，学生走出学校，知识分子走出书斋，舞台、剧场、电影院、街头巷尾都可以当作与敌人抗争的舞台。

---

① 大公报（重庆）[N].1938-12-25（1-1）.

② 大公报（重庆）[N].1939-8-28（1-4）.

③ 池田诚.抗日战争与中国民众——中国的民族主义和民主主义 [M].北京：求实出版社，1989：39.

　　抗战时期的社会团体利用学缘、业缘、地缘的关系把国家与个人联结在一起，充当了国家与个人的纽带。在启蒙、动员民众参与到国家政治生活中，延伸国家管理触及范围，弥补国家整合力量中起到一定作用。

　　《大公报》的社会团体、个人启事，展示了抗战时期随着国民政府一系列政策的调整和部署，个人、社会、国家间的关系也在变动，国家开始重新审视社会力量，社会积极参与到国家治理中，个人在国家中扮演的角色也在变化中。如果以现代化的视角审视启事中所表现出来的三者这种微妙的互动关系，至少可以看出中国人在反抗日本侵略的过程中积累了一些现代化因素，新的"自发内生型"现代化进程在中国反抗日本侵略的过程中悄然开启。①

---

① 袁成毅，荣维木. 抗日战争与中国现代化进程研究 [M]. 北京：国家图书馆出版社，2008：62.

结　语

　　20世纪三四十年代，大众接触政治现实主要靠报纸，"艾森豪将军仅有极有限之休息时间，某记者发现其埋头于广告中，巴顿将军停止追击急速败退之德军，而为于广告之见若干事，致书其在华盛顿之夫人……"① 战时语境下的广告不可避免地注入抗战成分，直接或间接地向读者提供了国内外战争形势和战事进程，受众可以通过广告认识并理解战事、战势并据此对现实做出相应的选择，起到媒体监视环境的作用。

　　《大公报》的抗战广告取材于大众生活各个方面，关注战时所有话题，运用创意设计、蕴意丰富、形式多样的方式，以其鲜明的抗战立场，承载着战时抗战理念的传播，在一定程度上影响着人们的思想意识和社会价值观，在广告商业属性上附加了明显的政治属性，体现了战时媒体的社会责任，即符合公众的根本利益。显而易见，广告的设计不仅要考虑到受众的生活需求而且要注意到公众的社会心理需求，通过广告唤起受众更多的心灵感悟和情感共鸣，进而形成问题共识。

　　加拿大学者伊尼斯在《帝国与传播》一书中曾指出，"印刷工业的急剧扩张和对出版自由的强调，都助长了垄断的成长，强化了民族主义"②。《大公报》抗战广告通过社会伦理道德、爱国主义情感、国民的责任意识等纽带把零散的

---

① JOHN CARLYLE 著，涂绳祖译．美国之广告业如何协助战争［J］．新商业月刊，5－6（2）：49．
② （加）哈罗德·伊尼斯著，何道宽译．帝国与传播［M］．北京：中国传媒大学出版社，2013：205．

社会力量结合在一起，影响着大众的心态和日常生活并组织、规范个体的社会行为，结成抗战共同体。实际上，媒体多元化的今天，对受众能够产生强大冲击力的广告更应该多承载一些社会责任，让人们在接收广告信息的同时，情感得以熏陶，认识更加升华。

抗战时期，《大公报》商业广告不仅是推销商品的方式还是政治符码，"一个符号永远不会简单，因为它永远不单是物质的，而总是一个关系过程"①。注入抗战内容的广告，从抗战形势出发，顺应战时宣传需求，满足广大受众同仇敌忾的心理需求，助力政府传播抗战政策的政府公告传递了政府的职能和对社会的控制，图文并茂的广告，经过广告主、广告商、受众解码，使广告商与广告主具有了动员的公众身份，消费者也得到爱国者的美誉。

爱国者是《大公报》广告针对战时大众生活最重要的"编码"之一，并作为"大众文化之消费符号一种"②，恩·卡西尔指出"符号化的思维和符号化的行为是人类生活中最富于代表性的特征"③。在消费活动中，广告主利用编码通过表面淡化自身的商业因素，赋予广告以特殊含义，在消费者中搭建各种身份的平台和文化想象，从而"把民众整合到一张充满复杂社会身份和符号意义的大网里"④，推进思想观念、生活方式、价值观念、社会心理发展。

诚然，抗战时期《大公报》的广告有以抗战为噱头，故意夸大商品的作用，或捏造虚假启事之行为。特别是战乱的环境下，广告鱼龙混杂的现象时有存在，造成混淆受众视听，误导价值观的恶劣影响，应该受到批判，《大公报》也有些针对性公开批判，反对以抗战之名行欺骗消费者之实。

总之，从抗战的视角审视抗战时期《大公报》的广告，我们发现广告不仅是推销商品的工具，它的政治传播功能不逊色于经济作用。广告通过自己

---

① （意）约翰奈斯·艾赫拉特著，宋文译. 丑闻的力量：大众传媒中的符号学 ［M］. 成都：四川大学出版社，2016：104.

② 何萍. 德里亚论被消费的休闲 ［J］. 自然辩证法研究，2000 （9）.

③ 恩·卡西尔. 人论 ［M］. 上海：上海译文出版社，1985：96.

④ （美）苏特·杰哈利. 广告符码——消费社会中的政治经济学和拜物现象 ［M］. 北京：中国人民大学出版社，2004：4.

图文并茂、通俗易懂、重复传播、受众面广的特点吸引受众关心战事，了解战势，关注国家命运、世界和平问题；广告本质是在传播观念、引领社会风气，调动社会情感，所以它既是经济信息传递的渠道也是政治传播的重要途径。

参考文献

史料汇编：

1. 社会部. 第一次全国社会行政会议社会部施政报告 [R]. 未刊，1942 年.

2. 严中平主编. 中国近代经济史统计资料选辑 [G]. 北京：科学出版社，1955 年.

3. 陈真主编. 中国近代工业史资料 [G]. 上海：生活·读书·新知三联书店，1961 年.

4. 严中平主编. 中国棉纺织史稿 [G]. 北京：科学出版社，1963 年.

5. 复旦大学历史系编译. 1931—1945 日本帝国主义对外侵略史料选编 [G]. 上海：上海人民出版社，1975 年.

6. 沈云龙主编. 近代中国史料丛刊续编第四十九辑·国难会议记录 [G]. 台北：文海出版社，1977 年.

7. 秦孝仪. 中华民国重要史料初编——对日抗战时期 [G]. 台湾：中国国民党中央委员会党史委员会编印，1981 年.

8. 秦孝仪. 革命文献第 101 辑 [G]. 台湾：中央文物供应社，1984 年.

9. 荣孟源. 中国国民党历次代表大会及中央全会资料 [G]. 北京：光明日报出版社，1985 年.

10. 上海社会科学院历史研究所编. "九·一八"—"一·二八"上海军民抗日运动史料，[G] 上海：上海社会科学院出版社，1986 年.

11. 中央档案馆等编. 日本帝国主义侵华档案资料选编·九一八事变 [G]. 北京：中华书局，1988 年.

12. 中国第二历史档案馆编. 国民政府行政院公报 [G]. 档案出版社，1990 年.

13. 全国妇联编. 抗日烽火中的摇篮——纪念中国战时儿童保育会文选 [G]. 中国妇女出版社，1991 年.

14. 江凤兰. 国民政府时期的财政史料 [G]. 台湾：国学馆，1993 年.

15. 中央档案馆等编. 日本帝国主义侵华档案资料选编·华北事变 [G]. 中华书局, 2000 年.

16. 中国第二历史档案馆编. 中华民国史档案资料汇编 [G]. 第五辑第一编·财政经济（七），南京：江苏古籍出版社，2000 年.

17. 中央档案馆等编. 日本帝国主义侵华档案资料选编·华北经济掠夺 [G]. 北京：中华书局，2004 年.

18. 中国第二历史档案馆编. 全国经济委员会会议录 [C]. 桂林：广西师范大学出版社，2004 年.

19. 中国第二历史档案馆编. 国民政府立法院会议录 [C]. 桂林. 广西师范大学出版社，2004 年.

20. 中国第二历史档案馆编. 国家总动员会会议录 [C]. 桂林：广西师范大学出版社，2004 年.

21. 孙燕京 张研主编. 民国史料丛刊 [G]. 河南：大象出版社，2009 年.

22. 方汉奇主编. 民国时期新闻史料汇编 [G]. 北京：国家图书馆出版社，2011 年.

23. 行政院编. 国民政府年鉴. 1943—1946 [G]. 北京：北京图书馆出版社，2011 年.

24. 孙燕京，张研主编. 民国史料丛刊续编 [G]. 河南：象出版社，2012 年.

25. 生活书店史稿编辑委员会. 生活书店史稿 [G]. 上海：生活书店出版有限公司，2013 年.

26. 重庆市档案馆、重庆师范大学编. 中国战时首都档案文献 战时工业 [G]. 重庆：重庆出版社，2014 年.

27. 重庆市档案馆、重庆师范大学编. 中国战时首都档案文献 战时社会 [G]. 重庆：重庆出版社，2014 年.

28. 重庆市档案馆、重庆师范大学编. 中国战时首都档案文献 战时金融 [G]. 重庆：重庆出版社，2014 年.

29. 陈方正. 陈克文日记（上册）[M]. 北京：社会科学文献出版社，2014 年.

30. 全国政协文史和学习委员会编. 回忆大公报 [G]. 北京：中国文史出版社，2016 年.

民国报纸杂志：

报纸：

1. 大公报社. 大公报影印本（天津）（1902.06.17—1937.07.25）[N]. 北京：人民

出版社，1980 年.

2. 大公报社. 大公报影印本（上海）（1936.04.01—1945.09.03）［N］. 北京：人民出版社，1980 年.

3. 大公报社. 大公报影印本（汉口）（1937.09.18—1938.10.17）［N］. 北京：人民出版社，1980 年.

4. 大公报社. 大公报影印本（重庆）（1938.12.01—1949.12.31）［N］. 北京：人民出版社，1980 年.

5. 大公报社. 大公报影印本（香港）（1938.08.13—1941.12.03）［N］. 北京：人民出版社，1980 年.

6. 大公报社. 大公报影印本（桂林）（1941.03.15—1944.09.09）［N］. 北京：人民出版社，1980 年.

7. 申报社影印. 申报影印本（1931—1945）［N］. 北京：人民出版社，1980 年.

8. 新华日报社. 新华日报影印本（1938—1945）［N］.

北京：北京图书馆，1963 年.9. 时报社. 时报（1904—1939）［N］. 香港：蝠池书院出版有限公司，2006—2011 年.

10. 前线日报社. 前线日报影印本（1938.10—1945.09）［N］. 上海：前线日报社，1945 年.

11. 曹谷冰、金诚夫. 八年来的社难［N］.《大公报》（上海版），1946 - 7 - 7（11）.

12. 陶东风. 为我所用. 广告中的文化资源盗用［N］，中华读书报，2001 - 5 - 30（3）.

期刊：

1. 国民政府. 国民政府公报［J］. 1925（1）- 1948（3137）. 重庆：国民政府文官处铸印局，1925—1948.

2. 国民政府经济部. 经济部公报［J］. 1938，1（1）- 1947，10（12）. 重庆：国民政府经济部，1938—1947.

3. 行政院秘书处印行. 行政院公报［J］. 1928（1）- 1943，6（7）. 南京：. 国民政府行政院秘书处，1928—1943.

4. 民众动员社. 民众动员［J］. 1938（1）- 1938，2（1）. 上海：民众动员社，1938.5. 外交评论社. 外交评论［J］. 1930（1）- 1937，9（1）. 南京：外交评论社，1930—1937.

6. 杜亚泉、胡愈之等. 东方杂志［J］. 1904（1）—1948, 44（12）. 上海：上海商务印书馆, 1904—1948.

7. 新闻在线社. 新闻在线［J］. 1941, 1（5）-1944, 4（2）. 重庆：中国文化服务社, 1941-1944.

8. 上海记者社. 上海记者［J］. 1942, 1,（1）-1944, 2,（6）. 上海：上海特别市新闻记者会出版委员会, 1942-1945.9. 抗战与文化社. 抗战与文化［J］. 1938, 1,（11）-1942, 6（6）'. 西安：抗战与文化社, 1938—1942.

10. 反侵略编辑委员会. 反侵略［J］. 1938, 1（1）-1940, 3（10）. 重庆：重庆国际反侵略运动大会中国分会, 1938—1940.

11. 抗战周刊社. 抗战周刊［J］. 1939（3）-1941（12）. 广东：抗战周刊社, 1939—1941.

12. 马尼拉粤联会编辑委员会. 抗战月刊［J］. 1941, 3,（4）-1941, 3,（7）. 马尼拉：马尼拉粤联会编辑委员会常务处, 1941.

13. 刘洪涛等. 抗战行动［J］. 1938, 1,（3）-1938（6）. 广州：抗战行动社, 1938.

14. 田汉等. 抗战戏剧［J］. 1937（1）-1938, 2,（5）. 汉口：华中图书公司, 1937—1938.

15. 国防周报社. 国防周报［J］. 1941, 1（1）—1942, 6（4）. 桂林：国防书店, 1941—1943.

16. 汉口航空委员会总政训处. 中国的空军［J］. 1938（6）—1947（112）. 汉口：中国空军出版社发行, 1938—1947.

17. 国际问题研究社. 国际通讯［J］. 1940（3）—1941, 6,（2）. 香港：西南图书印刷公司, 1940—1941.

18. 社会经济调查所. 社会经济月报［J］. 1934, 1（1）—1939, 6（2）. 上海：社会经济调查所, 1934—1939.

19. 上海中国经济银行研究室. 中行月刊［J］. 1930, 1（1）—1938, 17（2）. 上海：中国银行总管理处调查部, 1930—1938.

20. 大众航空社. 大众航空［J］: 1941, 3（4）—1945, 7（8）. 成都：大众航空社, 1941—1945.

21. 航空机械通讯. 航空机械通讯［J］. 1937（2）-1937（3）. 南昌：航空机械通

讯，1937.

22. 中国航空建设协会．航空建设［J］．1942，1（1）—1948，3（3）．南京：航空
建设社，1942—1948.

23. 军政部兵役署．兵役月刊［J］．1940，2（1）—1944，6（6）．重庆：军政部兵
役署，1940—1944.

24. 上海机制国货工厂联合会．机联会刊［J］．1930（1）—1937（172）．上海：上
海机联会编辑部，1930—1937.

25. 中国农民经济研究会．中国农民月刊［J］．1943，2（4）．重庆：中国经济研究
会，1943.

26. 实业部统计处．实业部月刊［J］．1936，1（1）—1937，2（3）．南京：实业部
总务处第三科，1936—1937.

27. 中国童子军总会．战时童子军［J］．1937（1）—1938（23）．南京：中山文化教
育馆，1937—1938.

28. 胡绳等．读书月报［J］．1939，1（1）—1941，2（11）．重庆：生活书店，
1939—1941.

29. 现代防空出版社．现代防空季刊［J］．1943，2（3）—1944，3（6）．重庆：航
空总监部民防处，1943—1944.

30. 复旦大学文摘社．文摘战时旬刊［J］．1937（1）—1938（15）．上海：黎明书
局，1937—1938.

31. 火线周刊社．火线［J］．1937（2-6）．徐州：抗战服务团，1937.

32. 宓尔士．华美周报［J］．1938，1（1）—1939，2（11）．上海：华美出版公司，
1938—1939.

33. 蔡任渔、司铎．新南星［J］．1938，4（1）-1942，8（2）．梅县：广东梅县天
主教堂出版，1939.

34. 群里出版社编辑部．周超人．一般话［J］．1937（1-4）．上海：群立出版
社，1937.

35. 中华电影联合股份有限公司．华南电影［J］．1944（3）．广州：广州分公司华南
电影杂志社，1944.

民国论著：

1. 贾士毅．民国财政史［M］．上海：商务印书馆，1934年.

2. 冯和法. 中国农村经济论 [M]. 上海：黎明书局，1934 年.

3. 王芸生. 芸生文存 [M]. 上海：上海大公报馆，1937 年.

4. 邓拓. 中国救荒史 [M]. 上海：商务印书馆，1937 年.

5. 李剑华. 非常时期之社会政策 [M]. 上海：上海中华书局，1937 年.

6. 莫湮. 抗战中的民生问题 [M]. 河南：光明书局，1937 年.

7. 沙千里. 抗战与民众运动 [M]. 上海：生活书店，1938 年.

8. 陈钟浩. 国际政治 [M]. 重庆：国民政府军事委员会政治部编印，1938 年.

9. 戴笠. 政治侦探 [M]. 重庆：国民政府军事委员会政治部编印，1938.

10. 任宝详. 抗战读本 [M]. 湖南：湖南教育局，1938.11. 凌青. 战地服务回忆录 [M]. 汉口：汉口光明书局，1938 年.

12. 杨汝梅. 国民政府财政概况论 [M]. （出版地不详），1938 年.

13. 陈端志. 抗战与社会问题 [M]. 长沙：长沙商务印书馆，1938 年.

14. 李超英. 抗战建国纲领研究 [M]. 上海：独立出版社，1939 年.

15. 杜绍文. 战时报学讲话 [M]. 上海：战地图书出版社，1941 年.

16. 中国国民党中央宣传部主编. 抗战英雄传记 [M]. 重庆：国民图书出版社，1943 年.

17. 陈续光. 社会救济行政 [M]. 重庆：重庆正中书局，1943 年.

18. 朱子爽. 中国国民党土地政策 [M]. 重庆：国民图书出版社，1943 年.

19. 柯象峰. 社会救济 [M]. 重庆：重庆正中书局，1944 年.

20. 张季鸾. 季鸾文存 [M]. 天津：大公报馆，1944 年.

21. 姜琦著. 教育学新论 [M]. 重庆：重庆正中书局，1946 年.

23. 梁中铭. 抗战忠勇史画 [M]. 上海：正气出版社，1946 年.

现代论著：

国内著作：

1. 朱传誉. 张季鸾传记资料 [M]. 台湾：天一出版社，1979 年.

2. 陈纪滢. 抗战时期的大公报 [M]. 台北：黎明文化事业公司出版，1981 年.

3. 梁漱溟. 中国文化要义 [M]. 台北：学林出版社，1987 年.

4. 方蒙等. 大公报与现代中国（1926—1949 年）大事实录 [M]. 重庆：重庆出版社，1993 年.

5. 潘君祥. 中国近代国货运动 [M]. 北京：中国文史出版社，1995 年版.

6. 章开沅、马敏、朱英主编. 中国近代民族资产阶级研究（1860–1919）［M］. 武汉：华中师范大学出版社，2000年.

7. 史桂芳. "东亚联盟论"研究［M］. 北京：首都师范大学出版社，2001年.

8. 叶再生. 中国近现代出版通史［M］. 北京：华文出版社，2002年.

9. 方汉奇等. 〈大公报〉百年史（1902–06–17—2000–06–17）［M］. 北京：中国人民大学出版社，2003年.

10. 范用. 爱看书的广告［M］. 上海：生活.读书.新知三联出版社，2004年.

11. 罗荣渠. 现代化新论—世界与中国的现代化进程［M］. 北京：商务印书馆，2004年.

12. 史桂芳. 战后中日关系.1945–2003［M］. 北京：当代世界出版社，2005年.

13. 林升栋. 中国近现代经典广告创意评析——《申报》七十七年［M］. 南京：东南大学出版社，2005年.

14. 李道新. 中国电影文化［M］. 北京：北大出版社，2005年.

15. 侯杰. 〈大公报〉与近代中国社会［M］. 天津：南开大学出版社，2006年.

16. 何星亮. 宗教信仰与民族文化［M］. 北京：社会科学文献出版社，2007年.

17. 李剑农. 中国近百年政治史［M］. 北京：商务印书馆，2007年.

18. 王儒年. 欲望的想像——1920–1930年代《申报》广告的文化史研究［M］. 上海：上海人民出版社，2007年.

19. 刘洁. 纪录片的虚构—一种意象的表达［M］. 北京：中国传媒大学出版，2007年.

20. 张涛. 美国民族精神的开端［M］. 北京：民族出版社，2008年.

21. 洪葭管. 中国金融通史（第四卷）［M］. 北京：中国金融出版社，2008年.

22. 许志英 邹恬. 中国现代文学主潮（上）［M］. 南京：南京大学出版社，2008年.

23. 史桂芳. 近代日本人的中国观与中日关系［M］. 北京：社会科学文献出版社，2009年.

24. 陈培爱. 广告学原理［M］. 上海：复旦大学出版社，2009年.

25. 学愚. 佛教、暴力与民族主义.抗日战争时期的中国佛教［M］. 香港：中文大学出版社，2011年.

26. 詹庆生. 欲望与禁忌——电影娱乐的社会控制［M］. 北京：清华大学出版社，2011年.

27. 张晨怡. 近代中国知识分子的民族主义思想研究 [M]. 北京：中央民族大学出版社，2012 年.

28. 胡兴东. 治理与认同. 民族国家语境下社会秩序形成问题研究以云南边疆民族为中心，1840－2000 年 [M]. 北京：知识产权出版社，2013 年.

29. 王敏. 从土货到国货. 近代消费行为政治化与民族主义思潮 [M]. 北京：知识产权出版社，2014 年.

30. 史桂芳. 中国的对日战略与中日关系研究 1949 [M]. 北京：中国社会科学出版社，2014 年.

31. 宋春华. 抗战时期国共两党民族主义思想研究 [M]. 北京：人民出版社，2017 年.

32. 李勇忠. 话语叙事中的喻性思维 [M]. 北京：中国社会科学出版，2017 年.

33. 史桂芳. "以民促官"与"求同存异"中日关系发展的历程与基本经验 [M]. 北京：社会科学文献出版社，2019 年.

34. 王珂. 从"天下"国家到民族国家. 历史中国的认知与实践 [M]. 上海：上海人民出版社，2020 年.

译著：

1.（印）泰戈尔. 民族主义 [M]. 谭仁侠译，北京：商务印书馆，1982 年.

2.（德）鲁登道夫. 总体战 [M]. 戴耀先译，北京：解放军出版社，1988 年.

3.（日）池田诚. 抗日战争与中国民众——中国的民族主义与民主主义 [M]. 杜世伟、梁作新译，北京：求实出版社，1989 年.

4.（日）石岛纪之. 中国抗日战史 [M]. 郑玉纯、纪宏译，长春：吉林教育出版社 [M]. 1990 年.

5.（美）罗兹·墨菲. 上海——现代中国的钥匙 [M]. 章克生等译，上海：上海人民出版社，1999 年.

6.（加）麦克汉卢. 理解媒介——论人的延伸 [M]. 何道宽译，北京：商务出版社，2000 年.

7.（美）哈罗德·D. 拉斯韦尔. 世界大战中的宣传技巧 [M]. 张洁译，北京：中国人民大学出版社，2003 年.

8.（美）巴兰（美）戴维斯. 大众传播理论. 基础、争鸣与未来 [M]. 曹书乐译，北京：清华大学出版社，2004 年.

9. （美）柯博文．走向最后关头——中国民族国家中的日本因素［M］．马俊亚译，北京：社会科学文献出版，2004 年版．

10. （日）吉野耕作．文化民族主义的社会学．现代日本自我认同意识的走向［M］．刘克申译，北京：商务印书馆，2004 年．

11. （美）苏特·杰哈利．广告符码——消费社会中的政治经济学和拜物现象［M］．马姗姗译，北京：中国人民大学出版社，2004 年．

12. （英）埃里克·霍布斯鲍姆．民族与民族主义［M］．李金梅译，上海：上海人民出版社，2006 年．

13. （美）丹尼斯·麦奎尔．受众分析［M］．刘燕南 李颖 杨振荣译，北京：中国人民大学出版社，2006 年．

14. （美）沃尔特·李普曼．公众舆论［M］．阎克文 江红译，上海：上海人民出版社，2006 年．

15. （英）詹姆斯·梅奥尔．民族主义与国际社会［M］．王光忠译，北京：中央编译出版社，2009 年．

16. （美）杜赞奇．从民族国家拯救历史［M］．王宪明等译，南京：江苏人民出版社，2010 年．

17. （美）詹姆斯·R．汤森、布莱特利·沃马克．中国政治［M］．顾速 董方译，南京：江苏人民出版社，2010 年．

18. （美）吉尔伯特·罗兹曼．中国的现代化［M］．刘东译，江苏人民出版社，2010 年．

19. （美）威尔伯·施拉姆 威廉·波特．传播学概论［M］．何道宽译，北京：中国人民大学出版社，2010 年．

20. （加）马歇尔·麦克卢汉．理解媒介．论人的延伸［M］．何道宽译，南京：译林出版社，2011 年．

21. （美）保罗·F．拉扎斯菲尔德、伯纳德·贝雷尔森、黑兹尔·高德特．人民的选择：选民如何在总统选战中做决定［M］．唐茜译，北京：中国人民大学出版社，2012 年．

22. （美）费正清、赖肖尔．中国．传统与变革［M］．陈仲丹 潘兴明 庞朝阳译，南京：江苏人民出版社，2012 年．

23. （德）弗里德里希·梅尼克．世界主义与民族国家［M］．孟钟捷译，上海：上海三联书店，2012 年．

24. （美）本尼迪克特·安德森. 比较的幽灵. 民族主义 [M]. 甘会斌译，东南亚与世界，南京：译林出版社，2012 年.

25. （美）孔飞力. 中国现代国家的起源 [M]. 陈兼，陈之宏译，北京：生活·读书·新知三联书店，2013 年.

26. （加）哈罗德. 伊尼斯. 帝国与传播 [M]. 何道宽译，北京：中国人民大学出版社，2013 年.

27. （日）小野寺学郎. 国旗·国歌·国庆. 近代中国的国族主义与国家象征国旗 [M]. 周俊宇译，北京：社会科学文献出版社，2014 年.

28. （美）哈罗德·拉斯韦尔. 社会传播的结构与功能 [M]. 何道宽译，北京：中国传媒大学出版社，2015 年.

29. （英）迈克尔·曼，刘北成. 社会权力的来源 [M]. 李少军译，上海：上海人民出版社，2015 年.

30. （日）香川孝志，前田光繁. 八路军内日本兵 [M]. 赵安博，吴从勇译，北京：解放军出版社，2015 年.

31. （美）大卫·科泽. 仪式·政治与权力 [M]. 王海洲译，南京：江苏人民出版社，2015 年.

32. （意）约翰奈斯·艾赫拉特. 丑闻的力量. 大众传媒中的符号学 [M]. 宋文译，成都：四川大学出版社，2016 年.

33. （美）本尼迪克特·安德森. 想象的共同体 [M]. 吴睿人译，上海：上海人民出版社，2016 年.

34. （美）斯蒂芬·格罗斯比. 民族主义 [M]. 陈蕾蕾译，北京：译林出版社，2017 年.

35. （日）加藤阳子、佐高信. 战争与日本人 [M]. 张永亮 陶小军译，北京：东方出版社，2017 年.

36. （美）杰克·斯奈德. 从投票到暴力. 民主化和民族主义冲突 [M]. 吴强译，北京：中央编译出版社，2017 年.

37. （日）深町英夫. 教养身体的政治. 中国国民党的新生活运动 [M]. （日）深町英夫著译，北京：生活·读书·新知三联书店，2017 年.

38. （美）彭慕兰. 腹地的构建. 华北内地的国家、社会和经济（1853—1937）[M]. 马俊亚译，上海：上海人民出版社，2017 年.

39. （美）裴宜理著．池子华译．华北的叛乱者与革命者（1845－1945）［M］．池子华译，北京：商务印书馆，2017年.

40. （美）C·赖特·米尔斯．李子雯译．权力精英［M］．李子雯译，北京：北京时代华文书局有限公司，2019年.

论文：

期刊论文：

1. 陶东风．广告文化的解读［J］．首都师范大学学报，2001，6.

2. 荣维木．中国共产党与中华民族的抗日战争［J］．北京党史，2005，5.3.黄兴涛王峰．民国时期"中华民族复兴"观念之历史考察［J］．中国人民大学学报，2006，3.

4. 孙会 贺军妙．《大公报》中的系列广告特色［J］．历史教学，2008，4.

5. 孙会．透析清末《大公报》中的另类社会广告［J］．河北师范大学学报（哲学社会科学版），2008，4.

6. 张雷 杨晓佼．《大公报》（桂林版）的广告经营特色［J］．新闻与写作2011，4.

7. 孙会．《大公报》广告视野中的近代商务印书馆［J］．河北学刊，2011，2.

8. 贾海洋 卫俊 岳谦厚．《大公报》广告及其特征——以1926—1937年为例［J］．山西大学学报（哲学社会科学版），2011，6.

9. 熊英．大公报〉汉口版广告的经营特点［J］．湖北社会科学，2011，3.

10. 郑大华．中国近代民族主义与中华民族自我意识的觉醒［J］．民族研究，2013，3.

11. 郑大华．民主革命时期中共的"中华民族"观念［J］．史学月刊，2014，2.

12. 黄克武．民族主义的再发现——抗战时期中国朝野对中华民族的讨论［J］．近代学研究，2016，4.

13. 黄玉涛 杨柳依依．王郅隆时期《大公报》金融广告发展原因探析［J］．湖南工业大学学报（社会科学版），2017，3.

14. 王一鸣．抗战时期出版业掠影——以1937—1945年《大公报》刊载之图书广告为管蠡［J］．出版科学，2017，4.

15. 宋泉 宋菁．时局文化市场——从《大公报》（桂林版）出版广告看战时桂林的出版文化生态［J］．出版科学，2017，2.

16. 郑大华．中国近代"民族复兴"话语下"中华民族精神"的讨论浙江学刊［J］．2017，1.

17. 许纪霖. 作为国族的中华民族何时形成 [J]. 文史哲, 2013, 3.

学位论文：

博士论文：

1. 汪前军.《大公报》1902—1916 与中国广告近代化 [D].

2. 孙会.《大公报》广告与近代社会（1902—1936 年）[D].

3. 陈建新.《大公报》与抗战宣传 [D].

4. 王儒年.《申报》广告与上海市民的消费主义意识形态 [D].

5. 张立勤. 1927 - 1937 年民营报业经营研究 [D].

6. 孙慧. 从幻灯到电影《申报》早期影像广告研究（1872 - 1913）[D].

7. 周武军. 大众传播媒介的政治功能研究 [D].

8. 杨海军. 广告舆论传播研究 [D].

9. 朱玉湘. 抗日战争时期国民党政府的田赋征实与粮食征购 [D].

10. 虞亚梅. 抗战时期资源委员会的技术推进与人才培养 [D].

11. 刘莲花. 民初《申报》（1912—1916）教育广告研究 [D].

12. 汪幼海. 上海报业发展中的西方要素研究（1850 - 1937）[D.]

13. 文娟. 申报馆与中国近代小说发展之关系研究 [D].

14. 王金福. 新记《大公报》科学传播研究 [D].

15. 张燚. 宣传政党领导的合法性 [D].

16. 贺彬. 早期现代化进程中的大众传播媒介省略院广告研究（1927 - 1937）[D].

17. 郭恩强. 重塑新闻共同体新记《大公报》职业意识研究.

硕士论文：

1. 朱陶.《大公报》公益活动研究（1926—1936）[D].

2. 杨黎.《大公报》战时募捐活动研究 [D].

3. 倪慧.《东南日报》商业广告研究（1927 - 1937）[D].

4. 赵欣. 从广告视角看新记《大公报》的办报思想 [D].

5. 吴新攀. 国货广告中的民族图景 [D].

6. 赵良坤. 近代中国征婚广告探析 [D].

7. 赵川. 媒体与救灾 [D].

8. 熊学莉. 陪都时期的电影宣传研究 [D].

9. 刘畅. 陪都重庆抗战中期放映业研究 [D].

10. 严晋. 新记《大公报》经营管理方略研究［D］.

11. 王金福. 新记《大公报》科学传播研究［D］.

12. 于瑞琪. 英敛之时期《大公报》的女学话语［D］.

13. 李东标. 爱国与商业的二重奏［D］.

14. 黄姝. 广告的政治. 1937－1945年《申报》文学广告研究［D］.

15. 向娟. 民族主义语境下的国货运动与《申报》广告（1912—1926）［D］.

16. 左上. 硝烟下的广告［D］.

17. 李晓娟. 从报刊广告宣传看中国抗战的全民性——以《申报》抗战广告为例［D］
（1936－1937）.

附　录

1. 附：武汉三镇献金台自七月七日至十一日收入献金总额数①

甲　法币：三民路总理铜像前一八八. 四九二元五角二分，江汉关八一. 八一三元一角六分，武昌司门口五二. 四二二元一角五分，世界影戏院门前三四. 三七七元，木塔旁三一. 三七五元，汉阳东门码头一. 六四元，流动台七. 二九元，外款八. 五七八元一角一分。

乙　银币及公债：各台另数三百五六元二角四分五厘，破杂钞四九一元八角七分，新加坡一元法国币五法郎，英币三磅，香港钞一〇三元，日本钞一〇元，伪铜元六三一九四十〇文，外铜元二四枚，铜币市称八八觔，救国公债六五八元，救国水债六〇元，救国票据四六五二元九角八分，存单一六四六元七角五分，存折七〇六元六角五分八厘，礼券一〇元，股票一〇〇元，中国实业储款证八元，南京邮局汇票四〇元，邮票一五七元六角四分，息票一〇元，印花一元一角六分。

丙　金银首饰：白金戒指四个，金链六条，银鼎银杯银碗银盾等一四八件，金色篆四个，赤金戒指一〇七个，金扣一一个，金锁二〇件，银大元宝二只，金耳环九只，大金钟一只，镀金银手镯大小三四对，银小元宝一六只，小洋金镯一对，鎏金银佩大小一六件，金牌四块，银戒指四八枚，金器二件，银烟盒三只，银筷一七根，银珠花一朵，银盂一〇只，小钥匙二个，银条二三只，银刮舌六件，银匙一四只，银印章等一三件，银手镯大小五〇对，银称大小二六

---

① 大公报（汉口）[N]. 1938 - 10 - 2 (1 - 1).

七件，银项圈一五个，金银编制件一〇〇件，银帐钩三个，银表三只，银锁链大小三八件，银簪子二二件，银针二八件。

丁 其他物品：布鞋五〇双，铜香炉一只，药棉五包，四灯收音机一只，药纱布二包，电报机一具，皮鞋油二盒，慰劳袋一三一只，印钢一只，防毒面具七只，麻袋二〇只，二个毂转汽油，四箱电灯泡，四个手套，五幅军刀两把，礼帽一顶，大刀四九把，洗脸袋一一只，望远镜一架，蓝红缎女衣帽子七件，铁圈一二个，铜镜一对，笔筒三七个，破铜脸盆一只，肥皂二〇块，搪瓷碗三〇〇只，破铜茶炉一只，墨汁一打，旧铁炉一个，治痛油一〇〇打，炮弹壳一个，长春丹四大盒。

2. 禁运资敌物品表①

物品名称	备考	物品名称	备考
牛只	包括荞麦、小米、玉米、高粱、甘薯、芋头、马铃薯、魔芋等		
马骡驴		生漆、蚕丝、柞蚕丝、木材、竹、	
各种野禽兽		香草、松香、芋片、班茅、酒精、染料、纸张、电气材料及配件，各种金属磨砂及制造品	金银钢铜锰铁及其金属制品
皮张		煤炭 煤油、白灵石、磁土油、汽油、柴油、润滑油、石灰、砖灰、水泥、耐火黏土、苦土石、硝磺、酸碱、弗石、明矾、石膏、磷磺	

---

① 《经济部通告》，大公报（重庆）[N]. 1938 - 12 - 17（1 - 1）.

续表

物品名称	备考	物品名称	备考
羊毛			
野禽羽毛			
鲜冻肉类			
猪鬃			
衣			
蛋品			
盐、米谷、麦、豆类、面粉、糠麸、杂粮、桐油			

致　谢

　　四载时光，虽短犹长，初来乍到，思儿之情，辗转难眠，觉四年漫不可期，往返奔波，叹四年之程，何日尽头？然瞬间即逝，外傅孩童已成少年，华发青丝悄然而至，方觉时光飞逝，难以挽留。心中感慨万千，只言片语，难表心意。

　　承蒙恩师史桂芳教授不弃，年近不惑，忝列师门，诚惶诚恐。丙申九月，负笈从师，启四年求学之程，入门以来，游走在校图、国图，奔波于讲座之间，不敢懈怠，深感学识浅陋，每遇困顿，事无大小，皆求教于恩师，每必躬亲，娓娓道来，定能拨云见雾，茅塞顿开。岂能忘怀？恩师指引读书之时，吾犹如幼儿蹒跚学步，每有收获，暗自欣喜。开题之际，搜罗、研读资料，初尝研究之苦，但凡迷惑之处，得益于恩师不厌其烦、不离不弃教诲，更有甚者，简图以示，至今珍藏，铭记在心，以资勉励。写作中途，资料杂芜，缠绕其中，逐一检索，占据多半时间，几欲停工，不管东西，濒临崩溃，方知研究之难，幸得恩师鼓励，优雅睿智，和风细雨，才可继续前行。然徒有史料，不能成文，查前人之作，摹仿经典文章，揣摩涵义，略有心得，渐晓做文章法，据此动笔，磕磕绊绊，抓耳挠腮，间写间改，写写停停，费尽心思，拙稿初现，修改论文之时，却遇疫情，虽杂事繁多，终不敢松懈，以至昼夜不分，今明难辨，行文至此，稿亦初成，临近答辩，实属不易。恩师则与吾，共为进退，每批拙文，斟字酌句，圈点勾画，乃至子夜，每每思之令人动容，虽衔环结草，无以为报。

　　漫漫治学路，幸得恩师教诲，教吾为人，淡泊名利而心胸宽阔；教吾治学，博通而严谨；教吾为师，学高而身正！倘无恩师指导，迷途羔羊不知何时能返？倘无恩师鼓励，论文写作定任性中断！倘无恩师管束，难以忍受求学艰辛，中途辍学即在眼前！师徒相处，情深意浓，举手投足，耳提面命之间获益良多，三生有幸，没齿难忘。

漫漫求学路，幸得各先生谆谆教导，梁景和、迟云飞二位先生授教于课，教导之言，颇受启发，多次批阅拙文，意见中肯，一语中的，深有感触。感谢二位先生教导之恩。韩小莉教授虽未授课，阅拙文之精细，建议之合理，受益匪浅，如沐春风，遂谢于此。

学院宋凤英老师，为论文送审，忙前忙后，关照甚多，深表感谢！首师历史资料室的诸位老师，终日陪伴，嘘寒问暖，深表感谢！

同门情，手足情，诸君传承师门之风，勤奋好学，认真踏实，实为吾之榜样。同窗刘斯齐、敖凯，思维敏捷，功底扎实，与诸君畅谈学问之情形，历历在目，争辩之音，犹在耳畔，与君切磋，学之甚多。同舍之友，杨丽娜、黄义华、李庆昱、潘琳、忠诚忱、梁盈、马婧、黄鸣芳等共居首师一隅，斗室虽陋，却也自得其乐。晋师同事，鼎立相助，才可成就学业，感激之情，溢于言表。

言辞有尽，敬谢无穷。涕零与笔墨共下，恩情兼友谊长存！